UNI-WISSEN

Ansgar Nünning/Martin Zierold

Kommunikations-kompetenzen

Erfolgreich kommunizieren in Studium und Berufsleben

Klett Lerntraining

Bibliografische Information der Deutschen Nationalbibliothek
Die Deutsche Nationalbibliothek verzeichnet diese Publikation in der Deutschen
Nationalbibliografie; detaillierte bibliografische Daten sind im Internet
über http://dnb.ddb.de abrufbar.

Auflage 5 4 3 2 | 2015 2014 2013 2012
Die letzten Zahlen bezeichnen jeweils die Auflage und das Jahr des Druckes.

© Klett Lerntraining GmbH, Stuttgart 2008. Alle Rechte vorbehalten.
www.klett.de/uniwissen
Umschlagbild: Avenue Images, Hamburg/Corbis RF
Satz: Kassler Grafik-Design, Leipzig
Druck: AZ Druck und Datentechnik GmbH, Kempten
Printed in Germany
ISBN 978-3-12-940002-9

Inhalt

4 Ausgewählte Probleme, Störungen und Klärungen
menschlicher Kommunikation ———————————————— 75

5 Zentrale Aspekte von Kommunikationskompetenz und
interpersonalem Verstehen ———————————————— 96

6 Situationsgerechte und zielgruppenspezifische Kommunikation ———— 114

Es gibt wenig, was den Menschen so sehr ausmacht und prägt, wie seine Fähigkeit zu (sprachlicher) Kommunikation. Doch so alltäglich und allgegenwärtig Kommunikation auch ist, stellt sie doch zugleich immer wieder eine Herausforderung dar. Missverständnisse und Konflikte können ebenso zur Belastung werden wie die schiere Zahl an Kommunikationsansprüchen, denen jeder Mensch fortlaufend ausgesetzt ist. Ebenso zahlreich und vielfältig wie Missverständnisse und Kommunikationsstörungen sind die Gründe dafür, warum es zu solchen kommt. Denn hat man sich einmal klargemacht, wie viele Faktoren an menschlicher Kommunikation beteiligt sind, so verwundert es nicht mehr, dass kaum etwas so schwierig und störanfällig ist wie Kommunikation. Zugleich wird sowohl im beruflichen wie im privaten Bereich Kommunikationskompetenz zumeist stillschweigend vorausgesetzt.

Wir sind überzeugt, dass für erfolgreiche Kommunikation und für eine Entwicklung der eigenen Kommunikationskompetenzen ein grundlegendes theoretisches Verständnis von Kommunikationsprozessen notwendig ist, das dann in konkreten Situationen und Kontexten flexibel eingesetzt werden kann. Mit diesem Buch möchten wir dazu beitragen, auf verständliche Weise einen Überblick über die vielfältigen Aspekte menschlicher Kommunikation zu geben. Wissenschaftliche Theorien und Modelle kombinieren wir so mit konkreten Hinweisen und Anregungen, dass jeder Leser – und, auch wenn wir aus Gründen der besseren Lesbarkeit nur männliche Formen verwenden, selbstverständlich auch jede Leserin! – nach seinem eigenen Bedarf und seinen Interessen Schwerpunkte setzen kann. Dabei verzichten wir konsequent auf schlichte Erste-Hilfe-Regeln, simplifizierende und willkürliche Checklisten und anderen Ratgeber-Hokuspokus. Kommunikationskompetenzen lernt man nicht wie Kochrezepte. Wir vertrauen stattdessen auf die Fähigkeit jedes Einzelnen, in der Auseinandersetzung mit und der Anwendung von den hier vorgestellten Überlegungen sein persönliches Kommunikationsprofil individuell und authentisch zu schärfen und die eigenen Kommunikationskompetenzen gezielt zu entwickeln.

Unser herzlicher Dank gilt Mirjam Bitter, Anne Hillenbach, Kirsten Pohl und Rosa Wernecke für die Unterstützung bei der Recherche zu diesem Buch, der Erstellung der Bibliographie und der Korrektur des Manuskripts. Manfred Ott vom Klett Verlag sind wir sehr dankbar für die Geduld und die professionelle und angenehme Zusammenarbeit.

Ansgar Nünning & Martin Zierold
im Juli 2008

1 Kommunikationskompetenz als Schlüsselqualifikation und Karrierefaktor

> *„Um sich zu verstehen, muss man sich*
> *in einem andren Sinn schon verstanden haben"*
> (WILHELM VON HUMBOLDT 1980a [1821]: 597)

> *„Kommunikation [ist] ganz offensichtlich eine Conditio sine qua non*
> *menschlichen Lebens und gesellschaftlicher Ordnung."*
> (PAUL WATZLAWICK et al. 1969: 13)

Bei kaum einem anderen Thema dürfte die Diskrepanz zwischen alltäglicher Erfahrung und bewusstem Wissen ähnlich groß sein wie bei Kommunikation. Einerseits kommunizieren wir von morgens bis abends – mehr oder weniger erfolgreich – mit Freunden und Bekannten, Kollegen und Kommilitonen, Nachbarn und Fremden. Andererseits verfügen nur relativ wenige Menschen über ein fundiertes Wissen über Kommunikation. Häufig verraten bereits die sprachlichen Bilder, mit denen wir Kommunikation umschreiben, wie fragwürdig und vage verbreitete Vorstellungen von Kommunikation sind. So impliziert etwa die Floskel „Das habe ich nicht richtig rübergebracht", dass Kommunikation eine Art von Übertragung oder Transport einer Botschaft von einem Sender zu einem Empfänger sei – eine irreführende Vorstellung, die nicht nur den Erkenntnissen der Wissenschaft, sondern auch unseren alltäglichen Erfahrungen nicht mehr entspricht. Dies ist solange kein Problem, wie wir mit unserem intuitiven Alltagswissen gut über die Runden kommen. Sobald es jedoch Konflikte oder Beziehungsprobleme gibt, sind die meisten mit ihrem kommunikativen Latein bald am Ende. Doch nicht nur im Privatleben könnte ein besseres Verständnis von Kommunikation oft sehr nützlich sein. Auch für ein erfolgreiches Studium, den Berufseinstieg und eine berufliche Karriere sind kommunikative Fähigkeiten von entscheidender Bedeutung.

Kommunikation – allgegenwärtig aber unreflektiert

In der heutigen Medien- und Informationsgesellschaft ist es – sowohl für Studierende als auch für Berufstätige – mehr denn je zuvor von zentraler Wichtigkeit, sowohl über ein fundiertes Wissen über Kommunikation als auch über ausgeprägte Kommunikationskompetenzen zu verfügen, und zwar aus mehreren Gründen: Erstens entscheiden kommunikative Kompetenzen in hohem Maße über Erfolg oder Misserfolg im Studium. Zweitens gilt Kommunikationskompetenz inzwischen in vielen Berufszweigen und Handlungsbereichen als die wichtigste Schlüsselqualifikation. Heutzutage gibt es kaum noch eine Stellenanzeige, kaum ein Interview mit Personalchefs, in denen nicht ‚kommunikative Persönlichkeiten' gefordert werden.

Kommunikation als Schlüsselqualifikation

Kompetenzen brauchen Theorie und Praxis

Zur Stärkung und Entwicklung Ihrer Kommunikationskompetenzen geht dieser Band einen Mittelweg zwischen theoretisch-wissenschaftlichen Überlegungen zum Themenfeld ‚Kommunikation und Kommunikationstheorie' auf der einen und praktischer Ratgeberliteratur auf der anderen Seite. Er geht von der Überlegung aus, dass ein fundiertes und differenziertes Verständnis von Kommunikation eine wichtige Voraussetzung für die Verbesserung kommunikativer Fähigkeiten und für erfolgreiche Kommunikation ist. Der Band setzt sich im Einzelnen folgende Ziele:

Ziele dieses Bandes

▶ eine kompakte und verständliche Einführung in Grundlagen der Kommunikation und Kommunikationstheorie zu geben,

▶ systematisch, verständlich und wissenschaftlich fundiert das relevante Überblickswissen über die wichtigsten Theorien, Modelle und Metaphern der Kommunikation zu vermitteln,

▶ eine Brücke zwischen wissenschaftlichen Kommunikationstheorien und praktischen Hinweisen für eine erfolgreiche Kommunikation in der Lebenswelt zu schlagen,

▶ die Bedeutung von Kommunikationsfähigkeiten für den Universitätsalltag und das Berufsleben sowie für andere wichtige Schlüsselqualifikationen in anschaulicher und übersichtlicher Form darzustellen,

▶ die verschiedenen Dimensionen von Kommunikationskompetenzen zu erläutern und Hilfestellungen und Anregungen zum Erwerb und zur Verbesserung kommunikativer Kompetenzen zu vermitteln,

▶ praxisorientierte Hinweise, Tipps und Übungen zur selbständigen Entwicklung und Optimierung kommunikativer Kompetenzen zu geben,

▶ insbesondere Studierenden durch die Schulung ihrer Kommunikationskompetenzen eine zielgerichtete Vorbereitung auf Lehrveranstaltungen, Sprechstunden und Prüfungen zu ermöglichen und ihnen den Einstieg in das Berufsleben zu erleichtern.

Aufbau des Bandes

Um diese Ziele schrittweise zu erreichen, werden ausgehend von eher theoretischen Studien, die ein allgemeines und abstraktes Verständnis von Kommunikationsprozessen ermöglichen, im Verlauf des Buches immer praxisbezogenere und konkretere Überlegungen, Übungen, Tipps und Hinweise zu Kommunikationskompetenzen in Studium und Beruf vorgestellt. In diesem *ersten Kapitel* lernen Sie zunächst grundlegende Aspekte von Kommunikation im Überblick kennen. Das *zweite Kapitel* stellt im Anschluss daran ausgewählte wissenschaftliche Theorien und Modelle von Kommunikation aus verschiedenen Disziplinen vor. Daran anknüpfend leistet das *dritte Kapitel* eine vertiefende Analyse von Kommunikation als sozialem, also gesellschaftlich eingebettetem Prozess, da für Sie in der Anwendung Kommunikation nicht abstrakt, sondern immer in konkreten Situationen, Konstellationen und Kontexten zur Herausforderung wird. Das *vierte Kapitel* stellt häufig auftretende

Störungen und Kommunikationsprobleme vor, für die sowohl konkrete Lösungsstrategien aufgezeigt werden, als auch Hinweise zur Vermeidung im Vorhinein. Das so erworbene, systematische und umfassende Verständnis von Kommunikation wird im *fünften Kapitel* mit dem Kompetenzbegriff vernetzt, so dass ein detailliertes Bild der vielen Teilkompetenzen entsteht, die für erfolgreiche Kommunikation notwendig sind. Im *sechsten Kapitel* erklären wir allgemein, wie Sie in Anwendung dieser Kompetenzen in den unterschiedlichsten Situationen und vor ganz verschiedenen Zielgruppen situationsgerecht und authentisch kommunizieren lernen. Die abschließenden Kapitel widmen sich dann konkret der Kommunikation im Studium (*Kapitel 7*) und im Beruf (*Kapitel 8*).

2 Kommunikation und Menschenbild

Mit der Kommunikationskompetenz verhält es sich wie mit den meisten komplexen Fähigkeiten: Bis zu einem gewissen Grad lassen sie sich ganz alltagspraktisch durch *learning by doing* erwerben und ausbilden. Doch ab einem bestimmten Punkt ist es wichtig und notwendig, ergänzend zum Alltagswissen systematisches theoretisches, explizites und anwendungsorientiertes Wissen zu erwerben, um auch seine praktischen Kompetenzen weiter entwickeln zu können. Bei so etwas Alltäglichem wie Kommunikation mag das auf den ersten Blick unnötig erscheinen: Wir alle kommunizieren doch andauernd. Wer muss denn schon Kommunizieren lernen? Doch wenn Sie nur kurz nachdenken, werden Ihnen eine ganz Reihe von Beispielen für alltägliche Kommunikationsprobleme auffallen: in der Familie, unter Freunden, Schülern, Studierenden oder Arbeitskollegen. Sehr oft führt missglückte Kommunikation zu Streit oder Frustrationen, wobei sich alle Parteien gegenseitig Böswilligkeit oder Ignoranz unterstellen, obwohl eigentlich alle guten Willens waren. Wenn Sie genauer wissen, wie komplex Kommunikationsprozesse ablaufen, weil Sie sich mit einigen Modellen und Theorien auseinandergesetzt haben, dann haben Sie auch das Rüstzeug, um mit Kommunikationsproblemen produktiver umzugehen bzw. diese im besten Fall von vorneherein zu vermeiden.

Kompetenzerwerb erfordert Theoriewissen

Dabei gilt es aber auch, sich von allzu wohlfeilem Machbarkeitswahn zu verabschieden. Kommunikationskompetenz lässt sich nicht durch das Auswendiglernen von Checklisten erlernen, und es gibt auch nicht die drei Goldenen Regeln für erfolgreiche Kommunikation. Wohl kann man sich an einige Prinzipien halten, doch wer vorgibt, er könne kommunizieren lehren, als ginge es um Kochrezepte, der produziert schon selbst das erste große kommunikative Missverständnis. Hinter simplen Formeln für erfolgreiche Kommunikation stehen zumeist ein problematisches Menschenbild und falsche Vorstellungen von Kommunikation: Viele gehen mehr oder weniger offen davon aus, dass sich Ideen, Infor-

Abschied vom ‚Machbarkeitswahn' in der Kommunikation

mationen oder Wissen einfach in Köpfe verpflanzen oder von einem ‚Sender' zu einem ‚Empfänger' transportieren lassen. Doch der hochkomplexe Prozess des Lernens und Kompetenzerwerbs funktioniert so ebenso wenig wie Kommunikationsprozesse ganz allgemein, auch wenn zum Beispiel Managementratgeber zum überzeugenden Argumentieren dies bisweilen nahelegen möchten. Sie werden später noch sehen, dass die Vorstellung, Kommunikation sei eine direkte, eingleisige Informationsübertragung von einem Sender zu einem Empfänger ursprünglich aus der Nachrichtentechnik stammt und Übertragungsprozesse wie zum Beispiel bei Funk oder Radio berechenbar machen sollte. Derartige technische Modelle prägen bis heute viele Alltagsvorstellungen von menschlicher Kommunikation, die wir noch näher betrachten werden. Sie sind jedoch wenig hilfreich, ja oft erschweren irreführende Vorstellungen von Kommunikation erfolgreiche Kommunikation selbst. Schließlich sind Menschen keine Funkgeräte. Und wer Ihnen verspricht, er könne lehren, wie Sie Ihre ‚Message' am schnellsten, einfachsten oder effizientesten in die Köpfe anderer Menschen ‚hinein'bekommen, dem geht es insgeheim wahrscheinlich weniger um erfolgreiche Kommunikation als um Manipulation.

Kognitive Autonomie als Grundannahme

Diesem Buch liegt ein anderes Menschenbild zugrunde, das von der **kognitiven Autonomie** aller Menschen ausgeht, wie es im philosophischen und erkenntnistheoretischen Diskurs des Konstruktivismus formuliert wird (vgl. z.B. SCHMIDT 1996). Dieser geht davon aus, dass jeder Mensch äußere Umwelteinflüsse eigenständig und nach den jeweiligen eigenen Bedingungen bearbeitet. Informationen werden dabei also nie einfach von außen übernommen, sondern müssen jeweils aktiv vom Gehirn hergestellt werden. Dabei sind kognitive Prozesse im Gehirn und kommunikative Prozesse, die sich immer in einem sozialen Zusammenhang abspielen, grundlegend unterschiedlichen Bedingungen unterworfen. Dies ist eigentlich eine alltägliche Erfahrung: Wir können unsere Gedanken nicht auf andere Menschen übertragen. Stattdessen müssen wir sozusagen den Umweg über Kommunikation gehen, unsere kognitiven Zustände, Bedürfnisse und Ziele kommunikativ formulieren. Unser Gegenüber muss dann wiederum unser Kommunikationsangebot abhängig von seinen eigenen kognitiven Bedingungen, seinen Gefühlen, seinen moralischen Bewertungen, seiner Motivation bzw. seiner Relevanzeinschätzung aktiv und eigenständig verarbeiten. Deswegen funktioniert Lernen auch besser, wenn sich Lernende das Wissen aktiv aneignen statt es ‚eingetrichtert' zu bekommen. Aus dem gleichen Grunde kann man grundlegende Missverständnisse nur in den seltensten Fällen beheben, indem man das Gesagte nur immer wieder lauter wiederholt, bis es ‚richtig ankommt'. Die Annahme der kognitiven Autonomie ist auch für die Beurteilung des Erfolgs von Kommunikation und des Verstehens folgenreich, wie wir später noch genauer diskutieren werden. Weil wir, ganz einfach formuliert, keinem anderen Menschen in den Kopf schauen können,

können wir auch nie sicher sein, ob wir von unserem Gegenüber ,wirklich' verstanden worden sind (vgl. Kapitel 2.7 und 2.8). Wir können nur anhand seiner Erwiderung oder seiner anschließenden Handlungen auf Erfolg oder Misserfolg der Kommunikation schließen, wobei wir freilich auch meist von uns selbst auf andere schließen.

Vom Soziologen NIKLAS LUHMANN (2001: 78) stammt ein auf den ersten Blick frappierendes Zitat: „Kommunikation ist unwahrscheinlich. Sie ist unwahrscheinlich, obwohl wir sie jeden Tag erleben, praktizieren und ohne sie nicht leben würden." Vor dem Hintergrund der kognitiven Autonomie lässt sich diese Aussage jedoch erklären und nachvollziehen: Es müssen so viele Faktoren erfüllt werden, damit Kommunikation unter der Beteiligung von mindestens zwei für einander prinzipiell unzugänglichen Gehirnen erfolgreich ist, dass mit Fug und Recht behauptet werden kann, (erfolgreiche) Kommunikation sei unwahrscheinlich. Zwar gelingt sie im Alltag trotz allem immer wieder, sie scheitert aber auch nicht selten. Wer die vielen Faktoren und komplexen Zusammenhänge, die im Kommunikationsprozess eine Rolle spielen und die wir in den folgenden Kapiteln erläutern werden, besser versteht, wird auch erfolgreicher kommunizieren können.

Luhmann: Gelingende Kommunikation ist unwahrscheinlich

3   Arten von Kommunikation: Face-to-Face-Kommunikation – textuell und medial vermittelte Kommunikation – Massenmedienkommunikation

Bevor einige Alltagsmetaphern für Kommunikationsprozesse diskutiert werden, ist es zunächst wichtig, verschiedene Arten von Kommunikation zu differenzieren, von denen einige in diesem Buch eine größere Rolle spielen werden als andere. Prinzipiell lassen sich Kommunikationsarten nach den unterschiedlichsten Kriterien systematisieren. Eine grundlegende Unterscheidung ist dabei die Differenzierung zwischen Face-to-Face-Kommunikation (also direkter verbaler und nonverbaler Kommunikation unter Anwesenden), textuell und medial vermittelter (Individual-) Kommunikation (also zum Beispiel Kommunikation über Briefe, E-Mails oder auch Telefon und Skype) und massenmedialer Kommunikation.

Drei Arten von Kommunikation

Face-to-Face-Kommunikation ist sowohl historisch wie individuell-biographisch sozusagen die Urform von Kommunikation: Bevor der Mensch Schrift als Aufzeichnungs- und Kommunikationssystem entwickelte, verfügte er schon über Sprache und konnte im Hier und Jetzt mit anderen Anwesenden kommunizieren. Auch individuell lernen wir Sprechen, lange bevor wir Lesen und Schreiben lernen. Und dabei brauchen wir nicht einmal zu sprechen, um mit Anwesenden zu kommunizieren. Der Psychotherapeut und Kommunikationstheoretiker PAUL WATZLAWICK

Face-to-Face-Kommunikation als Urform der Kommunikation

hat gemeinsam mit seinen Kollegen Janet H. Beavin und Don D. Jackson den bekannten Satz geprägt, dass man „nicht nicht kommunizieren kann" (Watzlawick/Beavin/Jackson 1969: 51; vgl. auch grundlegend Bateson 1985 und 1987). Denn jede Form von beobachtetem Verhalten kann vom Beobachter als kommunikative Mitteilung interpretiert werden – etwa wenn Schweigen als aktives Ignorieren, als Ausdruck von Langeweile, Unzufriedenheit oder Müdigkeit gedeutet wird. Es reicht also schon, dass mindestens zwei Menschen sich für einander wahrnehmbar in einem Raum befinden, damit eine Situation von Face-to-Face-Kommunikation zustande kommt, gleichgültig ob sie sich etwas zu sagen haben oder nicht.

Face-to-Face-Kommunikation ist allgegenwärtig

Unser Alltag ist von verschiedensten Kommunikationssituationen dieser Art durchdrungen, ob in der Freizeit von der Supermarktkasse über die Familienfeier bis zum *Blind-Date* oder in Studium und Beruf vom Bewerbungsgespräch über Präsentationen, Mensagespräche oder Teamsitzungen bis zur Kaffeepause. Dabei kann eine solche Kommunikation zwischen zwei oder auch wesentlich mehr Menschen stattfinden, wobei diese Kommunikationssituationen sich dann wiederum nach verschiedenen Kriterien wie etwa Hierarchiestrukturen zwischen den Kommunikationsteilnehmern unterscheiden lassen. Wie alle Kommunikation ist Face-to-Face-Kommunikation durch unterschiedliche Grade an Formalisierung (vgl. Kapitel 6.4) bzw. sogenannte Handlungsschemata gerahmt, so dass wir in der Regel eine Orientierung haben, zum Beispiel welche Themen in welcher Situation angemessen sind und welche nicht. Auch die Möglichkeiten zur Enthaltung von verbaler Kommunikation werden durch derartige Schemata oft geregelt: So ist es in der anonymen Straßen- oder U-Bahn eher die Ausnahme, die ständigen potentiellen Kommunikationszumutungen verbal zu nutzen und fremde Menschen anzusprechen. Im Vier-Augen-Gespräch mit dem Chef dagegen wäre Schweigen in den wenigsten Fällen eine vielversprechende Kommunikationsstrategie.

Textuelle und medial vermittelte Kommunikation überwindet Raum- und Zeitgrenzen

Die Entwicklung von Schrift und Schreibtechniken ermöglicht auch individuelle Kommunikation zwischen Nicht-Anwesenden, und zwar sowohl in zeitlicher wie räumlicher Dimension. Per *Instant Messenger* können wir heute über räumliche Distanzen unmittelbar mit anderen Menschen kommunizieren, doch die Kombination von Schrift und langlebigen Speichermedien erlaubt auch die Kommunikation über lange Zeitabstände hinweg. Solange ein Adressat oder wenige Adressaten definiert sind, die potentiell die Möglichkeit zu einer Antwort haben, lässt sich dabei noch von Individualkommunikation (im Gegensatz zu Massenkommunikation) sprechen. Dabei kann medial vermittelte Kommunikation über ‚klassische' schriftliche Texte erfolgen, aber auch über ‚Texte' in einem weiten Sinn, wenn etwa in persönliche Videobotschaften Bilder oder Klänge integriert werden.

Die genutzten Kommunikationsinstrumente (wie Sprache oder Bilder) und Medientechnologien (wie Schrift, Fotos, Videos) haben zugleich eine Möglichkeiten eröffnende und einschränkende Wirkung: Sie eröffnen bestimmte Ausdrucksmöglichkeiten und verhindern andere. Ein Brief ist auf die Linearität der schriftlichen Sprache angewiesen, während eine persönlich gestaltete Bildergeschichte selten die argumentative Stringenz eines Briefes erreichen wird. Kommunikationswissenschaftler sprechen in diesem Zusammenhang von dem technischen Dispositiv.

Medientechnologien als ‚Dispositive'

Etwas fällt bei textueller bzw. medial vermittelter Kommunikation über Raum und Zeit im Vergleich zur Face-to-Face-Kommunikation in jedem Fall weg: die Anwesenheit der Körper der Kommunikationspartner mit ihren vielen Möglichkeiten zu (willkürlicher und unwillkürlicher) nonverbaler Kommunikation. Diesen Verlust eines immensen Ausdrucksspektrums, das Face-to-Face-Kommunikation über die Sprache hinaus bietet, versucht medial vermittelte Kommunikation bisweilen mit bestimmten Techniken zu kompensieren, etwa über *Emoticons* in Mail- und Chatkommunikation, die Augenzwinkern, Lachen o.ä. ausdrücken sollen. Und selbstverständlich gibt es auch den Sonderfall von medial vermittelter Kommunikation unter räumlich und zeitlich anwesenden Personen, beispielsweise wenn sich Schüler im Unterricht Zettel oder SMS schreiben – je nach der Aufmerksamkeit des Lehrers führt eine zu offensichtliche begleitende nonverbale Kommunikation dann allerdings allzu leicht zu einem Zusammenbruch des Kommunikationskanals.

Kompensationen für fehlende Körperlichkeit

Während medial vermittelte Kommunikation mit wenigen definierten Adressaten in gewisser Weise immer noch als Fortsetzung von Face-to-Face-Kommunikation mit anderen Mitteln gesehen werden kann (vor allen Dingen bei ‚live'-Kommunikation mit direkter Feedbackmöglichkeit wie bei Telefon oder Videokonferenzen), handelt es sich bei medial vermittelter Massenkommunikation ganz offensichtlich um Kommunikationsprozesse, die nochmals grundsätzlich anderen Bedingungen unterliegen. Als wichtigste Merkmale von Massenkommunikation zählt der Kommunikationswissenschaftler GERHARD MALETZKE folgende Aspekte auf (vgl. 1978: 32):

Sonderfall Massenkommunikation

1. Sie erfolgt **öffentlich**, das heißt so, dass theoretisch jeder Zugang zu ihr haben kann.
2. Sie erfolgt **indirekt**, also zwischen Nicht-Anwesenden, über ‚technische Verbreitungsmittel' wie den Buchdruck, Radio- oder Fernsehtechnologien in einer Art, dass eine (potentiell unüberschaubar) große Menge von Menschen erreicht werden kann.
3. Sie erfolgt **einseitig**, das heißt ohne die Möglichkeit für die Mediennutzer, eine Antwort zu geben, wie es die Face-to-Face-Kommunikation oder auch die medial vermittelte Individualkommunikation etwa am Telefon, im Chat oder im Brief erlaubt und in der Regel auch erwartet.

4. Sie erfolgt an ein ‚disperses Publikum', also nicht an wenige ausgewählte und benannte (oder benennbare) Adressaten, sondern an ein verstreutes, anonymes (Massen-)Publikum.

Reflexivität des Wissens vs. Reflexivität des Beobachtens

Mit Paul Watzlawick haben wir oben darauf hingewiesen, dass Kommunikation in Face-to-Face-Situationen bereits einsetzt, sobald zwei Menschen in einem Raum füreinander wahrnehmbar sind, das heißt, sobald sich zwei Menschen gegenseitig beobachten können und davon ausgehen können, dass auch der jeweils andere sie beobachten kann. Diese Form der Selbstbezüglichkeit, also der Reflexivität der Beobachtung („Ich beobachte, dass ich beobachtet werde"), ist die Grundlage von Face-to-Face-Kommunikation, denn von nun an kann ich jede Handlung des mich Beobachtenden als Mitteilung an mich verstehen (z.b. „Er ignoriert mich", „er zwinkert mir zu"). An die Stelle der Reflexivität des Beobachtens in der Face-to-Face-Kommunikation tritt bei Massenkommunikation, wie der Kommunikationswissenschaftler Klaus Merten argumentiert, eine Reflexivität des Wissens (vgl. Merten 1977): Jeder Massenmediennutzer kann prinzipiell davon ausgehen, dass die von ihm genutzten Medienangebote (und das daraus resultierende Wissen) auch von anderen genutzt worden sind bzw. für andere verfügbar waren. Mit der Pluralisierung und Ausdifferenzierung etwa des Fernsehangebots von wenigen Kanälen zu der unüberschaubaren Vielzahl digitaler Angebote hat die Orientierungskraft dieses reflexiven Wissens jedoch nachgelassen: Heute ist es eben nicht mehr selbstverständlich, dass ‚man' die *Tagesschau, Mainz bleibt Mainz,* die *Sportschau* oder selbst *Wetten dass...?* am Vorabend gesehen hat und sich auf diese geteilte (wenn auch nicht gemeinsam erlebte) Seh-Erfahrung etwa im Mensa- oder Kantinengespräch am Folgetag stützen kann.

Fokus Individualkommunikation

Auch wenn neuere Medientechnologien die Eintrittsschwelle für jeden Einzelnen senken, um selbst Autor von Massenmedien-Angeboten wie Websites, Blogs oder Podcasts und Videocasts zu werden, so sind doch im Alltag sowie in Studium und Beruf nach wie vor die Individualkommunikationssituationen vorherrschend. Gerade in Studium und Beruf entscheidet sich in der Individualkommunikation die Akzeptanz unter Kommilitonen oder Kollegen und gegenüber Prüfern oder Vorgesetzten. Daher beschränken wir uns im Folgenden weitgehend auf diese Kommunikationssituationen und die für sie erforderlichen Kompetenzen und gehen auch in den theoretisch angelegten Teilen nur punktuell auf Massenkommunikation ein.

4   Alltägliche Vorstellungen: Metaphern für Kommunikation

Bedenkt man, wie allgegenwärtig Kommunikation in unserem Leben ist, liegt es auf der Hand, dass es nicht nur wissenschaftliche Vorstellungen davon gibt, wie Kommunikationsprozesse ablaufen. Vielmehr bietet schon die Alltagssprache eine Reihe von Metaphern dafür, was Kommunikation eigentlich sei bzw. was Menschen sich darunter vorstellen. Solche Metaphern sind implizite Modelle oder Miniatur-Alltagstheorien von Kommunikation, die im täglichen Umgang mit Kommunikationsprozessen Orientierung bieten und zum Beispiel Erklärungsmuster bei Kommunikationsproblemen geben. Zugleich spiegeln solche modellhaften Metaphern die gesellschaftlichen Bedingungen, in denen sie verwendet werden, dahinter stehende Menschenbilder und vorherrschende Medientechnologien wider. Der Psychologe Douwe Draaisma hat dies beispielhaft für verschiedene historische Metaphern über die Funktionsweise des Gedächtnisses gezeigt, die fast immer geprägt waren von den Medientechnologien ihrer Zeit. So wurde das Gedächtnis in der Alltagssprache zu verschiedenen Zeiten vorherrschend als Wachstafel, als Buch, als Labyrinth oder als Computerfestplatte verstanden (vgl. Draaisma 1999). Dabei sind solche Metaphern nicht einfach wechselnde Beschreibungen für ein unverändertes Phänomen. Vielmehr prägen die metaphorischen Beschreibungen und Erklärungen unsere Wahrnehmung von dem Phänomen und unseren Umgang mit ihm, in gewisser Weise bringen sie es sogar überhaupt erst hervor. Denn es macht einen großen Unterschied im Hinblick auf meinen Umgang mit Gedächtnis, ob meine Erwartungen von der Metapher (bzw. bei einer dominanten Metapher: vom Paradigma) der überschreibbaren Tafel, des verwirrenden, unzugänglichen Labyrinths oder des technisierten Festplattenspeichers geprägt sind.

Metaphern als Miniatur-Theorien

Die bis heute im Alltag wohl prominenteste Metapher für Kommunikation ist die Container-Metapher, die mit der Metapher der Informations-‚Übertragung' eine oftmals wenig produktive Verbindung eingegangen ist. Die Metapher des Containers legt nahe, dass sprachliche Aussagen oder auch Medienangebote wie Briefe oder E-Mails wie Container Botschaften enthalten, die die Autoren in sie hineingelegt haben. Diese Botschaften können, wenn sie einmal in dem Container verpackt sind, verschickt werden und müssen dann nur noch vom Empfänger ausgepackt werden. Der Kommunikationswissenschaftler Klaus Krippendorff (1994: 87) hat gezeigt, dass diese Containermetapher auf fast allen Ebenen des Kommunikationsprozesses greift: „So werden Wörter zu Behältern von Ideen, Briefe zu Behältern von Wörtern, Umschläge zu Behältern von Briefen, die wiederum in Säcken verschickt werden können." Wie oben gezeigt worden ist, sind derartige Metaphern keine unschuldigen, neutralen Beschreibungen, sie vermitteln und schaffen viel-

Container-Metapher: Kommunikation als Informations-übertragung

mehr ein Alltagsmodell von Kommunikation, an dem sich Menschen orientieren. Die Container-Metapher von Kommunikation legt dabei ein lineares Verständnis von Kommunikation als Einbahnstraße und als Übertragung von Informationen von einem Sender an einen Empfänger nahe. Missverständnisse lassen sich im Rahmen dieses – irreführenden – Modells nur erklären durch Störungen beim Transport des Containers (sozusagen auf dem Postweg) oder beim ‚Auspacken‘ der Botschaft. Demnach wäre es tatsächlich eine aussichtsreiche Strategie, bei Missverständnissen das Gesagte so oft zu wiederholen, bis es richtig angekommen ist. Bei wiederholtem Scheitern bleibt dann nur noch ein Schluss: Der Empfänger ist unwillig (also bösartig) oder unfähig (also dumm), die vermeintlich so hübsch und eindeutig verpackte Botschaft richtig auszupacken, also so zu verstehen wie sie vom Sender gemeint bzw. intendiert war. Andere, komplexere Erklärungen für Missverständnisse werden dann gar nicht mehr in Betracht gezogen.

Kommunikation als Teilhabe oder Konflikt

Auch wenn die Container-Metapher der Kommunikation in der Alltagssprache die häufigste Metapher für Kommunikation ist, gibt es doch noch einige Alternativen. Wenn Sie in den Medien oder auch in Gesprächen einmal darauf achten, wie über Kommunikation gesprochen wird, werden Ihnen eine ganze Reihe solcher Metaphern auffallen. Häufig gibt es Metaphern der Teilhabe, des Teilens und Mit-Teilens. Diese heben Gemeinsamkeiten zwischen den Kommunizierenden hervor, den Bezug auf eine gemeinsame, ‚geteilte Sprache‘, eine ‚geteilte Weltsicht‘. Auf der anderen Seite finden sich Metaphern von Kommunikation als Kampf, etwa wenn davon die Rede ist, zwei Seiten hätten sich im Gespräch ‚gefetzt‘, man habe eine Argumentation ‚auseinandergenommen‘ oder ‚zerlegt‘, man sei ‚siegreich‘ aus einem Disput hervorgegangen. Schließlich gibt es auch viele Metaphern, die eng verwandt mit der oben diskutierten Container-Metapher sind, etwa die vom ‚Fluss‘ der Signale durch einen ‚Kanal‘, die in der Regel auch nahelegen, dass eine Botschaft wie eine Flaschenpost auf die Reise geschickt werden kann. Solche Flüssigkeitsassoziationen finden sich bis hin zum stolzen Hinweis, man spreche fünf Sprachen ‚fließend‘ oder der Redeweise von dem ‚dahinplätschernden‘ Gespräch.

Die Verwendung von Metaphern im vorliegenden Buch

Wenn wir in der Folge davon sprechen, dass Nachrichten Botschaften ‚enthalten‘, begegnen wir dem Autologieproblem (vgl. Kapitel 1.5): Indem wir über Kommunikation kommunizieren, sind wir auf Sprache und ihre impliziten Metaphern angewiesen. So taucht auch in diesem Buch immer wieder die Container-Metapher auf, die wir doch als sehr problematisch bezeichnet haben. Aber auch wir sind in der Kommunikation über Kommunikation (sowie über Kommunikationstheorien und -kompetenzen) auf Kommunikation, auf Sprache und ihre Metaphern angewiesen. Präziser wäre es, nicht davon zu sprechen, dass eine Nachricht Botschaften ‚enthält‘, sondern dass sie von unterschiedlichen Rezipienten unterschiedlich interpretiert, genutzt oder gelesen werden kann. Die Botschaft oder Bedeutung wird also nicht ‚entnommen', sondern aktiv vom Empfänger mitbestimmt bzw. konstruiert (vgl. auch Kapitel 2.7 und 2.8). Es ist allerdings in manchen Fällen aus pragmatischen Gründen fast unvermeidlich und sprachlich weniger kompliziert, die alten Metaphern weiterzuverwenden, wenn man vorab deutlich gemacht hat, welches Grundverständnis von Kommunikation man voraussetzt.

ÜBUNG

Analysieren Sie verschiedene Metaphern von Kommunikation im Alltag, z.B. in Zeitungen oder alltäglichen Unterhaltungen:
Welche Aspekte von Kommunikation betonen die jeweiligen Metaphern, welche treten in den Hintergrund?
Welches Menschenbild steht hinter den jeweiligen Metaphern?

---

5 Dimensionen einer Nachricht: Wissenschaftliche Kommunikationsmodelle und Komponenten des Kommunikationsprozesses

Angesichts der Vielschichtigkeit von Kommunikationsprozessen überrascht es nicht, dass sich auch eine ganze Reihe von wissenschaftlichen Disziplinen mit dem Thema Kommunikation auseinandersetzt. Nicht nur Kommunikationswissenschaftler, die sich allerdings in der Forschungspraxis vor allem mit Massenkommunikation auseinandersetzen, sondern auch Anthropologen, Ethnologen, Psychologen, Neurobiologen, Linguisten und Informatiker beschäftigen sich in ihren Disziplinen mit (unterschiedlichen Aspekten von) Kommunikation – und diese Liste ließe sich noch lange fortsetzen. Schon vor über 30 Jahren hat sich KLAUS MERTEN die Mühe gemacht, eine möglichst umfassende Liste wissenschaftlicher Definitionen von Kommunikation zu sammeln: Er zählte bereits damals 160 – heute wären es sicher noch einige mehr (vgl. MERTEN 1999: 77).

Kommunikationsmodelle werden in vielen Disziplinen entwickelt

Jede dieser Definitionen hebt bestimmte Aspekte von Kommunikation hervor, vernachlässigt dabei andere und bringt so ein spezifisches Verständnis von dem Phänomen hervor, das sie beschreiben – darin sind wissenschaftliche Definitionen und Modelle den alltagssprachlichen Metaphern nicht unähnlich. Weil Definitionen und Modelle immer in einem Fachkontext mit seinen Traditionen, Theorien und Methoden stehen und einem spezifischen Forschungsinteresse dienen, ist es auch wenig sinnvoll, danach zu fragen, welches denn nun die ‚richtige' oder gar die ‚wahre' Definition sei. Es ist vielmehr wichtig, dass sie wissenschaftlichen Kriterien wie Systematik und Nachvollziehbarkeit entsprechen und sich als praktikabel und hilfreich für die Bearbeitung der jeweiligen Forschungsfragen erweisen. Sie werden eine Reihe ganz unter-

Modelle müssen nicht ‚wahr' sein

schiedlicher wissenschaftlicher Kommunikations-Modelle aus verschiedenen Disziplinen im zweiten Kapitel kennenlernen. Im Folgenden werden wir zunächst lediglich zwei grundlegende wissenschaftliche Modelle von Kommunikation kritisch vorstellen, um darauf aufbauend zentrale Komponenten des Kommunikationsprozesses vertiefend betrachten zu können.

Das Stimulus-Response-Modell

Das wohl klassische Paradigma für Kommunikation in vielen Wissenschaftsbereichen ist das Stimulus-Response-Modell. Es benennt lediglich drei Elemente (Kommunikator, Stimulus, Rezipient), die linear miteinander verbunden sind, wie auf der Abbildung dargestellt. Vielleicht erinnert Sie dieses Modell an die Container-Metapher der Kommunikation. Das ist naheliegend, denn gewissermaßen handelt es sich bei dem Stimulus-Response-Modell, das die Grundlage für viele unterschiedliche wissenschaftliche Kommunikationsmodelle ist, um die Ausformulierung der Container-Metapher zu einem basalen Modell: Ein Kommunikator schickt eine Mitteilung zu einem Empfänger.

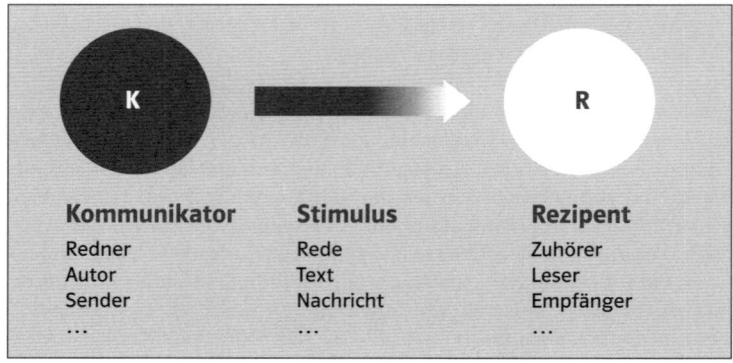

Abb. 1.1: Das Stimulus-Response-Modell der Kommunikation (vgl. MERTEN 1999: 54)

Anwendungen des Modells in der Praxis

Dieses Modell erfreut sich bis heute großer Beliebtheit, gerade wenn es um einfache, schnelle Lösungen geht. Hinter der Praxis in der Werbebranche, den Preis einer Anzeige rein quantitativ nach der Zahl der ‚Kontakte' zu berechnen, den eine Anzeige mit der gewünschten Zielgruppe hat (gemessen in Tausendereinheiten, dem sogenannten Tausend(er)-Kontakt-Preis TKP), steht zum Beispiel genau dieses Modell: Je mehr Leser die Anzeige sehen, je mehr Zuschauer mit dem Spot konfrontiert werden, desto teurer die Anzeigenschaltung, weil davon ausgegangen wird, dass der Stimulus (die Anzeige) beim Nutzer eine lineare, quasi messbare Wirkung erzielen wird: je mehr, desto mehr. Dies kann niemand wirklich glauben, aber es lässt sich so schön einfach rechnen.

Obwohl wir oben schon gesehen haben, dass die Containermetapher der Vielschichtigkeit von Kommunikationsprozessen kaum gerecht wird, ist sie in Form des Stimulus-Response-Modells auch in der Wissenschaft nach wie vor prominent, jedoch umstritten. KLAUS MERTEN (1999: 55ff.) führt eine ganze Reihe von Kritikpunkten an, zum Beispiel:

1. Kommunikation verläuft nicht in eine Richtung, denn Kommunikator und Rezipient sind prinzipiell gleichberechtigt und beide erhalten im Kommunikationsprozess Informationsangebote und Feedback
2. Das Modell berücksichtigt keine Kontexte wie das soziale Umfeld bzw. die Rahmung, die zentral für Kommunikationsprozesse sind (vgl. Kapitel 6).
3. Das Modell kann keine Wirkungen von Kommunikation darstellen.
4. Das Modell ignoriert die Selektivität von Kommunikationsprozessen, das heißt, es spiegelt vor, dass der Rezipient sozusagen ungefiltert die Reize aufnimmt, die der Kommunikator ihm schickt. Diese Annahme ist jedoch unhaltbar, wie wir oben unter dem Stichwort der kognitiven Autonomie schon diskutiert haben. Wäre Kommunikation nicht selektiv, müssten am Ende einer Schulstunde alle Schüler das gleiche gelernt haben. In unserem obigen Beispiel müssten nach jedem erfolgreichen Werbespot mit genug ‚Kontakten' alle beworbenen Produkte sofort ausverkauft sein, doch jeder weiß, dass das in der Praxis nicht der Fall ist.

Kritik des Modells

Wenn wir diese Kritik genauer betrachten, stellen wir fest, dass es zwei unterschiedliche Ebenen der Kritik gibt. Einige akzeptieren das Modell prinzipiell, mahnen aber die Ergänzung weiterer Komponenten an, zum Beispiel die Berücksichtigung des Kontextes oder die Möglichkeit von Feedback. Diese Kritik könnte man beheben, indem einfach weitere Elemente in das Modell eingeführt werden. (Doch kann ein Modell jemals vollständig sein? Lange vorher wird es schon vollkommen unübersichtlich werden. Auch an dieser Stelle ist also begründete Auswahl gefragt, kommt es auf Selektion an.) Die Kritik der Nicht-Berücksichtigung der Selektivität von Kommunikation scheint dagegen grundsätzlicher zu sein: Sie stellt das Modell insgesamt in Frage, weil sie auf die Dynamik und den Prozesscharakter von Kommunikation verweist, die in dem statischen Stimulus-Response-Modell praktisch nicht darstellbar sind. Sie erfordert eine gänzlich andere Form von Modell, bei der jedoch sowohl lineare Schriftsprache als auch zweidimensionale Grafiken oft an ihre Grenzen stoßen.

Zwei Ebenen der Modellkritik

In diesem Zusammenhang haben wir es mit dem sogenannten Autologieproblem aller Kommunikationsforschung zu tun, die über Kommunikation forscht, wobei ihre Forschung zugleich selbst eine kommunikative Praxis ist. Sie ist sozusagen immer schon in ihrem eigenen Gegenstand verstrickt, was zu einigen Herausforderungen und Paradoxien führen kann. Halten wir an dieser Stelle zunächst fest, dass das Stimulus-

Das ‚Autologieproblem' der Kommunikationsforschung

Response-Modell aus zweierlei Gründen problematisch ist: Es kann grundsätzlich die Dynamik von Kommunikation nicht darstellen und erscheint darüber hinaus selbst als statisches Modell als zu reduziert und vereinfachend.

Die Lasswell-Formel

Zumindest dieses letztgenannte Problem kann möglicherweise ein anderes klassisches Kommunikationsmodell beheben, die sogenannte Lasswell-Formel, die der amerikanische Politologe und Kommunikationstheoretiker Harold Dwight Lasswell in Form einer Frage formuliert hat (vgl. Lasswell 1948) und die mehr Komponenten berücksichtigt:

WHO says WER sagt	WHAT WAS	in which CHANNEL auf welchem WEG	to WHOM zu WEM	with what EFFECT? mit welcher WIRKUNG?
Kommunikator	Aussage	Medium	Rezipent	Wirkung

Abb. 1.2: Die Lasswell-Formel (vgl. Merten 1999: 70)

Die Systematisierung von Forschungsfeldern durch Modelle

Dieses reine Wort-Modell von Kommunikation ist bis heute zum Beispiel in der Kommunikationswissenschaft sehr gebräuchlich, um verschiedene Forschungsfelder zu differenzieren. Für jedes der von Lasswell genannten Elemente des Kommunikationsprozesses hat sich ein Forschungsbereich der Kommunikationswissenschaft etabliert. So gibt es in der Kommunikationswissenschaft:

▶ Die **Kommunikatorforschung**, die beispielsweise nach dem spezifischen Berufsbild von Journalisten, ihren Arbeitsroutinen, oder ihrem Selbstbild fragt (= Wer? → Kommunikator).

▶ Die **Aussagenforschung**, die Medienangebote im Hinblick auf ihre Inhalte, auf strukturelle und formale Eigenschaften hin untersucht (= Was? → Aussage).

▶ Die **Medienforschung**, die sich mit den jeweiligen Kommunikationsbedingungen spezifischer Medientechnologien befasst (= Auf welchem Weg? → Medien).

▶ Die **Rezipientenforschung**, die sich mit den ‚Zielgruppen' von Medienangeboten und zum Beispiel ihren soziologischen oder demographischen Eigenschaften auseinandersetzt (= Zu Wem? → Rezipient).

▶ Die **Medienwirkungsforschung**, die sich mit den Effekten von Mediennutzung zum Beispiel im Zusammenhang mit der Frage nach der Wirksamkeit von Werbung oder den Wirkungen von Gewaltdarstellungen im Fernsehen oder in Computerspielen beschäftigt (= Mit welcher Wirkung? → Medienwirkungen).

Kritik des Modells

Die oben formulierte Kritik am Stimulus-Response-Modell gilt in ähnlicher Weise auch für die Lasswell-Formel: Einerseits ließen sich weitere Elemente ergänzen; so weisen beispielsweise die Kommunikationswissenschaftler Siegfried J. Schmidt und Guido Zurstiege darauf hin, dass Lasswell überraschenderweise die Frage nach dem ‚Warum' von Kommunikation vollständig außer Acht gelassen hat (vgl. Schmidt/ Zurstiege 2000: 59). Andererseits ist auch dieses Modell nicht dynamisch, ja es gibt nicht einmal Relationen, also Verbindungen zwischen den Elementen, an, wie es zumindest der lineare Pfeil des Stimulus-Response-Modells tut, sondern isoliert die einzelnen Komponenten. Allerdings hat Lasswell selbst bereits darauf hingewiesen, dass bei einer Analyse einzelner Aspekte von Kommunikationsprozessen der dynamische Gesamtprozess nicht in Vergessenheit geraten soll. Ein Versuch, die Lasswell-Formel zu dynamisieren stammt von Merten, der die lineare Formel in einer Matrix sozusagen auf sich selbst projiziert hat, so dass deutlich wird, dass es zwischen jedem Element eine Beziehung zu jedem anderen gibt (vgl. 1974 und Schmidt/Zurstiege 2000: 61f.).

Obwohl also auch die Lasswell-Formel als Modell für Kommunikation durchaus ihre Schwächen hat, bewährt sie sich doch zur Systematisierung von Elementen des Kommunikationsprozesses. Dies gilt nicht nur für Massenkommunikation, sondern auch für direkte und medial vermittelte Formen der Individualkommunikation: Auch in dieser Hinsicht lassen sich Sender und Empfänger ausmachen (wobei die Rollen stetig wechseln), können Aussagen oder Botschaften untersucht werden, gibt es unterschiedliche (direkte und medial vermittelte) Kommunikationswege und Wirkungen oder Effekte der Kommunikation. Und auch in diesem Zusammenhang stehen diese Elemente des Kommunikationsprozesses in vielfältiger Beziehung zueinander und sollten immer in ihrem Zusammenwirken betrachtet werden. Genau dies werden wir im Folgenden beispielhaft mit einigen grundlegenden Zusammenhängen des Kommunikationsprozesses tun.

6 Die vier Botschaften einer Nachricht

Wir beginnen am einfachsten mit einem Beispiel und betrachten einen relativ simplen Satz, der von einer Person A an eine Person B gerichtet wird: „Hier ist es aber dunkel." Dieser Satz ist das ‚Was' in der Lasswell-Formel des Kommunikationsprozesses, sozusagen die Nachricht. Aber was meint dieses ‚Was'? Das können wir nur entscheiden, wenn wir wesentlich mehr Informationen haben, wenn wir das ‚Was' mit dem ‚Wer', dem ‚an Wen' usw. in Verbindung bringen: Wer sind A und B, in welcher Beziehung stehen sie zueinander, wo befinden sie sich, wie ist der Tonfall, in dem A spricht, und vieles Weiteres mehr. Doch selbst wenn wir alle Rahmenbedingungen kennen, können wir noch lange nicht die eine Bedeutung dieses Satzes benennen. Denn der Satz teilt auf ganz verschiedenen Ebenen etwas mit, weit über die Information über die spärliche Beleuchtung eines Raumes hinaus.

Keine Nachricht ohne Kontext

Nachricht vs.
Botschaft

Der Psychologe FRIEDEMANN SCHULZ VON THUN unterscheidet grundlegend zwischen Nachrichten und Botschaften, um die vielen Ebenen, auf denen ein Satz (oder auch schon ein Wort oder im größeren Zusammenhang ein Brief oder eine Rede) auf seine Informationen hin untersucht werden kann, zu verdeutlichen: Die Nachricht ist in seiner Definition „das ganze vielseitige Paket mit seinen sprachlichen und nicht-sprachlichen Anteilen" (SCHULZ VON THUN 1981: 33). Sie kann viele verschiedene Botschaften gleichzeitig vermitteln. Schulz von Thun nennt mindestens vier Ebenen, auf denen Nachrichten von Rezipienten als Botschaft verstanden werden können, die in jeder Kommunikation parallel also gleichzeitig vorhanden sind. Erinnern wir uns noch einmal an unseren Beispielsatz „Hier ist es aber dunkel."

1. Sachliche Botschaft

Die offen-
sichtlichste
Botschaft

Diese Nachricht hat zunächst eine sachliche Botschaft, die eine Aussage über die mangelnde Helligkeit in einem Raum oder an einem bestimmten Ort macht. Dies ist in der Regel die ‚offensichtlichste' Botschaft, die auch am wenigsten kontextabhängig ist. Es ist aber keineswegs immer die wichtigste Botschaft. Denn neben der reinen Sachinformation gibt jede Aussage immer auch Informationen über die Beziehung zwischen Sprecher und Adressatem bzw. Sender und Empfänger preis.

2. Beziehungsaspekte

Beziehungs-
information als
Interpretations-
anleitung

Die Aussage „Hier ist es aber dunkel" kann auf ganz verschiedene Weise gedeutet werden, etwa als überraschte Aussage, als besorgter Hinweis in Anbetracht möglicher Schädigung der Augen, aber auch als ironischer Kommentar angesichts eines sehr hell beleuchteten Raums. Wie diese Aussage in der konkreten Sprechsituation aufzufassen ist, hängt von der Beziehung zwischen Sender und Empfänger ab und von den Beziehungsinformationen, die in der Nachricht impliziert sind. Mögliche Beziehungsbotschaften dieser Beispielnachricht wären etwa „Ich mache mir Sorgen um Dich" (Du könntest Deine Augen schädigen), „Ich trau Dir nicht zu, zu wissen, was gut für Dich ist" (also mach das Licht an) oder auch „Wir haben den gleichen Humor" (wenn die Bemerkung ironisch gemeint ist). Je nach der Beziehungsaussage ändert sich somit auch die Nachricht insgesamt bzw. ihre Interpretation durch Sender und Empfänger. WATZLAWICK, BEAVIN und JACKSON (1969: 55) formulieren es knapp und prägnant: „Der Inhaltsaspekt vermittelt die ‚Daten', der Beziehungsaspekt weist an, wie diese Daten aufzufassen sind."

Vermittlung von
Beziehungs-
informationen

Diese Beziehungsinformationen werden durch verschiedene Aspekte der Nachricht beeinflusst, zum Beispiel durch die Wortwahl, wie eine bestimmte Sachinformation formuliert ist. So lässt sich die sachliche Botschaft, dass ein Raum als zu dunkel empfunden wird, beispielsweise durch die Aussagen „Hier ist es aber dunkel", „Für meinen Geschmack ist es hier ganz schön duster", „Hier sieht man ja gar nichts", „Ganz schön schattig hier" oder auch „Was ist denn das für ein finstres Loch" ausdrücken. Es liegt dabei auf der Hand, dass alle diese Aussagen unterschiedliche Beziehungsinformationen zwischen Sender und Rezipient vermitteln und bestimmte Formulierungen in bestimmten Kontexten geradezu undenkbar sind. In der gesprochenen Sprache dienen neben der Wortwahl auch nonverbale Elemente wie Tonfall oder Gestik und Mimik zur Vermittlung von Beziehungsinformationen, wobei dies keineswegs nur willkürliche Ausdrucksmittel sind, sondern etwa die Körperhaltung vor allem auch unwillkürlich Informationen ausdrücken kann. Der Wegfall körpersprachlicher Informationen in textueller bzw. medial vermittelter Individualkommunikation stellt einen großen Informationsverlust dar, der eine große Quelle für Missverständnisse zum Beispiel in schriftlicher Kommunikation sein kann. Jeder kennt Beispiele für ironische E-Mails, die ‚falsch rübergekommen' sind, daher ist es gerade auf der Beziehungsebene auch hochgradig relevant, welcher Kommunikationsweg gewählt wird, selbst wenn es scheinbar doch nur um eine reine Sachinformation zu gehen schien. Wir sehen wieder einmal: In der Kommunikation hängt alles mit allem zusammen.

Der Satz „Man kann nicht nicht kommunizieren" gilt dabei auch und gerade für die Beziehungsebene von Kommunikation. Eine neutrale, rein sachliche Aussage gibt es nicht, die Beziehungsebene schwingt immer mit. Gerade ein besonders ausgeprägtes Bemühen um sachliche Informationen lässt sich wiederum als Indiz für eine spezifische Beziehung lesen. WATZLAWICK, BEAVIN und JACKSON (1969: 55) weisen aber auch darauf hin, dass die Beziehung zwischen Kommunikatoren relativ selten explizit, also ausdrücklich, thematisiert werden muss. Gerade dies ist ein Zeichen für gelingende Kommunikation, während ein ständiges ausdrückliches Diskutieren und Ringen um den Status der Beziehung oft ein Hinweis auf eine problematische oder gestörte Beziehung ist.

Es gibt keine rein sachliche Nachricht

3. Selbstoffenbarung

Neben den bereits angesprochenen Ebenen, der sachlichen Information und den Beziehungsinformationen, vermittelt jede Nachricht aber noch weitere Botschaften. Als eine dritte Ebene nennt SCHULZ VON THUN die Ebene der Selbstoffenbarung. Mit allem, was wir sagen, schreiben oder auf andere Weise kommunizieren, tragen wir bewusst oder unbewusst dazu bei, dass in den Köpfen anderer Menschen ein Bild von unserer Person entsteht. Die Art und Weise, wie wir sprechen, formulieren, gestikulieren und argumentieren sind Mosaiksteine, die für unser Gegenüber zu dem Gesamtbild beitragen, das er sich von uns macht. Dabei unterscheidet SCHULZ VON THUN (1981: 26f.) zwischen der beabsichtigten Selbstdarstellung und der unfreiwilligen Selbstenthüllung. Unser Beispielsatz „Hier ist es aber dunkel" könnte etwa offenbaren, dass der Sprecher ein (um die Gesundheit des Gegenübers) besorgter Mensch ist – oder auch ein herrischer, der einfach seine Vorstellungen von angenehmer

Selbstoffenbarung vermittelt ein Bild des Sprechers

Raumbeleuchtung durchsetzen möchte. Die Deutung hängt wiederum von der Beziehung zwischen Sender und Empfänger ab, zumal die Sichtweisen beider Seiten sich unterscheiden können: Ein besonders selbstbewusstes Auftreten etwa kann – ob erfolgreich oder scheiternd – Teil einer beabsichtigten Selbstdarstellung als ,Macher' und Erfolgsmensch sein. Dabei können gerade vollmundige Formulierungen beim Empfänger eher selbstenthüllend den Eindruck von Schaumschlägerei oder Großspurigkeit erwecken. Oder es sind rote Flecken und Schweißperlen auf der Stirn, die selbstenthüllend einen Eindruck von großer Nervosität und Unsicherheit vermitteln, obwohl ein souveräner Auftritt angestrebt wird. Wie schon bei der Beziehungsebene wird auch an dieser Stelle deutlich, dass Kommunikation in Face-to-Face-Situationen weit über die reine Sprache hinaus geht und alle Wahrnehmungen umfasst. Selbstverständlich ist es auch möglich, unbewusst positive selbstenthüllende Botschaften zu kommunizieren, etwa wenn ein Redner souverän frei spricht und große Gelassenheit ausstrahlt. An diesem Beispiel zeigen sich aber zugleich die Grenzen der Unterscheidung zwischen beabsichtigten und unbeabsichtigten Botschaften: Denn Intentionen und Absichten spielen sich wieder auf der Ebene der Kognition ab, die prinzipiell für andere uneinsehbar ist. Wir können kommunikativ nach Absichten fragen oder sie unterstellen, endgültig erkunden lassen sie sich nicht.

4. Appell

Appell als Kommunikationsziel

Das Thema Intentionen und Absichten ist auch wichtig für die vierte Ebene von Botschaften, die Teil jeder kommunikativen Nachricht ist. Praktisch keine Kommunikation ist zweckfrei, zumeist verbindet jeder Sprecher oder Sender ein Ziel mit seiner Aussage. Dabei darf der Begriff ,Ziel' nicht so verstanden werden, dass es immer darum gehen muss, jemand anderen zu einer bestimmten Handlung zu veranlassen oder die Meinung zu ändern. Ziele können auch wesentlich unscheinbarer sein, zum Beispiel eine angenehme Atmosphäre herzustellen oder zu unterhalten. In unserem Beispiel kann die Aussage einfach als indirekter Appell verstanden werden, doch bitte das Licht einzuschalten. Ist die Bemerkung ironisch gemeint, weil alle Lampen bereits in Stadionbeleuchtung strahlen, wäre aber auch das Gegenteil denkbar: Das Licht soll ausgeschaltet werden, um Energie zu sparen. Oder die Bemerkung soll einfach nur unterhaltsam sein, und der Appell wäre, über die gelungene Bemerkung zu lachen. Auch in diesem Zusammenhang gilt also: Den *einen* Appell einer Nachricht gibt es nicht. Auch hier hängt die Interpretation jeder Aussage immer mit von der Beziehungsebene ab, deren Interpretation wiederum mit abhängig ist von der Selbstoffenbarung des Sprechers.

Die Beziehung des Appells zu den anderen Nachrichten-Ebenen

Obwohl somit letztlich alle Ebenen miteinander verwoben sind, ist es sinnvoll, sie konzeptionell zu trennen. Nur so können Fälle beschrieben werden wie das klassische Beispiel eines sinnvollen Appells, der prinzipiell vom Empfänger auch verstanden und akzeptiert wird, jedoch aufgrund der Beziehungsebene abgelehnt wird: „Das muss ich mir nicht von Dir sagen lassen" oder „Nicht in diesem Ton" sind metakommunikative bzw. metasprachliche Bemerkungen, die genau diese Unterscheidung zwischen Appell und Beziehungsebene auch in der Alltagssprache markieren können. Vermeintlich besonders gewiefte Kommunikatoren streben zuweilen danach, alle anderen Nachrichten-Ebenen in den Dienst des angestrebten Appells zu stellen, das heißt, sie bemühen sich bewusst um eine adäquate Sachinformation, um eine positive (und adressatenorientierte) Selbstdarstellung und um eine positive Beziehungsbotschaft, um ihren Appell durchzusetzen, ihr Ziel zu erreichen. Dies ist bis zu einem gewissen Grad auch durchaus sinnvoll, denn es kann bedeuten, sich respektvoll auf sein Gegenüber einzustellen. Geht es aber um eine völlige Verstellung auf Kosten der Authentizität der Kommunikation, dann ist es bis zur Manipulation nicht mehr weit. Auch die kann man lernen, wie zum Beispiel gut geschulte Call-Center-Mitarbeiter oder andere Verkäufer beweisen. Doch im beruflichen und privaten Kontext sind solche auf kurzfristigen (und moralisch zweifelhaften) Erfolg ausgelegte Kommunikationsstrategien langfristig sicher nicht erfolgversprechend. Zugleich sehen wir, dass der Appell gewissermaßen eine besondere Botschaftsebene der Nachricht ist, denn er steht in einem besonderen Verhältnis zu den anderen Ebenen: Schließlich kann sich der Appell auf einzelne oder mehrere der anderen Ebenen beziehen. Der unausgesprochene Appell „Mach das Licht an!" in unserem Beispiel bezieht sich auf die Sachebene der Botschaft. Zugleich aber bezieht er sich auf die Beziehungsebene: Gehorche mir, ordne Dich meinem Wunsch, meiner Bitte, meinem Befehl unter. Ist er aber ironisch gemeint, könnte der Appell sich eher auf die Beziehungsebene („wir verstehen uns und haben den gleichen Humor") und auf die Selbstdarstellungsebene („sieh mich als eine unterhaltsame Person an") beziehen und die Sachebene unberührt lassen. Diese Sonderrolle der Appellebene wird in vielen Darstellungen, die die vier Botschaftsebenen einer Nachricht behandeln, allerdings nicht einbezogen, sondern alle vier Ebenen werden gleichberechtigt nebeneinander aufgeführt – aus unserer Sicht nicht ganz zu Recht. Wir haben deshalb auch die Darstellung von Schulz von Thun entsprechend modifiziert (vgl. Abb. 1.3).

Wie wir gesehen haben, werden einige Informationen in der Regel jeweils über verschiedene Teilaspekte einer Nachricht vermittelt, die Sachinformation hauptsächlich über die sprachlichen Zeichen, die Selbstoffenbarung und Beziehungsaspekte sehr stark über nicht-sprachliche Faktoren wie Gestik, Mimik oder Tonfall. Auch wenn alle Ebenen zusammenhängen, kann es doch zu widersprüchlichen Botschaften zwischen den einzelnen Bereichen kommen. Dies kann zu einigen kommunikativen Problemen führen. Dem eigenen Hund macht es sicher wenig aus, wenn man ihm mit strahlendem Lächeln und süßer Stimme sagt: „Du bist aber ein hässliches, dummes Vieh!", denn der Hund ‚versteht'

Inkongruente Botschaften

nur den Tonfall und die nonverbale Kommunikation. In menschlicher Kommunikation sind solche zwischen den Ebenen widersprüchliche Botschaften, die in der Regel weniger drastisch sind als dieses Beispiel, Quell zahlreicher Verwirrungen und Verunsicherungen. Dies gilt insbesondere dann, wenn sie zu einem regelmäßigen Muster der Kommunikation zwischen Personen werden, wie es sowohl in Familien, aber auch im Arbeitskontext immer wieder vorkommt. Ein Professor, der ein Referat mit Worten lobt, dabei aber einen hochgradig gelangweilten Eindruck macht, wird seine Studenten ratlos zurücklassen: Sie fühlen sich weder wirklich gelobt noch wissen sie, was sie hätten besser machen können. Wir gehen hierauf noch detaillierter im Kapitel über Störungen der Kommunikation ein.

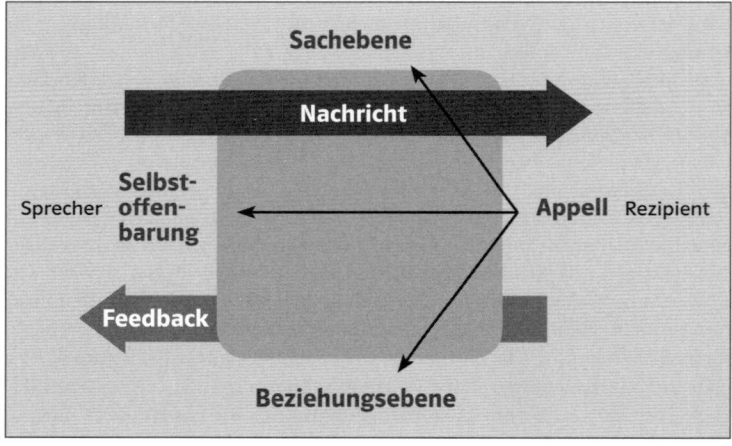

Abb. 1.3: Die vier Ebenen einer Nachricht (vgl. SCHULZ VON THUN 1981: 30)

ZUSAMMENFASSUNG

Wir verwenden in Anlehnung an SCHULZ VON THUN den Begriff ‚Nachricht' als Oberbegriff für ein geschlossen zu analysierendes Kommunikationsangebot, das unterschiedlich umfassend sein kann: von einem Wort über einen Satz bis hin zu längeren Texten. Nachrichten werden in jeder Kommunikation auf unterschiedlichen Ebenen verarbeitet, dabei lassen sich mindestens vier Dimensionen unterscheiden:

1. die sachliche Botschaft, die die sachliche Information betrifft;
2. die Beziehungsaspekte, die die Beziehung zwischen ‚Sender' und ‚Empfänger' indirekt zugleich darstellen und auch herstellen;
3. die Selbstoffenbarung, die gewollt und/oder ungeplant ein Bild des Sprechers vermittelt;
4. ein Appell, das heißt der vom Sender gewünschte Effekt der Nachricht bzw. die vom Empfänger gedeutete oder unterstellte Intention des Senders.

Alle Ebenen sind miteinander eng verbunden und lassen sich nur analytisch, das heißt zum Zweck der wissenschaftlichen Beschreibung

und Interpretation, trennen: Sie bedingen und beeinflussen sich gegenseitig. Kommunikative Probleme können sich u.a. dann ergeben, wenn eine Nachricht auf den verschiedenen Ebenen inkongruente, das heißt widersprüchliche Informationen vermittelt.

7 Rückkopplungen (Feedback): Zur Kreisförmigkeit von Kommunikationsabläufen

Wir haben bisher bei der Beschreibung der Kommunikationsprozesse wie die meisten Kommunikationsmodelle auch von ‚Sendern' und ‚Empfängern' gesprochen. Dies sind zumindest für Face-to-Face- und gleichzeitiger medial vermittelter Kommunikation wie Telefonate oder Chats eigentlich fragwürdige Begriffe, denn sie suggerieren einseitige und lineare Kommunikationsprozesse von einer Seite zur anderen und betrachten Kommunikation sozusagen als ‚Einbahnstraße'. Zwar kann es sinnvoll sein, zur Vereinfachung und zur Beschreibung einzelner Ebenen von Kommunikation vorübergehend eine solche Redeweise zu verwenden, wie wir es auch getan haben. Es ist dann aber wichtig, die Zusammenhänge der verschiedenen Ebenen und Aspekte von Kommunikation zu betrachten und anzuerkennen, dass Kommunikation eben kein Prozess in nur eine Richtung ist. Wir haben dies schon in der Kritik der Containermetapher und des Stimulus-Response-Modells betont und wollen nun einen genaueren Blick auf die Formen von Rückkopplungen bzw. auf die Kreisförmigkeit von Kommunikationsprozessen werfen.

Kommunikation ist keine Einbahnstraße

Wie wir bereits gesehen haben, kommt im Kommunikationsprozess dem ‚Empfänger' keineswegs eine passive Rolle zu. Er entnimmt keine Botschaften aus dem ‚Nachrichtenpaket', vielmehr reagiert er nach seinen eigenen Bedingungen auf die Kommunikationsangebote des Senders, interpretiert sie und versieht sie mit *seinen* Bedeutungen, bewertet sie nach seinen moralischen Maßstäben und reagiert auch emotional auf die Kommunikation. Dies ist im Übrigen keine Besonderheit des Kommunikationsprozesses: Bei allem, was wir wahrnehmen und tun, verfahren wir ständig so, dass wir unsere Beobachtungen und Handlungen emotional und moralisch bewerten und auf ihre Relevanz hin überprüfen. Dies sind auch keine willkürlich steuerbaren Prozesse, sondern automatisierte Vorgänge, die zwar ins Bewusstsein dringen können, jedoch hauptsächlich un- oder vorbewusst ablaufen. Wenn Sie sehen, wie ein Kommilitone auf eine schwierige Frage bei der Antwort hilflos um Worte ringt, empfinden Sie möglicherweise Mitleid oder Häme – dies ist aber keine bewusste Entscheidung, sondern hängt ab von Ihren Einstellungen gegenüber den beteiligten Personen. Wenn Sie kritisiert werden, fühlen Sie sich möglicherweise angegriffen, werden rot und unsicher. Auch dies sind

Der Empfänger ist aktiv

mindestens so sehr physische Reaktionen wie psychische, die wir oft zu gern steuern können wollten, doch dies gelingt nur selten. So ist es auch in der Kommunikation: Der Empfänger ist in doppelter Hinsicht aktiv. Zunächst muss er der Kommunikation in seinem Sinne Sinn geben, also sie aus seiner Sicht zu verstehen versuchen. Zugleich bewertet er die von ihm mit-konstruierte Botschaft bewusst oder unbewusst und reagiert so über den bloßen Interpretations- und Verstehensprozess hinaus. Wenn wir nun von einer Kreisförmigkeit der Kommunikation sprechen, dann gilt auch dies in zweierlei Hinsicht: Erstens wechseln sich die Sender- und Empfängerrollen andauernd ab, zweitens gibt es aber auch während einer Kommunikationssituation mit vermeintlich klar erkennbarem Sender und Empfänger andauernde Rückkopplungen und Feedbacks.

1. Feedback durch Antworten

Sender- und Empfänger-rollen wechseln sich ab

Einerseits, und dies ist der offensichtlichere Aspekt, wechseln in der zeitgleichen interpersonalen Kommunikation in aller Regel die Sprecherrollen regelmäßig zwischen den beteiligten Seiten. Das heißt, auf eine Rede (oder einen Chatbeitrag o.ä.) folgt eine Antwort, eine Replik, auf die wiederum eine Antwort folgt, wobei sich diese nicht immer ausdrücklich thematisch auf das vorher Gesagte beziehen muss – es ist in der Alltagskommunikation sogar überraschend oft so, dass schon zwei Sprecher in einem Gespräch zwischen Themen hin und her wechseln oder auch zwei weitgehend verschiedene Themenstränge verfolgen. Dies muss nicht einmal ein Zeichen für eine gestörte Kommunikation sein, sondern ist bisweilen gerade auch ein Merkmal besonders eingespielter und vertrauter Gesprächspartner. Im zeitlichen Ablauf ist somit ein regelmäßiger Wechsel von Sender- und Empfängerrolle beobachtbar, und die Kommunikation zwischen zwei Personen verläuft zirkulär, wie in der Abbildung 1.4 dargestellt. Sind mehr als zwei Personen an einer Kommunikationssituation beteiligt, verhält es sich vergleichbar, nur dass die Sender- und Empfängerrollen zwischen mehreren Personen wechseln. Außer Acht lassen wollen wir an dieser Stelle die vielen Überlappungen, die es in Alltagssituationen gibt, in denen mehrere Personen auf einmal sprechen, sich ins Wort fallen, Sätze des anderen vervollständigen usw. Wenn Sie selbst darauf achten, werden Sie feststellen, dass all dies sehr häufig in Gesprächen vorkommt und wiederum kein Zeichen für gestörte Kommunikation sein muss. Manche Modelle mögen eine geregelte Abfolge von Aussagen behaupten. Im Alltag geht es viel chaotischer, dynamischer und lebendiger zu, und gerade dies ist ein Zeichen dafür, wie unmittelbar und dauerhaft Sender und Empfänger aufeinander reagieren und sozusagen in einem Spiel mit jeweils individuell geschaffenen Regeln andauernd die Rollen wechseln. In diesem Spiel von ständigem Wechsel der Sender- und Empfängerrolle kann man insofern von ‚Rückkopplungen‘ oder auch Feedback sprechen, als alle Gesprächsteilnehmer jeweils auf das vorher Gesagte mehr oder weniger deutlich Bezug nehmen, Aussagen kommentieren, fortführen oder ihnen widersprechen. Alle

Teilnehmer schreiben so sozusagen an der gemeinsamen Geschichte des Gesprächs mit und reagieren aufeinander – was aber nicht heißen muss (und in der Regel auch nicht heißt), dass danach alle die gleiche Geschichte dieses Gesprächs erzählen würden. Auch muss etwa dauerndes Unterbrechen oder dem anderen Ins-Wort-Fallen keineswegs Ausdruck von mangelndem Respekt oder gestörter Kommunikation sein, sondern kann im Gegenteil ein Zeichen von besonders ausgeprägtem Interesse am Gesprächspartner und Thema sein.

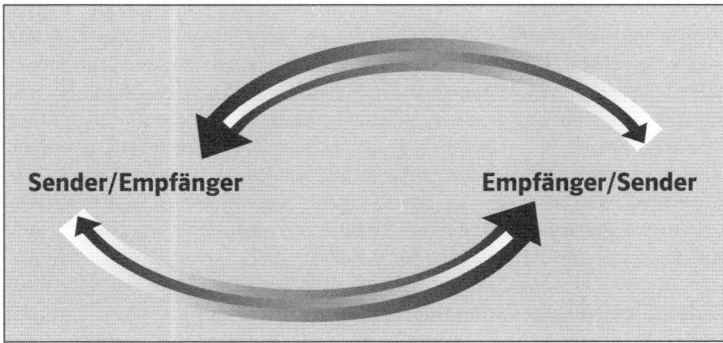

Abb. 1.4: Zirkulärer Sender-/Empfängerwechsel und konstantes Feedback (eigene Darstellung)

2. Permanentes Feedback

Die zweite Form der Rückkopplung ist eine noch unmittelbarere: Der aktive Empfänger ist nicht nur ein aktiver Zuhörer, der im Anschluss an seine Empfängerrolle einen mehr oder weniger ausdrücklichen Kommentar zum vorher Gesagten abgeben kann. Schließlich reagiert er schon in der Empfängerrolle unmittelbar, wie wir oben gesehen haben. Gerade die emotionalen Reaktionen, aber auch Unverständnis oder Zweifel können sich schon in der Zuhörerrolle nonverbal durch Gestik oder Mimik ausdrücken. Wir haben anfangs Kommunikation als reflexive Beobachtungssituation definiert. Das heißt, dass beide Seiten, vermeintlicher (Nur-)Sender wie vermeintlicher (Nur-)Empfänger, konstant beobachten, dass sie beobachtet werden. So beachtet schon im Sprechen der Sender die ersten Reaktionen des Empfängers: vielleicht ein Stirnrunzeln, ein nervöses, ungeduldiges Klopfen der Finger auf dem Tisch, ein amüsiertes Lächeln oder ein gespannter Blick. Der sogenannte Empfänger ‚sendet' also selbst fortwährend ‚Signale' an den sogenannten Sender, die dieser wiederum deuten, interpretieren und dann bewerten muss und auf die er seinerseits reagiert. Überlegen Sie, wie Sie Freunden einen Witz erzählen; Sie werden fortwährend prüfen, wie die Reaktionen sind: Hört man Ihnen zu? Gibt es erste Anzeichen dafür, dass sich Ihre Zuhörer amüsieren? Lacht jemand vielleicht schon nach wenigen Sätzen? Entsprechend den Reaktionen werden Sie den Witz, aber auch jede andere Geschichte auf

> Auch der Empfänger ‚sendet'

die Situation abstimmen, Ihre Rede verlängern, abkürzen, Ihre Aussagen übertreiben oder relativieren.

'Senden' und 'Empfangen' ist reflexives Beobachten

Es zeigt sich mithin erneut: Die Rede von 'Sendern' und 'Empfängern' ist zwar etabliert und insoweit auch sinnvoll, um nicht neue Wörter erfinden zu müssen. Dennoch sind die Begriffe problematisch, weil sie den Blick dafür verstellen, dass beide Seiten stets unter gegenseitiger Beobachtung stehen und aktiv sind. Dies wiederum verdeutlicht, dass nicht nur die Redeweise vom 'Empfänger', sondern auch der 'Sende'-Begriff irreführend ist, insofern er ein aktives, zielgerichtetes Verschicken von Informationen nahelegt. Die meisten Informationen werden jedoch von beiden Seiten gar nicht bewusst ausgesendet. Vielmehr beobachten und interpretieren alle am Kommunikationsprozess Beteiligten alle möglichen Zeichen, beziehen sie auf den Kommunikationsprozess und reagieren wiederum entsprechend darauf. Insofern ist der Kreislauf der wechselnden Sprecherrollen vergleichsweise einfach, verglichen mit den andauernden komplexen gegenseitigen Reaktionen und Anpassungsvorgängen auf die jeweiligen Reaktionen des Gegenübers.

3. Komplementäre und symmetrische Interaktionen

Komplementäre Kommunikation basiert auf Unterschieden

In der Reaktion von Kommunikationsteilnehmern aufeinander lassen sich im Spiel der gegenseitigen Rückkopplungen, Repliken und nonverbalen Reaktionen oft bestimmte Muster erkennen. In Gesprächen gibt es zwei typische Formen von Interaktionsmustern: die komplementäre und die symmetrische Interaktion. Komplementäre Interaktionen zeichnen sich dadurch aus, dass sie auf sich gegenseitig ergänzenden Unterschieden beruhen, während symmetrische Interaktionen durch ein Streben nach möglichst geringen Unterschieden gekennzeichnet sind. Ein klassisches Beispiel für komplementäre Interaktionen sind Kommunikationen in Hierarchieverhältnissen, zum Beispiel zwischen Lehrern und Schülern, Vorgesetzten und Untergebenen und oft auch zwischen Dozenten und Studenten – wobei es durchaus auch Ausnahmen gibt, in denen kommunikativ hierarchiefreie Interaktionen angestrebt werden (die es jedoch gar nicht vollständig geben kann, solange am Ende nur eine der beiden Seiten Noten verteilt). Eine komplementäre Interaktion zeichnet sich dadurch aus, dass die hierarchische Kommunikationssituation von beiden Seiten getragen und akzeptiert wird, so dass sich die Kommunikationssituation stabilisiert. Die Komplementarität muss dabei auch nicht zwingend durch Oppositionen wie oben/unten, mächtig/schwach, gut/böse gekennzeichnet sein und auch nicht normativ besetzt sein, also bewertet werden. Mutter/Kind-Kommunikationen oder Arzt/Patient-Kommunikationen sind eindeutig durch eine Ungleichheit gekennzeichnet, ohne dass diese von einer Seite mit Druck oder gegen den Willen der anderen durchgesetzt würde. Vielmehr ergänzen sich beide Seiten in ihren Unterschieden, das heißt, sie verhalten sich komplementär. Diese Komplementarität kann sich im Gespräch nicht nur stabilisieren, sondern auch verstärken, in diesem Fall wird von einer Progression gesprochen. Wenn A eine dominante Position einnimmt und von B Unterordnung einfordert und B dem entspricht, stärkt dies die Position von A weiter, so dass mehr Dominanz und daraufhin weitere Unterwerfung die Folge sein können. Auch solche Verstärkungseffekte basieren dabei immer auf den Kommunikationen und Handlungen *aller* Beteiligten, sie können also nicht nur der dominanten Seite zugeschrieben werden. Dies gilt selbstverständlich vor allen Dingen für Beziehungen, die frei ausgehandelt werden können, wie etwa Partnerschaften, Ehen oder Freundschaften. Es gibt im Alltag viele Hierarchiesituationen, die durch soziale Schemata oder gar juristisch geregelt sind und in denen dieser Aushandlungsspielraum geringer oder nicht gegeben ist.

Symmetrische Kommunikationen basieren im Gegensatz dazu nicht auf Unterschieden, sondern auf Gemeinsamkeiten bzw. auf der Vermeidung von Unterschieden. Ein klassisches Beispiel hierfür, das sich schon bei GREGORY BATESON findet, ist das gegenseitige Anfachen zum Prahlen (vgl. BATESON 1958: 176f.): Wenn A prahlt und B darauf nicht mit Bewunderung (dies wäre eine komplementäre Reaktion), sondern selbst mit Prahlerei reagiert, so handelt es sich um eine symmetrische Interaktion, die oft auf Konkurrenz beruht und auf Minimierung von Unterschieden zielt. Ganz offensichtlich kann es auch in diesem Kontext zu einer Art Progression kommen, allerdings nicht im Sinne einer sich öffnenden Schere wie bei komplementären Kommunikationen, sondern im Sinne zweier parallel sich gegenseitig hochschaukelnden, ansteigenden Linien, wie dies die folgende Abbildung (vgl. Abbildung 1.5) verdeutlicht. Symmetrische Kommunikation muss aber nicht immer zu derartigen Eskalationen führen. Auch ist es offen und wiederum völlig wertfrei, worin die Gleichartigkeit der Kommunikationspartner besteht: Beide Seiten können gleich stark oder schwach sein, freundlich wie unfreundlich, oder eben gleich prahlerisch wie bescheiden. Auch in diesen Fällen sind es immer beide Seiten, die das stabile Interaktionsmuster etablieren, so dass nie ein Urheber ausgemacht werden kann, sondern erst das Zusammenspiel aller Beteiligten die Struktur ergibt.

Symmetrische Kommunikation vermeidet Unterschiede

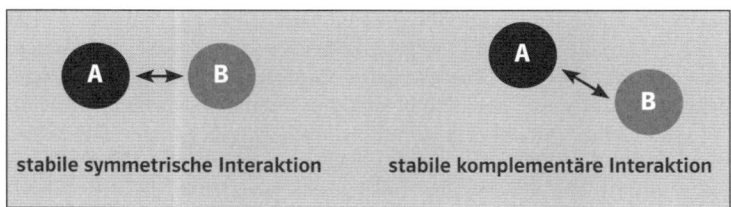

stabile symmetrische Interaktion   stabile komplementäre Interaktion

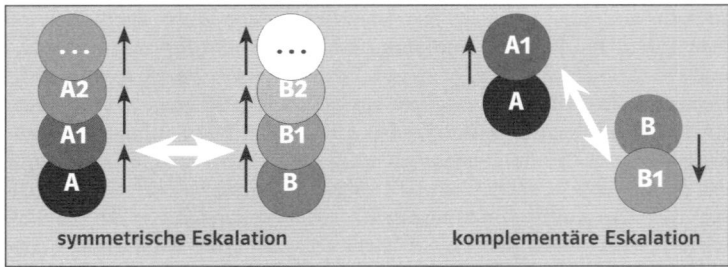

Abb. 1.5: Komplementäre und symmetrische Interaktionsmuster
(eigene Darstellung)

8 Kommunikationskanäle: Digitale und analoge Kommunikation

Digital vs.
analog

Aus dem Umgang mit Medientechnologien, zum Beispiel aus dem Kontext der Musikspeicherung und -wiedergabe, kennen Sie die Unterscheidung zwischen analogen und digitalen Technologien. Eine CD oder eine MP3-Datei wird dabei als ,digitales' Medium bezeichnet, eine Schallplatte als ,analog'. BATESON und in seiner Folge WATZLAWICK, BEAVIN und JACKSON haben diese Unterscheidung auch als eine wichtige Analysekategorie für die menschliche Kommunikation etabliert, deswegen wollen wir uns kurz näher mit den beiden Begriffen beschäftigen. Die Schallplatte ist ein ,analoges' Medium, weil sie in ihrer Rille die aufgezeichneten Schallwellen in einem Ähnlichkeitsverhältnis zur Klangquelle speichert und die Amplitude der Klangwelle in einem proportionalen Verhältnis in die Rille eingeschrieben ist. Weil zwischen der Rille und der gespeicherten Klangwelle dieses Ähnlichkeitsverhältnis besteht – eine Analogie – kann man Schallplatten auch prinzipiell mit einer in einen Joghurtbecher gesteckten Nadel abspielen. Das tut der Platte zwar nicht gut, aber die Nadel kann die in der Rille aufgezeichnete Schwingung der Schallwellen aufnehmen und gerät so selbst in Schwingung, was man verstärkt durch den Becher hören kann. Ganz anders verhält es sich mit einer CD, die die Informationen grundsätzlich anders speichert. Sie könnte man niemals über ein derart simples Verfahren zum Klingen bringen, denn in der CD sind die Schallinformationen digital gespeichert, das heißt, es besteht kein Ähnlichkeitsverhältnis zwischen gespeicherten Daten und den Schallwellen. Würden Sie eine CD oder auch eine MP3-Datei als ,Text' ansehen, Sie würden nur Nullen und Einsen sehen, denn die Schallinformationen werden je nach System in die einzige Information übersetzt, die unsere PCs verstehen. Beim Abspielen müssen diese vergleichsweise willkürlichen (nicht zufälligen!) Zuordnungen dann wieder in Klang umgewandelt werden, man spricht auch von Digital-Analog-

Wandlung. Die gleiche Redeweise findet sich bei Uhren: Während die Analoguhr mit ihrem im Kreis verlaufenden Zeiger den Tag gleichmäßig unterteilt und bildhaft den Verlauf der Sonne nachzeichnet (wobei sich heutige Uhren zweimal in 24 Stunden drehen), geben Digitaluhren mit ihren Ziffern Symbole an, die in keinem Analogieverhältnis zur dargestellten Tageszeit stehen, sondern eher willkürlich gewählt sind. Es ließe sich auch eine Digitaluhr mit Punkten oder Buchstaben denken – wenn man einmal die Codierung kennt, ist sie lesbar. Kennt man sie nicht, ist man aufgeschmissen. Die analoge Uhr dagegen würde sich in ihrer auf Analogie beruhenden Symbolik auch so erschließen lassen.

Was hat nun dies alles mit menschlicher Kommunikation zu tun? Wir reden doch ganz offenbar nicht in Nullen und Einsen und sind keine digitalen Wesen, so sollte man meinen. Unsere Kommunikation kennt aber durchaus analoge und digitale Formen, denn die menschliche Sprache ist eine geradezu beispielhafte digitale Kommunikationsform: Zwischen den Wörtern und dem, was sie bezeichnen, besteht in der Regel keinerlei Ähnlichkeitsverhältnis. Dass die Buchstabenfolge M-A-U-S im Deutschen ein kleines Nagetier bezeichnet, ist nicht aus den Buchstaben zu erschließen. Diese Erfahrung machen wir bei Fremdsprachen: Bei deren Erlernen ist es meist – wenn wir nicht schon verwandte Sprachen kennen – unmöglich, aus aufgeschriebenen oder gesprochenen Worten Bedeutungen zu erschließen. Ganz anders, wenn man uns dagegen ein Bild zeigt: Dies wäre ein klassisches Beispiel für eine analoge Kommunikationsform. Das Bild ist selbst keine Maus, aber es stellt sie in Form eines Ähnlichkeitsverhältnisses dar. Auch erkennen wir oft, selbst wenn wir die Sprache nicht sprechen, eine Grundstimmung des Sprechers: Ist der Mensch erbost, freundlich, gelangweilt? Dies liegt daran, dass Aspekte wie Tonfall, Körperhaltung, Gestik und Mimik ebenfalls im Sinne von BATESON und WATZLAWICK analoge Informationen sind, die wir oft (nicht immer!) auch über Sprachgrenzen hinaus deuten können.

Digitale und analoge Informationen in menschlicher Kommunikation

Die Unterscheidung zwischen digitaler und analoger Kommunikation steht in enger Verbindung zu der zwischen Sach- und Beziehungsebene: Es liegt nahe, dass die Sachinformationen praktisch ausschließlich digital, das heißt sprachlich, kommuniziert werden, Beziehungsinformationen aber vor allem analog, das heißt über nicht-sprachliche, körpergebundene Zeichen. Beide Kommunikationskanäle laufen also permanent parallel ab und müssen von allen Beteiligten ständig mit einander abgeglichen und ineinander übersetzt werden. Dabei sind digitale Zeichen wesentlich abstrakter und komplexer und können auch komplizierte Zusammenhänge ausdrücken, was mit analogen Mitteln nicht möglich wäre. Diese jedoch steuern eine sozusagen unmittelbare Semantik, eine direktere Zeichenform, insbesondere für die Beziehungsebene bei. Dies macht auch die Übersetzung des einen Bereichs in den anderen so schwierig: Versucht man, digitale Informationen analog darzustellen,

Sach- und Beziehungsebene

sozusagen das Prinzip des Scharade-Spielens, ist man mit einem drastischen Informationsverlust konfrontiert. Versucht man hingegen, analoge Informationen digital auszudrücken, gibt es ebenfalls Probleme: Das selbstverständliche, eingespielte Miteinander in der Körpersprache von Paaren etwa ist auch für Außenstehende meist deutlich sichtbar, aber nur sehr schwer sprachlich auszudrücken. So sind solche Übersetzungsprobleme auch oft eine Grundlage von Kommunikationsproblemen, mit denen wir uns in Kapitel 4.5 noch näher befassen.

9 Kommunikation über Kommunikation: Zur Wichtigkeit von Metakommunikation

Metakommuni-kation als Kommunikation auf einer höheren Ebene

Da Sie sich dieses Buch gekauft oder ausgeliehen und bis zu dieser Seite durchgehalten haben, scheinen Sie etwas über die Formen und Funktionsweisen von Kommunikation lernen zu wollen. Sie wollen Kommunikation verstehen und etwas über Kommunikation wissen. Dies kann nur gelingen, indem über Kommunikation gesprochen bzw. geschrieben wird, indem also über Kommunikation kommuniziert wird. Genau dies tun wir bereits seit der ersten Seite, und insofern liegt es nahe, dass wir als Autoren der Überzeugung sind, dass es bisweilen wichtig ist, die Kommunikation selbst zum Thema zu machen, über sie nachzudenken und über sie zu sprechen. Der Fachausdruck für solche Selbst-Thematisierungen von Kommunikation in Kommunikation lautet ‚Metakommunikation'. Die griechische Vorsilbe ‚Meta' soll dabei auf eine höhere Ebene verweisen. Metakommunikation ist also sozusagen Kommunikation von einer höheren Ebene aus, die zum Beispiel die Niederungen der Alltagskommunikation in den Blick bekommen und Aussagen über sie machen kann. Dabei lassen sich verschiedene Arten von Metakommunikation unterscheiden.

Implizite Meta-kommunikation: Beziehungsebene als Interpretations-anleitung

Eine Form von Metakommunikation haben wir bereits ausführlich besprochen. Mit WATZLAWICK, BEAVIN und JACKSON haben wir bei Nachrichten die Sach- und die Beziehungsebene unterschieden und erläutert, dass die Beziehungsebene oftmals gewissermaßen eine Interpretationsanleitung für die Sachebene anbietet. Die Beziehungsebene macht gleichsam eine Aussage über die (Sach-)Aussage – beispielsweise: Verstehe diese Aussage als Aufforderung, als Bitte oder als Scherz. Wie wir gesehen haben, ist es oft nicht-sprachliche, analoge Kommunikation, die Informationen auf der Beziehungsebene anbietet und die sich somit als andauernde implizite (das heißt nicht ausdrückliche, sondern indirekte) Metakommunikation deuten lässt. Wir haben auch gesehen, dass Aussagen ohne Beziehungsinformationen nicht zu verstehen sind bzw. dass sich zumindest das große Spektrum möglicher Bedeutungen nicht annähernd so weit eingrenzen lässt wie mithilfe von Beziehungsinformationen. Insofern kann man WATZLAWICK, BEAVIN und JACKSON (1969: 56) zustimmen, dass sich grundsätzlich jeder Mensch immer (zumindest impliziter) Metakommunikation bedienen muss, damit Kommunikation überhaupt gelingen kann.

Neben der andauernden impliziten Metakommunikation gibt es explizite, also ausdrückliche Formen der Kommunikation über Kommunikation – dieses Buch ist, wie gesagt, eine davon. Dabei kann sich Metakommunikation in ganz verschiedenen Kontexten abspielen: Wenn zum Beispiel Psychologen, Sprach- oder Kommunikationswissenschaftler auf einer Tagung über Kommunikationstheorien diskutieren, dann ist dies eine wissenschaftliche Form der (expliziten) Metakommunikation. Aber auch im Alltag gibt es viele Situationen, in denen wir die Kommunikation selbst zum Thema machen, insbesondere wenn es Verständigungsprobleme gibt. Die Aussage „Das habe ich doch gar nicht so gemeint" ist eine solche Form von Metakommunikation. Weitere Beispiele wären Aussagen vom Typ „Sei doch nicht immer so unsachlich", „Du verwechselst mal wieder Sach- und Beziehungsebene" oder „Wenn wir weiter so aneinander vorbei reden, werden wir die Probleme nie lösen". Die Fähigkeit, über Kommunikationsprobleme zu reflektieren und diese anzusprechen, wird in vielen Lehrbüchern als entscheidende Kompetenz für erfolgreiches Kommunizieren angesehen. Dies ist auch zweifellos richtig, denn immer wieder gibt es Situationen, in denen man ‚aneinander vorbei' redet oder sich in Kreisläufen von Missverständnissen, Unstimmigkeiten oder unberechtigten Unterstellungen gefangen hat. Dann ist es wichtig, die Kommunikationskette durchbrechen und das bestehende Problem ansprechen zu können. Da Sie bereits einiges über Kommunikation und zum Beispiel über die verschiedenen Ebenen von Kommunikation gelernt haben, können Sie vielleicht jetzt bei manchen Problemen besser in Worte fassen, wo ein Missverständnis oder ein Unbehagen entstanden sein könnte – zum Beispiel wenn es um inkongruente Botschaften geht oder Sie eine in einer Nachricht unterstellte Beziehungsbotschaft ablehnen.

Zur Wichtigkeit expliziter Metakommunikation

SCHULZ VON THUN weist zu Recht darauf hin, dass das theoretische Wissen über Kommunikation auch als Machtmittel missbraucht werden kann. Wer in Metakommunikationen mit Vokabeln protzt („Ich akzeptiere die Sachbotschaft, aber die von Dir implizierte Beziehungsbotschaft lehne ich ab"), der schafft womöglich die nächsten Kommunikationsprobleme. Denn auch Metakommunikation ist wiederum Kommunikation auf allen Ebenen und kann gelingen oder misslingen, kann Probleme lösen oder sie einfach nur auf eine höhere Ebene verlagern. So ist etwa die rhetorische Frage „Könnten wir zur Abwechslung mal wie erwachsene Menschen sachlich miteinander reden?" eine Form von Metakommunikation, die kaum dazu angetan ist, das jeweilige Problem zu lösen oder die Beziehung der Kommunikationspartner zu verbessern. Deswegen ist es auch in diesem Zusammenhang u.a. wichtig, situations- und adressa-

Vertrauen als Voraussetzung gelingender Metakommunikation

tenangemessen zu kommunizieren (vgl. Kapitel 6). Dennoch bleibt festzuhalten, dass Kommunikation über Kommunikation ein wichtiges Mittel zur Lösung kommunikativer Probleme sein kann. Sie erfordert jedoch
die Bereitschaft beider Seiten, persönliche Empfindungen und evtl. auch
Kränkungen offen anzusprechen und gegenseitig zu akzeptieren, denn
meist ist es ja nicht die Sachbotschaft, die zu Problemen führt. Daher
erfordert Metakommunikation – wo sie nicht wissenschaftlich abstrakt,
sondern auf die persönliche direkte Kommunikation bezogen ist – oft
auch Mut. Wenn sie gelingt, wird das oft als Befreiung empfunden, und
alle Beteiligten sind froh, offen ein Problem angesprochen und im besten
Fall sogar gelöst zu haben. Weil explizite Metakommunikation aber
meist auch explizite Kommunikation über die Beziehung der Beteiligten
und zugleich eine ausdrückliche Selbstoffenbarung verlangt, ist es ebenso leicht, sie zu missbrauchen, ins Lächerliche zu ziehen und verletzend
zu werden. Somit ist Metakommunikation immer auch ein Wagnis und
bedarf einer der vielleicht wichtigsten Voraussetzungen für gelingende
Kommunikation (die sie ja eigentlich erst wiederherstellen soll) von vorneherein: Glaubwürdigkeit und Vertrauen.

10 Doppelte Stimmigkeit: Kriterien gelingender und erfolgreicher Kommunikation

Erfolgreiche Kommunikation ist mehr als nur ‚Verstehen'

Obwohl Sie bereits viele Aspekte von Kommunikation kennengelernt
haben, war bisher von einem zentralen Begriff eher selten die Rede: vom
‚Verstehen'. Dabei geht es doch bei Kommunikation genau darum, dass
uns unser Gegenüber verstehen soll. Doch was heißt das eigentlich? Wir
haben schon erläutert, dass wir einander nicht in die Köpfe schauen können, so dass wir nie überprüfen können, ob wir wirklich so verstanden
worden sind, wie wir uns das wünschen. (Ja, manchmal gelingt es uns ja
selbst schon nicht, unsere Gedanken und Gefühle so sprachlich auszudrücken, dass wir das Gefühl haben, wir hätten uns selbst verständlich
gemacht.) Wir können also immer nur die Reaktionen unseres Gegenübers, seine Antworten und auch sein sonstiges Verhalten beobachten
und auf dieser Grundlage beurteilen, ob wir davon ausgehen können,
unser Gegenüber habe uns verstanden oder nicht. Mehr dazu erfahren
Sie auch in Kapitel 2.8. Aber nach allem, was Sie schon gelernt haben,
wissen Sie, dass es bei erfolgreicher Kommunikation auch nicht nur um
das ‚Verstehen' einer sachlichen Botschaft gehen kann. Es kann sogar
Situationen geben, in denen Sie zwar sachlich verstanden werden, in denen sie sich aber dennoch kommunikativ hochgradig unwohl oder missverstanden fühlen und die sie nicht als erfolgreiche oder gelungene
Kommunikation bezeichnen würden. Dies kann zum Beispiel der Fall
sein, wenn Sie in einer Arbeits- oder Studiensituation zwar ‚funktionieren', aber das Gefühl haben, sich verstellen zu müssen. Ein Konzept, das
gelingende und erfolgreiche Kommunikation in diesem Sinn an mehr als

bloßem ‚Funktionieren' auf der Sachebene misst und die verschiedenen Ebenen von Kommunikation einbezieht, ist das der ‚Stimmigkeit'.

Nach SCHULZ VON THUN (1998: 306ff.) ist Kommunikation dann stimmig, wenn sie personal und situativ angemessen ist, anders gesagt, wenn die Beteiligten das Gefühl haben, zugleich ‚sie selbst' sein zu können und der Situation mit ihrer Rahmung und ihrem besonderen Kontext entsprechend angemessen zu handeln. Diese zwei Dimensionen lassen sich auch in einer Matrix mit vier Feldern darstellen, die vier Varianten von erfolgreicher oder weniger erfolgreicher Kommunikation markieren.

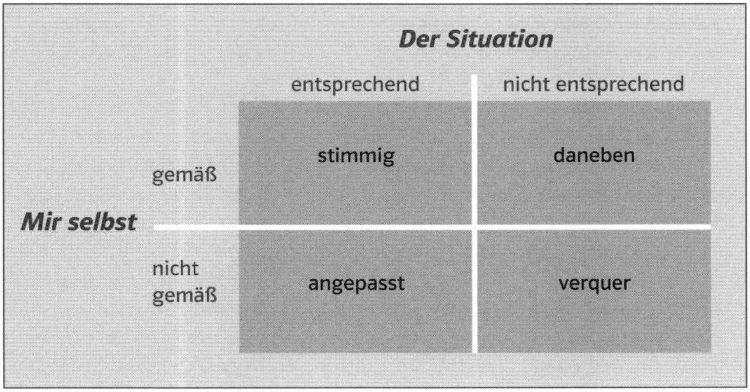

Stimmigkeit als personal und situativ angemessenes Kommunizieren

Der Situation

	entsprechend	nicht entsprechend
gemäß	stimmig	daneben
nicht gemäß	angepasst	verquer

Mir selbst

Abb. 1.6: Das Vier-Felder-Schema stimmiger Kommunikation (vgl. SCHULZ VON THUN 1998: 306)

Stimmige Kommunikation ist der Idealfall, wenn persönliche Authentizität und situationsangemessenes Handeln zusammenfallen. Dies bezieht sich somit auf alle Ebenen der Kommunikation: Ist die Sachbotschaft eine Botschaft, die ich grundsätzlich vertreten kann und die ich in dieser Situation äußern kann? Bin ich zufrieden mit meiner Selbstoffenbarung, und ist sie der Situation und meiner Beziehung zu den anderen Kommunikationsteilnehmern angemessen? Kann ich die von der Kommunikationssituation geschaffene Beziehung zwischen mir und den anderen Teilnehmern akzeptieren? Ist der Appellgehalt der Kommunikation für mich akzeptabel und der Situation angemessen? Wenn alle diese (beispielhaften und je nach Kontext umzuformulierenden) Fragen positiv beantwortet werden können, kann man von stimmiger Kommunikation sprechen.

Kriterien für stimmige Kommunikation

Neben diesem Idealfall lassen sich jedoch drei Fälle von nicht stimmiger Kommunikation unterscheiden (vgl. SCHULZ VON THUN 1998: 306ff.):
1. Von **angepasster Kommunikation** ist die Rede, wenn die Kommunikation zwar der Situation angemessen ist, aber nicht der sprechenden Person, das heißt wenn der Sprecher das Gefühl hat, sich verstellen

Drei Varianten nicht stimmiger Kommunikation

zu müssen. Dies könnte etwa der Fall sein, wenn im beruflichen Kontext, zum Beispiel im Call-Center, strikte Kommunikationsregeln bestehen, die zwar eingehalten werden, aber keinerlei Bezug mehr zu den kommunizierenden Personen haben, die nur noch einem Schema folgen. Ein weniger formalisiertes Beispiel könnte auch der erste Termin in der Sprechstunde eines Ihnen noch kaum bekannten Professors sein. Vielleicht verhalten Sie sich besonders zurückhaltend und unterwürfig, um bloß keinen Fehler zu machen. Dies mag situativ auch gut ankommen, gibt Ihnen aber das Gefühl, sich verstellen zu müssen. In solchen Situationen ist es wichtig, einen stimmigen Ausgleich zwischen situationsangemessenem und persönlich passendem Verhalten zu finden. Insofern ist stimmige Kommunikation immer auch ein wenig angepasste Kommunikation, die jedoch nicht zur Überanpassung und Selbstverleugnung abgleiten sollte.

2. Den gegenteiligen Fall von Kommunikation bezeichnet SCHULZ VON THUN (1998: 307ff.) als ‚**daneben**‘, wenn Personen zwar authentisch, aber der Situation unangemessen handeln. Ein Beispiel dafür wäre ein allzu flapsiges Referat im Seminar, das vielleicht der clownesken Seite des Referenten gemäß ist, nicht jedoch dem wissenschaftlichen Kontext und der damit verbundenen Ernsthaftigkeit der Situation. Aber auch ein persönliches Kompliment eines Dozenten an eine Studentin würden wohl die meisten als ‚daneben‘ begreifen – so ehrlich empfunden es gemeint sein mag, entspricht es nicht der Rollenbeziehung beider Seiten in der Gesprächssituation. Für Situationen, in denen jemand ‚daneben‘ gelegen hat, gibt es aus allen Lebensbereichen unerschöpfliche Beispiele – sicher fallen Ihnen selbst spontan eine ganze Reihe von Situationen ein, in denen Sie – zumindest aus der Rückschau – den Eindruck hatten, in ein kommunikatives Fettnäpfchen getreten zu sein.

3. Schließlich gibt es noch die **verquer**en Situationen, in denen weder persönlich angemessen noch situationsangemessen kommuniziert wird (vgl. SCHULZ VON THUN 1998: 313ff.). Dies ist sicherlich die seltenste Variante nicht stimmiger Kommunikation, doch auch sie kann vorkommen, oft in Kombination mit bzw. als Folge von Kommunikationen, in denen ein Beteiligter ‚daneben‘ agiert. Ein Beispiel: In einer Arbeitsgruppe von Studenten diskutieren Sie über ein Thema. Sie beteiligen sich mit einer Wortmeldung und stellen eine These auf. Eine Person B spricht nach Ihnen, stimmt Ihnen gönnerhaft und großspurig zu, geht in einen langen Monolog über und deutet in seiner Rede Ihre These in ihr Gegenteil um. Die Person B verhält sich wahrscheinlich authentisch, aber nicht situationsangemessen, schließlich geht es in der Gruppenarbeit um eine Gesprächssituation auf Augenhöhe und nicht um die Ausübung von Dominanz und das Dozieren durch eine Einzelperson. Kurzum: B agiert ‚daneben‘. Sie suchen womöglich nach einer Gelegenheit, um einzuhaken, Ihre Position klarzustellen und zugleich die Gruppe wieder zu einem gemeinsamen

Gespräch zu aktivieren. Mehrere Versuche einzugreifen scheitern jedoch, so dass Sie schließlich B frustriert weiterreden lassen. Sie werden die Kommunikation zu Recht als ‚verquer' erleben, denn nicht nur entspricht die Situation Ihnen nicht als Person (und dem Standpunkt, den Sie vertreten wollten), indem Sie dem Monolog zuhören müssen, statt in der Gruppe zu diskutieren, vielmehr befinden Sie sich völlig ‚im falschen Film', nämlich in einer ganz anderen Situation als der, die Sie angestrebt hatten. Und wahrscheinlich empfinden andere die Lage ganz ähnlich. So kann einer, der sozusagen erfolgreich, weil dominant ‚daneben' kommuniziert, bei einer ganzen Gruppe zu dem schlechten Gefühl beitragen, völlig verquer zu kommunizieren. Sie verstehen vielleicht noch, was B sagt, aber sie verstehen trotzdem die Welt nicht mehr.

1 Vorstellungen von Kommunikation: Zur Vielschichtigkeit eines interdisziplinären Phänomens

> *„Zwei verschiedene Beschreibungen sind immer besser als eine."*
> (GREGORY BATESON 1987: 177)

> *„Die Kommunikationswissenschaft, so lässt sich verallgemeinern,*
> *hat es mit Beobachtern zu tun, die immer wieder*
> *zwischen Selbst- und Fremdbeobachtung die Spur wechseln."*
> (SIEGFRIED J. SCHMIDT/GUIDO ZURSTIEGE 2007: 16)

Viele Disziplinen befassen sich mit ‚Kommunikation'

Im ersten Kapitel haben Sie bereits einige kommunikationstheoretische Grundlagen kennengelernt und gesehen, dass unsere alltägliche Kommunikation ein höchst komplexer Prozess ist. Die Theorien und Modelle, die wir Ihnen im ersten Kapitel vorgestellt haben, stammen vor allem aus der Psychologie und der Kommunikationswissenschaft. Aber wie Sie ebenfalls schon wissen, beschäftigt sich noch eine ganze Reihe anderer wissenschaftlicher Disziplinen mit dem Phänomen ‚Kommunikation' – wir hatten schon Anthropologen, Ethnologen, Neurobiologen, Linguisten und Informatiker genannt. Kein einzelnes Fach hat dabei eine Führungsrolle oder eine privilegierte Position, vielmehr verhält es sich mit den Ansätzen und Theorien der Disziplinen wie auch mit Modellen allgemein: Sie sind bestimmt durch unterschiedliche Fragestellungen, durch ein spezifisches Erkenntnisinteresse und das Bestreben, jeweils bestimmte Aspekte von Kommunikation wissenschaftlich zu beschreiben oder zu erklären. Wie immer, wenn man sich auf etwas besonders konzentriert, geraten dabei andere Facetten aus dem Blick. Daher nimmt auch kein Fach dem anderen etwas weg, wenn sich viele Disziplinen mit ‚Kommunikation' beschäftigen. Vielmehr können im besten Fall die verschiedenen Fächer mit ihren unterschiedlichen Traditionen, Theorien und Methoden voneinander lernen und so jeweils gegenseitig voneinander profitieren. Natürlich verläuft dabei nicht immer alles nur harmonisch: Manche Disziplinen ignorieren sich womöglich weitgehend, andere mögen auch einmal erbittert um die Deutungshoheit für bestimmte Phänomene streiten. Doch solche Grabenkämpfe gibt es sehr viel häufiger innerhalb von Disziplinen als im interdisziplinären Kontext, also im Zusammenspiel zwischen Fächern. Über Fächergrenzen hinweg ist es oft einfacher zu akzeptieren, dass andere Forscher andere Fragen stellen und sich dafür unterschiedlicher Begriffe bedienen.

Jeder Überblick ist eine Auswahl, aber sie sollte begründet sein

Damit Sie die verschiedenen wissenschaftlichen Auseinandersetzungen mit dem Phänomen ‚Kommunikation' noch besser kennenlernen, stellen wir Ihnen im Folgenden sehr knapp und gerafft eine Reihe von unterschiedlichen Perspektiven bzw. Modellen vor. Sie werden dann einerseits ein noch plastischeres Bild von der Vielschichtigkeit dieses Phänomenbereichs entwickeln. Andererseits kann Ihnen dieser Schnelldurchlauf womöglich helfen, Verbindungen zwischen unterschiedlichen Disziplinen zu erkennen bzw. herzustellen – insbesondere wenn Sie sich in Ihrem eigenen Studium vertiefend mit einem der Bereiche beschäftigen. Bevor wir anfangen, müssen wir aber noch etwas betonen, was eigentlich eine (wissenschaftliche) Selbstverständlichkeit ist: Sie wissen ja schon, dass Kommunikation ‚selektiv' ist, das heißt, dass immer ausgewählt werden muss und nie alles kommuniziert werden kann. Auch dieses Buch konnte nur geschrieben werden, weil wir ständig Entscheidungen getroffen haben und bestimmte Aspekte für unsere Darstellung ausgewählt, andere weggelassen haben. Wir haben uns dabei Mühe gegeben, nicht willkürlich, sondern mit Blick auf die eingangs dargelegte Zielsetzung dieses Buches begründet vorzugehen und uns an der Frage zu orientieren, was für Sie als Leser hilfreiche Informationen sind, um das Gleichgewicht zwischen einer theoretischen Einführung und einer praxisrelevanten Hilfestellung zur Schärfung der eigenen Kommunikationskompetenzen zu halten. Deswegen hat auch die folgende Darstellung keinen Anspruch auf Vollständigkeit – selbstverständlich gibt es noch viel mehr Theorien und Modelle von Kommunikation. Und über jede einzelne, die wir vorstellen, gäbe es sehr viel mehr zu sagen, als wir es tun können. Der größte kommunikative Erfolg wäre es also, wenn Sie nach der Lektüre nicht den Eindruck haben, alles zu wissen, sondern neugierig geworden sind, mehr zu erfahren und sich mit einzelnen Theorien eingehender zu beschäftigen.

2   Mathematisch-technische Kommunikationstheorien: Kommunikation als Informationsübertragung vom Sender zum Empfänger

Das relativ simple Modell von Kommunikation als Informationsübertragung von einem Sender zu einem Empfänger haben Sie schon kennengelernt, und wir haben es für die menschliche Kommunikation als ungeeignet verworfen. Dennoch ist dieses Modell eines der nach wie vor prominentesten und am häufigsten verwendeten Modelle für Kommunikation. Und es hat auch durchaus seine Berechtigung, wenn man weiß, aus welchem Kontext es ursprünglich stammt. Seine Urheber, die Mathematiker und Informationstheoretiker CLAUDE E. SHANNON und WARREN WEAVER, hatten es nämlich gar nicht als Modell menschlicher Kommunikation entwickelt, sondern um die technische Übertragung von Kommunikation etwa bei Telegrafen, Radio oder Fernsehen zu modellieren und berechenbar zu machen. Ihr Modell, das sie schematisch selbst dargestellt haben, basiert auf fünf Teilen, die alle vorhanden sein müssen, damit man im Sinne von SHANNON und WEAVER (1999) von einem ‚Kommunikationssystem' sprechen kann.

Ein Modell für technische Informationsübertragung

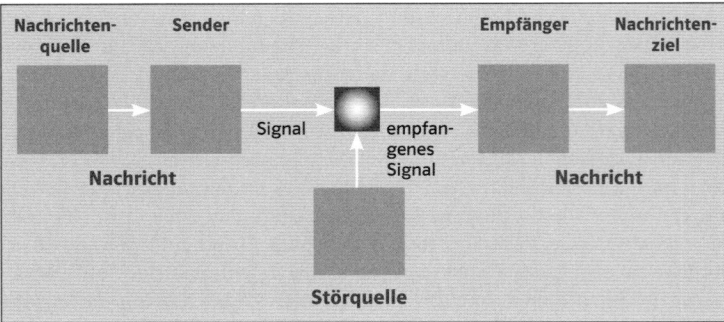

Abb. 2.1: Das Kommunikationssystem in mathematisch-technischen Modellen (vgl. SHANNON & WEAVER 1999: 447)

Ein Modell für technische Informationsübertragung

Die meisten Begriffe haben wir bereits kennengelernt, allerdings sind in diesem Zusammenhang mit ‚Sendern' und ‚Empfängern' eben nicht (irreführend) Menschen gemeint, sondern technische Apparate. Das Ziel von solchen technischen Modellen ist es, eine Berechnungsgrundlage zu entwickeln, um Information möglichst unverändert vom Sender zum Empfänger transportieren zu können. Ein Beispiel ist das Telefon: Die Klänge, die in den Hörer gesprochen werden, sollen möglichst korrekt am anderen Ende der Leitung reproduziert werden. Fragen von menschlichem ‚Verstehen', die sich also auf Bedeutungen oder Sinn beziehen, spielen dabei jedoch keine Rolle, es geht allein um die technische Übertragung, wie SHANNON und WEAVER (1999: 446) selbst betonen: „[Die] semantischen Aspekte der Kommunikation stehen nicht im Zusammenhang mit den technischen Problemen." Die Leistung des Modells der Informationsübertragung besteht darin, eine technisch-mathematische Grundlage für so unterschiedliche Herausforderungen wie die Übertragung von menschlicher Sprache per Telefon, von Bildern und Sprache im Fernsehen oder von allen möglichen Informationen (Texte, Bilder, Töne …) im Internet zu formulieren. Das von SHANNON und WEAVER entwickelte Modell von Kommunikationssystemen ist in diesem Zusammenhang die Grundlage fast aller massenmedialer Kommunikation und kann doch die für uns relevanten Fragen, wie menschliche Kommunikation (auch massenmedial) funktioniert, nur für einen Bruchteil des höchst komplexen Prozesses erklären.

3   Linguistische Kommunikationstheorien: Kommunikation als sprachliche Handlungen

Das linguistische bzw. sprachwissenschaftliche Interesse an Kommunikation lässt sich schon im Namen dieser Disziplin ablesen, deren Forschungsschwerpunkt alle sprachlichen Phänomene darstellen. Diese sind ganz offensichtlich so vielfältig, dass hier nur einige Beispiele genannt werden können. Linguisten beschäftigen sich beispielsweise mit historischen und kulturübergreifenden Sprachvergleichen, mit ‚Phonetik', also der Lehre von den sprachlichen Lauten, mit ‚Morphologie', also der Lehre von den bedeutungstragenden Bestandteilen von Worten (den sogenannten Morphemen) und mit der Grammatik und Syntax. Sie werden später, wenn es um wissenschaftliches Schreiben bzw. schriftliche Kommunikationsformen an der Universität geht (vgl. Kapitel 7.3), zum Beispiel noch Überlegungen aus der Textlinguistik kennenlernen, die sich mit satzübergreifenden sprachlichen Strukturen in Texten, deren Funktionen und Wirkungen befasst und so wichtige Hinweise für Autoren und Leser von Texten bieten kann. Die ‚Pragmatik' schließlich, und in diesem Kontext wird Kommunikation als sozialer Prozess auch sprachwissenschaftlich besonders relevant, beschäftigt sich mit der konkreten Verwendung von Sprache in sprachlichem Handeln und ist somit in ihrer Forschung immer rückgebunden an konkrete sozial verortete Kommunikationsprozesse.

Linguistik als Wissenschaft von der Sprache

Die wohl grundlegendste Frage, die die Sprachwissenschaft stellen muss, ist die nach den Funktionen von Sprache. Der deutsche Sprachpsychologe und Sprachtheoretiker KARL BÜHLER hat zunächst drei grundlegende Funktionen unterschieden:

Sprachfunktionen nach Bühler und Jakobson

▶ Die **expressive Funktion** bezieht sich auf die Beziehung zwischen Zeichen und Sender, der eine Meinung, ein Gefühl o.ä. kundgeben möchte.

▶ Die **darstellende Funktion** bezieht sich auf Gegenstände und Sachverhalte, die sprachlich dargestellt und repräsentiert werden.

▶ Die **appellative Funktion** bezieht sich auf die Beziehung zwischen Zeichen und Empfänger, der eine sprachliche Nachricht als Aufforderung verstehen kann.

Sie sehen, dass hinter diesen Funktionen das Ihnen bereits bekannte dreistellige Kommunikationsmodell von Sender, Nachricht und Empfänger steht und für jede der postulierten Komponenten des Kommunikationsprozesses eine sprachliche Funktion modelliert wird. Der russische Sprachwissenschaftler ROMAN JAKOBSON erweiterte und modifizierte in Rückgriff auf BÜHLER dessen Kommunikationsmodell um die Aspekte des Kontexts sowie von Kanal, Medium und Code und postulierte insgesamt sechs Funktionen der Sprache, die sich ebenfalls aus den Relationen der sprachlichen Mitteilung zu den Faktoren des Kommunikationsprozesses ergeben:

▶ Dem Sender ist die **emotive** bzw. **expressive** Funktion der Selbstdarstellung seiner Haltung gegenüber dem Gegenstand zugeordnet,

▶ dem Empfänger die **konative** bzw. **appellative** Funktion, die auf die Beeinflussung seiner Einstellungen und seines Verhaltens abzielt.

▶ Die **referentielle** Funktion bezeichnet die Ausrichtung einer Äußerung auf Sachverhalte, Gegenstände oder Wirklichkeitsmodelle, die durch die Nachricht dargestellt werden.

▶ Außerdem verweisen sprachliche Nachrichten stets auch reflexiv auf ihre eigene konkrete Materialität und Strukturiertheit, was als **poetische** Funktion bezeichnet wird.

▶ Schließlich hat eine Nachricht die **phatische** Funktion, den Kommunikationskanal aufrecht zu erhalten sowie die

▶ **metasprachliche** Funktion der Bewusstmachung und Thematisierung der sprachlichen Codes.

Sie werden diesen in der Sprach- und Literaturwissenschaft erforschten Funktionen von Sprache später (zum Teil mit anderer Gewichtung und unter anderem Namen) wieder begegnen, wenn wir uns in Kapitel 3 mit zentralen Aspekten von Kommunikation als sozialem Prozess befassen.

Sprache als Handeln – Die Sprechakttheorie

Lange Zeit hat selbst in der Sprachwissenschaft die Perspektive, dass Sprechen auch gesellschaftliches Handeln ist, wenig Beachtung gefunden. Unausgesprochen ging man davon aus, dass Handlungen die Welt konkret verändern – etwa wenn jemand ein Haus baut – und dass Sprache andere (eben zum Beispiel darstellende, expressive oder appellative) Funktionen hat. Diese Sichtweise änderte sich grundlegend mit einer Vorlesung des englischen Philosophen JOHN L. AUSTIN von 1955, die 1962 erst nach seinem Tod unter dem Titel *How to do things with words* publiziert wurde. In seiner Studie analysiert AUSTIN ‚Sprechakte' und betrachtet die Verwendung von Sprache als soziale Handlung, um zu zeigen, wie massiv man auch mit Sprache handeln und die Wirklichkeit verändern kann – wer etwa zum richtigen Zeitpunkt vor einem Priester am Traualtar das Wörtchen ‚Ja' sagt, ist von einem Moment auf den anderen verheiratet, mit weitreichenden sozialen Konsequenzen. Bei der Sprechakttheorie geht es also um die sozialen Wirkungen und Konsequenzen von Sprache als Handlung, für die AUSTIN drei Aspekte von Sprechakten unterscheidet:

▶ Zunächst wird in Kommunikation schlicht beobachtet, *dass* ein sprachlicher Akt vollzogen, das heißt, dass etwas gesagt wird; dies ist der sogenannte **lokutionäre Akt**. Auf dieser Ebene kann man nach der sachlichen Dimension einer Aussage fragen und zum Beispiel nach ihrem Wahrheitsgehalt.

▶ In einem zweiten Schritt wird der Akt als soziale Handlung betrachtet, der eine bestimmte Absicht zugrunde liegt und die zum Beispiel ein Versprechen, eine Frage, ein Befehl, ein Witz sein kann – dies ist der **illokutionäre Akt**.

▶ Schließlich ist noch einmal gesondert die Wirkung der Sprechhandlung zu analysieren, die als **perlokutionärer Akt** bezeichnet wird. So wie ein Witz nicht zwingend erheitert und auch einem Befehl widersprochen werden kann, sind Illokution und Perlokution streng zu unterscheiden, denn auch in diesem Kontext zeigt sich, dass eine Nachricht nicht linear deterministisch ihre Wirkung beim Empfänger bestimmen kann. Vielmehr kann dessen Reaktion das Gegenteil von dem sein, was der Sprecher beabsichtigt hatte.

4 Die Theorie kommunikativen Handelns: Kommunikation als rationaler Diskurs mit intersubjektiven Geltungsansprüchen

Aus einer kritischen philosophischen und soziologischen Tradition kommend versucht die Theorie kommunikativen Handelns von JÜRGEN HABERMAS menschliche Kommunikation zu beschreiben (vgl. HABERMAS 1981). Aufbauend auf der Sprechakttheorie, die betont hat, dass ‚Sprechen' bzw. Kommunizieren eine spezielle Form von gesellschaftlichem Handeln ist, unterscheidet HABERMAS zwei Arten von Handlungen: strategisches Handeln und kommunikatives Handeln. Während strategisches Handeln sich an Interessen Einzelner orientiert und andere zur Erreichung von Zielen instrumentalisiert, versteht HABERMAS kommunikatives Handeln als verständigungsorientiert. Es ist somit auch nicht primär Mittel zu einem Zweck, sondern soll an sich auf Wahrheit, Richtigkeit und Wahrhaftigkeit zielen. ‚Kommunikatives Handeln' bezeichnet somit nicht jede Form von Kommunikation, sondern vielmehr eine Art Idealform von Kommunikation, die aufklärerisches und demokratisierendes Potenzial hat.

Strategisches vs. kommunikatives Handeln

Um dieses Potenzial entfalten zu können, sind von den Kommunikationsteilnehmern einige Bedingungen zu erfüllen: Sie müssen bereit sein, nicht auf bestimmte Wirkungen abzuzielen bzw. ihre Sprechintentionen offenzulegen, ihre Argumentation begründen (können) und Kritik erlauben und den Kommunikationsprozess insgesamt ‚herrschaftsfrei' organisieren, das heißt unter anderem jedem Teilnehmer die gleiche Möglichkeit zur Eröffnung der und zur Beteiligung an der Kommunikation geben. In einer solchen idealen Kommunikationssituation wird sich, so die etwas optimistische Annahme, das bessere Argument durchsetzen. So spricht HABERMAS von ‚intersubjektiver' Geltung, das heißt von einer Gültigkeit für alle Personen bzw. Subjekte, die nicht auf Macht oder Sanktionen beruhen, sondern auf Vernunft und Verständigung zwischen den Handelnden.

Bedingungen für kommunikatives Handeln

Das kritische Potential der Theorie

Sie sehen, dass dies eine sehr idealistische Theorie von Kommunikationsprozessen ist und menschliche Kommunikation meist nicht diesem Ideal entspricht. Dennoch oder gerade deshalb ist die Theorie jedoch wichtig, weil sie ein Ausgangspunkt für eine begründete Kritik an strategischen Instrumentalisierungen von Kommunikation sowie für eine Ethik der Kommunikation (vgl. Kapitel 3.9) sein kann. Dies gilt nicht nur für sprachliche Kommunikation, sondern auch für gesellschaftliche Prozesse, die in einer ausdifferenzierten modernen Gesellschaft über andere (zweckorientierte) Handlungsmittel wie zum Beispiel Geld oder Macht definiert sind. Mit HABERMAS lässt sich für jede Gesellschaft ein Raum für herrschaftsfreie, vernunftorientierte Kommunikation als notwendige Grundlage für ein menschenwürdiges soziales Zusammenleben einfordern, bzw. dessen Schwinden oder Fehlen lässt sich kritisieren. Es ist somit eine normative, das heißt wertende, Theorie mit einem gesellschaftskritischen Anspruch.

5 Kommunikationstheorie des symbolischen Interaktionismus: Kommunikation als Ergebnis persönlicher Interpretation und sozialer Interaktion

Interpretation statt Reiz und Reaktion

Eine vor allen Dingen soziologische und sozial-psychologische Theorie der Kommunikation liefert der ‚symbolische Interaktionismus'. Er hat sich vor allen Dingen in Abgrenzung vom Behaviorismus entwickelt, der davon ausgeht, dass menschliche Interaktionen (und damit auch Kommunikation) hauptsächlich nach einfachen und linearen Reiz-Reaktions-Mustern ablaufen, wie es zum Beispiel das Stimulus-Response-Modell der Kommunikation suggeriert, das Sie bereits kennengelernt haben (vgl. Kapitel 1.5). Aufbauend auf Arbeiten vor allem von dem amerikanischen Sozialphilosophen GEORGE HERBERT MEAD hat MEADS Schüler HERBERT BLUMER die Theorie des symbolischen Interaktionismus ausformuliert. Sie geht davon aus, dass Menschen eben nicht einfach auf Gegenstände, Aussagen oder abstrakt ‚Reize' reagieren, sondern abhängig sind von der Bedeutung, die sie persönlich den Reizen zuschreiben. Zwischen einem Reiz und seiner Wirkung steht somit ein Prozess der persönlichen Interpretation in Hinblick auf eine symbolische Bedeutung des Reizes für den Handelnden. Diese Bedeutungen werden jedoch nicht im luftleeren Raum willkürlich erfunden, sondern basieren auf den gesellschaftlichen Erfahrungen des Handelnden, auf seinen sozialen Interaktionen. Diese Annahme gilt im symbolischen Interaktionismus allgemein, aber auch insbesondere für Kommunikation. Die Kommunikationsteilnehmer sind somit einerseits zurückgebunden an gesellschaftliche Prozesse, in denen sie Wertungen und Bedeutungszuschreibungen entwickeln, zugleich aber autonom in ihrer Interpretation und eben nicht determiniert von vermeintlich in den Dingen (oder Aussagen) enthaltenen Bedeutungen.

Diese Theorie hat zum Beispiel wichtige Konsequenzen für die wissenschaftliche Erforschung von Kommunikationsprozessen. Durch die hohe Bedeutung, die individuellen Interpretationsprozessen zugemessen wird, untersuchen Vertreter dieser Theorie meist eher mikrosoziologische Vorgänge mit qualitativen Methoden. Das heißt, sie beschäftigen sich nicht mit dem Zusammenhang von sozialen Systemen insgesamt oder befragen etwa 1000 Personen mit standardisierten Fragebögen, sondern fokussieren die Interaktionen und Bedeutungszuschreibungen innerhalb kleinerer gesellschaftlicher Gruppen und forschen zum Beispiel durch sogenannte ‚teilnehmende Beobachtung' oder qualitative Befragungen, das heißt in ausführlichen, nicht-standardisierten Gesprächen. Dadurch ist es einerseits möglich, sehr detailreiche und präzise Analysen von bestimmten Kommunikationsprozessen oder gesellschaftlichen Phänomenen durchzuführen, andererseits ist es schwer, für diese Analysen so etwas wie allgemeine Gültigkeit zu behaupten oder Verallgemeinerungen durchzuführen. Sie sehen, dass die Wahl einer Theorie nie folgenlos ist und nicht nur das Bild von dem untersuchten Gegenstand vorprägt, sondern auch die Methoden mitbestimmt, mit denen man den Gegenstand untersucht.

Die Theorie bestimmt die Methoden

6 Psychologische Kommunikationstheorien: Kommunikation als psychischer und systemischer Prozess

Angesichts der zentralen Rolle, die Kommunikation im menschlichen Leben spielt, ist es nicht überraschend, dass sich auch die Psychologie (als Wissenschaft der mentalen Prozesse beim Menschen) intensiv mit Kommunikation auseinandersetzt. Dabei geht es vor allen Dingen um den Zusammenhang zwischen individuellen psychischen Prozessen und sozialen kommunikativen Vorgängen sowie um deren gegenseitige Beeinflussung und Wechselwirkung. In diesem Zusammenhang strebt die Psychologie gleichermaßen nach einem allgemeinen Verständnis der psychischen Dimensionen von Kommunikationsprozessen wie nach möglichen therapeutischen Beiträgen zur Bearbeitung von psychisch bedingten Kommunikationsstörungen oder kommunikativ bedingten psychischen Problemen bzw. deren wiederum wechselseitigen Abhängigkeiten und möglichen Therapieperspektiven.

Psychische Aspekte von Kommunikation

Psychologen sind es gewohnt, sich mit hochkomplexen Zusammenhängen zu befassen, in denen einzelne Faktoren nicht isoliert werden können. Solche ganzheitlichen Perspektiven werden oft als ‚systemisch' bezeichnet, weil sie nicht einzelne Aspekte eines Zusammenhangs, sondern möglichst alle Komponenten in ihrem systemischen Zusammenwirken analysieren. Bei entstandenen Problemen setzen systemische Therapien dann auch nicht an einzelnen Hebeln oder einem bestimmten Individuum an, sondern versuchen, bei allen Maßnahmen die Wirkung auf den Gesamt-

Die systemische Perspektive

zusammenhang des Systems zu betrachten. Diese Perspektive eignet sich gut für die Beobachtung und Beschreibung (und Therapie) von einzelnen psychischen Systemen, aber auch für soziale Gruppen wie Familien oder Teams im Arbeitskontext. Hier entstehende Probleme sind oft untrennbar im Zusammenwirken aller Mitglieder begründet und lassen sich weder nach ‚rein kommunikativen' oder ‚rein psychischen' Problemen sortieren, noch einzelnen Gruppenmitgliedern zuschreiben, weil es erst das Zusammenspiel der Faktoren ist, in dem Probleme oder Störungen entstanden sind. Psychologen sind in solchen Fällen oft besonders ausgebildet, um als externe Experten in Gruppenkonflikten zu vermitteln, die kommunikativ nicht mehr aus eigener Kraft zu lösen sind – sei es in Supervisionen im Arbeits- und Teamkontext, in Coachings oder auch in der Familien- oder Partnertherapie.

Psychologische Kommunikations- beratung

Doch was zählt als therapiebedürftig, was als normal? Bei einem so vielfältigen Phänomen wie Kommunikation kann es kaum klare Definitionen geben, die bestimmte Praktiken als per se ‚krankhaft' oder ‚pathologisch' brandmarken. Das entscheidende Kriterium ist in der Regel, ob die Beteiligten ihre Kommunikationssituationen als produktiv oder eher als hemmend und destruktiv empfinden. Ein Verhalten, das in einer Partnerschaft oder in einer Teamkonstellation funktioniert, kann andernorts bei anderen Menschen hochgradig frustrierend wirken, so dass Beratungsbedarf entsteht. So ist das Heranziehen von psychologischen oder anders geschulten Kommunikationsberatern auch kein Zeichen von Scheitern oder gar ‚Krankheit', sondern eher ein gesunder und pragmatischer Umgang mit Kommunikationsstörungen, aus denen man selbst nicht mehr herausfindet. Zugleich bieten viele Kommunikationsberater ihre Dienste auch in Schulungen ganz unabhängig von konkreten Problemen an, um allgemein Kommunikationskompetenzen der Teilnehmer zu stärken. Für solche Coachings bietet die Tätigkeit im therapeutischen Kontext oft einen wichtigen Hintergrund, weil gerade aus gestörten Konstellationen auch viel darüber gelernt werden kann, wie produktive Kommunikationssituationen gestaltet werden sollten. Sie werden sehen, dass sowohl WATZLAWICK, BEAVIN und JACKSON als auch SCHULZ VON THUN viele ihrer Beispiele aus gestörten Kommunikationen nutzen, um Hilfen für erfolgreiche Kommunikationsformen zu entwickeln. Auch insofern ist die Grenze ‚krank' vs. ‚normal' keine absolute oder sonderlich hilfreiche; vielmehr ist jeder Mensch immer wieder mit gestörten Kommunikationssituationen konfrontiert, und psychologisch geschulte Experten können eine Möglichkeit bieten, um in solchen Fällen Lösungen zu finden.

7   Konstruktivistische Kommunikationstheorien: Kommunikation als wechselseitige Orientierung und Bedeutungs- und Wirklichkeitskonstruktion

Unter dem Label ‚Konstruktivismus' werden in erster Linie erkenntnis-theoretische Fragestellungen diskutiert, die jedoch entscheidende Auswirkungen auch auf die Vorstellung und Konzeption von Kommunikation haben. Konstruktivistische Theorien gehen von der oben kurz skizzierten Annahme der ‚kognitiven Autonomie' aller Menschen aus, die generell für alle Formen von Erkenntnis gilt: Menschen nehmen ihre Umwelt nach diesem Verständnis niemals in einem Abbildverhältnis wahr; vielmehr ‚konstruieren' sie die Wirklichkeit, in der sie leben, weil jede Wahrnehmung immer schon vorgeprägt und vermittelt ist durch die spezifischen Funktionsweisen des menschlichen Wahrnehmungsapparates, durch kulturelle Prägungen, Vorerfahrungen und Wissen. ‚Konstruktion' bedeutet in diesem Sinn also keinesfalls eine bewusste, womöglich gar willkürliche freie Erfindung einer beliebigen Wirklichkeit. Aber der Begriff verweist darauf, dass es niemals einen sozusagen ‚unschuldigen' oder ‚direkten' Zugriff auf Wirklichkeit gibt, sondern jeder Beobachter die Welt immer nur im Rahmen seiner individuellen Beobachtungsbedingungen und Voraussetzungen wahrnehmen kann, die die Wahrnehmung mindestens so sehr mitbestimmen wie die vermeintlich externen Reize. Es geht dem Konstruktivismus mithin auch nicht um das Leugnen einer erkennbaren Realität, vielmehr ist die Beobachterabhängigkeit jeder Erkenntnis die zentrale Position.

Konstruktivismus als erkenntnistheoretischer Ansatz

Diese Grundannahmen führen dazu, dass der Konstruktivismus am grundlegendsten kommunikationstheoretische Modelle einer ‚Informationsübertragung' in Frage stellt und kritisiert. So wie generell Wahrnehmung in diesem Modell nie ein ungefilterter Zugriff auf eine externe, beobachterunabhängig erkennbare Welt ist, kann auch bei Kommunikation Information nicht zwischen Menschen ‚übertragen' werden, wie dies auch oben schon erläutert worden ist. In einem konstruktivistischen Verständnis ‚wandern' nicht Informationen oder Bedeutungen von einem Sender zu einem Empfänger, sondern bestenfalls Signale. Da diese Signale vom Hörer durch eigene Bedeutungszuweisung und nach Maßgabe seines Vorwissens, seiner Interessen, Bedürfnisse und kulturellen Programme interpretiert werden müssen, ist davon auszugehen, dass Informationen, Sinn oder Bedeutung nicht bloß aus der Botschaft fertig übernommen, sondern vom Empfänger selbst erzeugt werden (vgl. NÜNNING 1989). Die Folgerung, dass bei Kommunikationsprozessen keine Informationen ‚übertragen' werden, wird dabei auch durch Erkenntnisse der Kognitionsbiologie nachhaltig bestärkt. Während das Übertragungsmodell davon ausgeht, dass das, was im Empfänger geschieht, vor allem durch den Sender und die Information bestimmt wird, betonen Vertreter konstruk-

Konsequenzen für das Verständnis von Kommunikation

tivistischer Ansätze, dass das Phänomen der Kommunikation nicht primär von dem abhängt, was ‚übermittelt' wird, sondern vor allem von den internen Möglichkeiten des ‚empfangenden' Systems.

Der Empfänger erzeugt die Information

Hierin kommt eine Auffassung von der Funktion von Sprache zum Ausdruck, die sich grundsätzlich von derjenigen unterscheidet, die den Übertragungsmodellen zugrunde liegt, wie es Siegfried J. Schmidt gemeinsam mit dem Medienwissenschaftler Helmut Hauptmeier formuliert: „Sprache dient nicht – wie es die Informationstheorie dargestellt hat – der Übertragung von Gedanken oder Informationen, sondern der (Selbst-) Orientierung miteinander kommunizierender Menschen in ihren jeweiligen kognitiven Bereichen." (Hauptmeier/Schmidt 1985: 28) Sprechen und Verstehen werden in konstruktivistischen Kommunikationsmodellen als dynamische und mehrdeutige Prozesse konzeptualisiert, in denen selbsttätige und selbstregulierende Individuen sich wechselseitig dazu anregen, nach Maßgabe der internen Möglichkeiten des jeweiligen Systems Bedeutungen zu konstruieren. Dies klingt zunächst sehr abstrakt und widerspricht alltagssprachlichen Vorstellungen von Kommunikation. Aber es deckt sich sowohl mit kognitionswissenschaftlichen Erkenntnissen als auch mit dem alltäglichen Erleben von Kommunikation in vielen Fällen: Denn wir erfahren fortwährend, dass wir anderen Menschen mit Sprache eben nicht genau das ‚vermitteln', was wir gemeint haben, dass es zu Missverständnissen kommt oder aber unsere sachliche Botschaft anscheinend zwar richtig ‚ankommt', jedoch völlig anders interpretiert und bewertet wird, als wir dies angenommen, beabsichtigt oder gehofft hatten. Genau diese Phänomene kann der Konstruktivismus erklären, indem er die Bedeutung des ‚Empfängers' im Kommunikationsprozess hervorhebt: Er ist es, der die Information erst produziert, der ‚Sender' kann diesen Prozess anstoßen, aber weder steuern noch determinieren.

Konstruktion macht Kommunikation nicht unmöglich

In einem konstruktivistischen Verständnis wird Kommunikation, ebenso wie Wahrnehmung, dabei dennoch nicht willkürlich und schon gar nicht unmöglich. Eine ganze Reihe von Faktoren sorgt dafür, dass Kommunikation glücken kann; dazu zählt in erster Linie die Sozialisation des Menschen in und durch die Sprache seiner Gesellschaft. Wir wissen, was mit dem Wort ‚Tisch' gemeint ist und finden unsere Erwartung, dass andere Menschen Ähnliches darunter verstehen wie wir, immer wieder bestätigt. Die Frage, ob sich zum Beispiel jeder den gleichen Tisch vorstellt, ist im Alltag dabei nicht entscheidend, es zählt der Erfolg von Kommunikation ganz pragmatisch als Handlungserfolg: Wenn eine Person sagt „Bitte mach das Fenster zu", dann geht es ihr nicht um die Frage, ob der Begriff ‚Fenster' im Kopf der angesprochenen Person die gleichen Bilder erzeugt oder gleich bewertet; dies wäre auch niemals zu überprüfen. Diese Kommunikation ist genau dann erfolgreich, wenn sie als Handlung, als Aufforderung gelingt, also das Fenster geschlossen wird. Wir müssen also die Prozesse im Kopf des anderen gar nicht kennen, um zu kommunizieren – ja es wäre mit Sicherheit sogar hochgradig verstörend, wenn wir in der Kommunikation darauf zielen würden, die gleichen Bewusstseinszustände zwischen den Teilnehmern herzustellen.

Die Betonung der zentralen Rolle des Empfängers schließlich heißt wiederum nicht, dass Kommunikation im Konstruktivismus analog dem Übertragungsmodell als linearer Prozess verstanden würde und sich lediglich die Machtverhältnisse ändern, also nicht mehr der Sender die Bedeutungen bestimmt, sondern der Empfänger. Der Gesamtprozess von Kommunikation wird als gegenseitige Orientierung im fortlaufenden Prozess der Konstruktion von Bedeutungen und Wirklichkeit im oben skizzierten Sinn verstanden. Da alle Seiten im Kommunikationsprozess stets aktiv sind, stets beobachten und beobachten, dass sie beobachtet werden, reagieren sie auch ständig aufeinander. Dabei gibt es jedoch keine privilegierte oder dominante Position, denn keine Seite kann ‚in den Kopf des anderen schauen' oder die andere Seite determinieren.

Kommunikation als wechselseitige Orientierung

Folgt man einem solchen konstruktivistischen Verständnis von Kommunikation, stellt sich auch die Frage nach dem ‚Verstehen' neu. Wenn eine bloße Übertragung von Informationen ausgeschlossen werden muss, und Wirkungen vom Empfänger selbst hervorgebracht werden, dann handelt es sich beim Verstehen um eine Erzeugung von Bedeutung und Informationen durch das ‚empfangende' Subjekt. Aus konstruktivistischer Perspektive bedeutet Verstehen somit nicht Rekonstruktion des vom Sprecher Intendierten, sondern Konstruktion des Gehörten durch denjenigen, an den die Äußerung gerichtet ist. Wenn Verstehen subjektabhängig ist und auf der Selbsttätigkeit des Individuums beruht, dann ist bloßes Übernehmen oder Empfangen einer sprachlichen Mitteilung nicht denkbar; vielmehr wird in jedem Akt des Verstehens das zu Verstehende modifiziert. Akzeptiert man die Vorstellung vom Menschen als einem autonomen System, das in seinem eigenen kognitiven Bereich kommunikative Beschreibungen und Bedeutungen erzeugt, dann ergibt sich zwingend, dass es auch nie zur Bildung derselben Gedanken zwischen zwei Individuen kommt, sondern bestenfalls zu gleichen, das heißt parallelen, analogen oder ähnlichen Konstruktionen. Die konstruktivistische Sprachtheorie führt zu der Einsicht, dass es sich bei Verstehensprozessen „ausschließlich um Unterschiebungen handelt" (GLASERSFELD, 1984: 2). Die Konstruktion einer kohärenten und intersubjektiven Wirklichkeit entsteht dadurch, dass Individuen von sich auf andere schließen und so das eigene subjektive Erleben anderen Schritt für Schritt unterschieben. Wie gut dies jedoch glückt, lässt sich wiederum nur kommunikativ klären, weswegen konstruktivistische Theorien zwischen kognitivem und sozialem Verstehen unterscheiden. Diese Unterscheidung werden wir im Folgenden genauer betrachten und mit ihr unseren Überblick über verschiedene wissenschaftliche Perspektiven auf Kommunikation abschließen.

Verstehen als Erzeugen von Informationen

8 Kommunikation verstehen: Interpersonales Verstehen als Perspektivenwechsel und Perspektivenübernahme

Kognitives Verstehen vs. kommunikatives Verstehen

Einmal mehr müssen wir uns bei einer wissenschaftlichen Betrachtung des Begriffs ‚Verstehen' von alltagssprachlichen Vorstellungen lösen. Nach diesen ist Verstehen etwas, das sich beim Empfänger einer Nachricht einstellen soll. Und, so nehmen wir im Alltag meist an, der Empfänger hat dann verstanden, wenn er die Bedeutungen oder Intentionen des Senders richtig ‚entschlüsselt' bzw. dekodiert und übernommen hat. Dass dies eine problematische, ja kommunikationstheoretisch nicht haltbare Position ist, haben wir inzwischen mehrfach betont. Im vorangegangenen Abschnitt haben wir auf der Basis von konstruktivistischen Theorien Verstehen nicht als Übernahme, sondern als Erzeugen von Informationen und von Bedeutung bestimmt. Dieser Vorgang lässt sich als ‚kognitives Verstehen' bezeichnen, als den Prozess der Herstellung von Informationen und Sinn im Bewusstsein der Kommunikationsteilnehmer. SIEGFRIED J. SCHMIDT und andere Vertreter konstruktivistischer Kommunikationstheorien haben für diese kognitive Seite des Verstehensprozesses auch den Begriff ‚Kommunikatbildung' eingeführt (vgl. SCHMIDT 1996: 125ff.). Doch neben der kognitiven Ebene, also dem Bewusstsein der Kommunikationsteilnehmer, gibt es zugleich auch die soziale Ebene der Kommunikation zwischen den Teilnehmern. Auch auf dieser Ebene stellen sich Probleme des Verstehens, das wir in diesem Kontext als ‚kommunikatives Verstehen' bezeichnen wollen.

Beispiel Textlektüre

Ein Beispiel soll diese Unterscheidung verdeutlichen. Wenn Sie einen Text lesen, werden Sie im Prozess des Lesens versuchen, diesen Text zu verstehen, das heißt eine kohärente und für Sie sinnvolle Lesart zu entwickeln. Diese Lesart wird von Ihrem Vorwissen, Ihren bisherigen Erfahrungen mit dem Genre des Textes, anderen Texten des Autors, Ihrer Motivation, Ihrem Interesse, Ihrem allgemeinen Wohlbefinden zum Zeitpunkt der Lektüre und von vielen anderen Faktoren mitbestimmt. Höchstwahrscheinlich werden Sie am Ende der Lektüre zu einem für Sie stimmigen Gesamteindruck kommen. Dieser kann darin bestehen, dass Sie das Gefühl haben, den Text verstanden zu haben, aber zum Beispiel auch darin, dass der Text ‚völlig unverständlich' ist, etwa weil er sprachlich zu kompliziert ist, zu viele Fremdwörter enthält oder zu abstrakt ist. In den allermeisten Fällen werden Sie also ein kohärentes ‚Verständnis' des Textes entwickelt haben, selbst wenn Ihre Einschätzung oder Lesart zum Beispiel die durchgehende Unverständlichkeit des Textes in den Mittelpunkt stellt. Mit diesem Eindruck könnten Sie nun zufrieden sein – sofern Sie niemals mit anderen Menschen über den Text sprechen. Denn sobald Sie mit anderen über den Text kommunizieren, müssen Sie Ihr eigenes (kognitives) Verständnis des Textes wieder selbst in Kommunikation ‚übersetzen' und ausformulieren, und Ihr Gegenüber muss Ihre nun formulierte Lesart versuchen zu verstehen. Dabei wird sich vielleicht herausstellen, dass Ihr Gegenüber mit Ihrer Lesart nichts anfangen kann und Ihnen stattdessen sein eigenes Verständnis darlegt. Auch jetzt geht es darum, was es heißt, den von Ihnen gelesenen Text verstanden zu haben, jedoch wird verstehen nun sozusagen gesellschaftlich ausgehandelt.

Bei dieser kommunikativen Situation haben wir es nun sozusagen mit einer gedoppelten Verstehensproblematik zu tun: Im Bemühen, sich auf ein ‚richtiges' Verständnis des gelesenen Textes zu einigen, müssen Sie zunächst einmal verstehen, wie Ihr Gegenüber den Text verstanden und gedeutet hat. Wie solche kommunikativen Aushandlungen von ‚Verstehen' konkret ablaufen, hängt dann wiederum sehr stark von dem sozialen Kontext der Kommunikationssituation ab: Stellen Sie sich vor, ein Schüler trägt in der Klasse eine Gedichtinterpretation vor. Andere Schüler können hierauf mit abweichenden Interpretationen reagieren. Die Schüler könnten sich dann entweder verständigen, unterschiedliche Lesarten zu vertreten, oder aber ihre Positionen annähern. Womöglich gibt sogar ein Schüler seine Lesart mit den Worten „Das habe ich ja ganz falsch verstanden!" auf, falls er eine andere Lesart selbst überzeugender findet. Schon zwischen den Schülern wird die Überzeugungskraft nicht nur von den konkreten Argumenten abhängen, sondern womöglich auch davon, welche bisherigen Leistungen der einzelne Schüler in Interpretationen erbracht hat, ob er sozusagen als ‚glaubwürdig' und zuverlässig gilt. Sobald sich dann aber der Lehrer einschaltet, ist deutlich, dass die Aushandlung von kommunikativem Verstehen auch eine Frage von Hierarchie und Macht sein kann: Die Interpretation des Lehrers – sofern er eine spezifische vertritt und nicht für die Offenheit von Interpretationen eintritt – ist durch die Kommunikationssituation ‚Schule' mit einer besonderen Macht und Durchsetzungskraft versehen (vgl. Kapitel 6.7): Er vergibt die Noten und kann nicht zuletzt dadurch bestimmen, was als ‚Verstehen' gelten kann und was als Fehllektüre. In diesen kommunikativen Aushandlungssituationen kann es nicht so sehr um ein ‚richtiges', womöglich gar ‚wahres' Verständnis des Textes in einem objektiven Sinn gehen, denn die Kommunikationsteilnehmer haben immer jeweils ihre eigene Lesart des Textes und können immer nur verschiedene Lesarten von verschiedenen spezifischen Lesern miteinander vergleichen. Was sozial als ‚Verstehen' gilt, ist dabei selbstverständlich nicht völlig unabhängig vom Text: Wir lernen auch in der Sozialisation, was kommunikativ als Gedicht bezeichnet wird, und wer in der Klasse danach behauptet, es handele sich um eine Bedienungsanleitung für einen Staubsauger, wird Probleme haben, diese Lesart als richtiges Verstehen durchzusetzen.

Soziales Verstehen wird somit immer in einem engen Zusammenhang zwischen textbezogenen Argumenten und Kontextfaktoren ausgehandelt, die sich aus der Situation und den Hierarchiebeziehungen der Gesprächs-

Soziales Verstehen als Aushandlung

Abweichende Perspektiven als Normalfall der Kommunikation

teilnehmer ergeben. Das in unserem Beispiel auf das Verstehen von Texten bezogene Modell gilt analog auch für das Verstehen von gesprochener Sprache. Auch im Falle von mündlicher Kommunikation hat niemand eine ‚natürliche‘ Definitionsmacht oder den ‚wahren‘ Zugang zu der ‚richtigen‘ Bedeutung einer Aussage. Es können immer nur kommunikative Ausformulierungen von persönlichen Interpretationen verglichen werden. Welche Interpretation sozial akzeptiert wird und als ‚Verstehen‘ gekennzeichnet wird, hängt wiederum von der kommunikativen Rahmung und auch von Machtfragen ab. Dies heißt jedoch nicht, dass Kommunikationskompetenzen darin bestehen, möglichst erfolgreich die kommunikative Herrschaft über Verstehensfragen zu erreichen, um die eigene Position durchsetzen zu können – sei es durch die eigene hierarchische Position, rhetorische Finessen oder andere Mittel. Wenn Sie ‚Verstehen‘ als kommunikativen Prozess und als Dialog modellieren und akzeptieren, dass unterschiedliche Lesarten und auseinandergehende Perspektiven keine Probleme, Fehlinterpretationen oder Miss-Verständnisse sein müssen, sondern den Normalfall von Kommunikation darstellen, dann lassen sich Kommunikationskompetenzen auch ganz anders und produktiver deuten: Es geht dann um eine Sensibilisierung für die verschiedenen, zunächst stets gleichberechtigten Perspektiven und Lesarten. Kommunikationskonflikte und Missverständnisse können dann oft erklärt und gelöst werden, indem man die Voraussetzungen der auseinandergehenden Vorverständnisse nachzuvollziehen versucht und diese auch offen thematisiert.

Perspektivenwechsel und Perspektivenübernahme als Ideal

Eine zentrale Kommunikationskompetenz ist damit die Fähigkeit zum Perspektivenwechsel und die Bereitschaft zur Perspektivenübernahme. Dabei ist klar, dass der Perspektivwechsel immer nur ein Versuch sein kann, sich in die Situation, Rolle und Sichtweise anderer hineinzuversetzen, dessen Gelingen aber nicht überprüfbar ist. Es macht allerdings einen entscheidenden Unterschied, ob Sie im Konfliktfall einfach auf Ihr (angebliches) Recht beharren oder nach den Voraussetzungen und Rahmenbedingungen der Kommunikationssituation suchen und sich bemühen, die (subjektiv ebenso guten) Gründe Ihres Gegenübers für seine Position nachzuvollziehen. Und wer von vornherein die Unterschiedlichkeit der Perspektiven und die Autonomie der Kommunikationsteilnehmer berücksichtigt, der kann womöglich auch das eine oder andere Missverständnis vermeiden, weil er nicht seine eigenen Kommunikationsvoraussetzungen für ‚natürlich‘ hält, sondern vorab überlegt, welche Bedürfnisse, Erfahrungen und Interessen die anderen Teilnehmer wohl mit in das Gespräch bringen.

1 Arten, Dimensionen und Funktionen von Kommunikation

> *„Kommunikation: der ‚Stoff', aus dem Gesellschaften bestehen."*
> (SIEGFRIED J. SCHMIDT/GUIDO ZURSTIEGE 2000: 11)

> *„Wenn wir (…) über Dinge sprechen, die unsere Achtsamkeit*
> *für das Essen und unser Zusammensein stärken, fördern wir*
> *die Art von Glück, die für unser Wachstum nötig ist."*
> (THICH NHAT HANH 1992: 39)

In den vorausgegangenen Kapiteln haben Sie einige grundlegende Modelle und Theorien von Kommunikation kennengelernt und dabei ein komplexeres Verständnis von Kommunikation entwickeln können, als wir alle es zumeist im Alltag unterstellen. Diese ausführliche theoretische Auseinandersetzung mit dem Thema Kommunikation soll kein Selbstzweck sein, sondern diente vielmehr dazu, Ihnen einerseits die Vielzahl der Perspektiven auf das Themenfeld vorzustellen und Ihnen andererseits einige Kategorien und Begriffe näher zu bringen, die auch zur Orientierung im Prozess der eigenen, ganz praktischen Entwicklung von Kommunikationskompetenzen dienen kann. Denn die Theorien und Modelle, die Sie kennengelernt haben, können Ihnen alle dabei helfen, in dem komplexen und vielfältigen Begriff der Kommunikation verschiedene Aspekte und Dimensionen zu unterscheiden, die jeweils sehr konkret auf zentrale Kommunikationskompetenzen verweisen. Ein Zwischenfazit aus den ersten Kapiteln wird dies verdeutlichen.

Theorien dienen zur Orientierung der Kompetenzentwicklung

Sie haben in den beiden ersten Kapiteln verschiedene Arten von Kommunikation kennen- und diese zu unterscheiden gelernt. Dabei ist deutlich geworden, dass die Arten der Kommunikation nicht einfach nur andere, aber gleichwertige ‚Kanäle' sind. Es macht einen Unterschied und ändert die Kommunikationsbedingungen grundlegend, ob Sie im direkten Gespräch kommunizieren oder textuell und medial vermittelte Formen der Kommunikation nutzen. Und insbesondere in der Konstellation von medial vermittelten Formen haben auch die verschiedenen Medien einen wichtigen Einfluss auf die Möglichkeiten von Kommunikation: Diese Einsicht klingt zunächst trivial, aber viele Menschen reflektieren diese Unterschiede nicht – dabei ist es sehr sinnvoll, sich auch bei einem kleinen Anliegen zum Beispiel im Büro die Frage zu stellen, ob für den jeweiligen Fall beispielsweise ein Anruf oder eine E-Mail der erfolgversprechendere Kommunikationsweg ist. Und die verschiedenen Arten von Kommunikation erfordern jeweils spezifische Kompetenzen, angefangen von den jeweiligen technischen Medienkompetenzen der Bedienung bis hin zu der Metakompetenz, die reflektierte und begründete Wahl eines geeigneten Mediums aus den zahlreichen Möglichkeiten treffen zu können.

Arten von Kommunikation

Dimensionen von Kommunikation

In einem weiteren Schritt haben Sie die Unterscheidung von verschiedenen Dimensionen bzw. Komponenten von Kommunikationsprozessen kennengelernt. Angesichts der Vielzahl von wissenschaftlichen Perspektiven auf und Modellen für Kommunikation gibt es eine Reihe von Angeboten, welche Dimensionen oder Komponenten als zentral angesehen werden sollten. Wenn Sie beispielsweise mit LASSWELL zwischen Kommunikator (oder ‚Sender'), Aussage, Medium, Rezipient (oder ‚Empfänger') und Wirkungen im Kommunikationsprozess unterscheiden, können Sie erneut verschiedene Kompetenzperspektiven entwickeln. Die Wahl eines Mediums, erfordert die oben angesprochene Medienkompetenz; die Formulierung der Aussage unter anderem Sprachkompetenz, der Aufbau einer Kommunikation zwischen Kommunikator und Rezipienten mit dem Ziel, eine Wirkung zu erreichen, wiederum erfordert spezifische Beziehungskompetenzen wie Empathie und die Bereitschaft zum Perspektivwechsel. Natürlich wirken alle diese Dimensionen auch auf der Kompetenzebene zusammen: Wenn Sie brillant formulieren, aber die Interessen und Hintergründe Ihres Gegenübers nicht berücksichtigen, dann scheitert erfolgreiche Kommunikation womöglich zwar nicht an Ihrer ausgeprägten Sprachkompetenz, aber an Ihrer fehlenden sozialen Kompetenz. Die Kompetenzen sollten daher nicht als isoliert betrachtet werden, ebenso wie auch die Dimensionen von Kommunikation erst in ihrem Zusammenspiel wirksam werden.

Funktionen von Kommunikation

Schließlich haben wir auch verschiedene Funktionen von Kommunikation erläutert. Sie wissen nun, dass eine Aussage nie allein sachliche Informationen vermittelt, denn in jeder Kommunikation geht es auch um die Vermittlung eines Selbstbildes des Sprechers, um die Beziehung zwischen den Beteiligten und um das Erreichen bestimmter Effekte oder Wirkungen. Auch diese Funktionen lassen sich wiederum mit spezifischen Kommunikationskompetenzen in Verbindung bringen, darunter soziale und emotionale Kompetenzen auf der Beziehungsebene oder sprachliche und weitergehende Darstellungskompetenzen auf der Sachebene. Wir werden auf die skizzierten Bündel von Kompetenzen für den Kommunikationsprozess in Kapitel 5 erneut und vertiefend eingehen. An dieser Stelle ist es vor allen Dingen wichtig zu unterstreichen, dass die Theoretisierung und Systematisierung von Kommunikationsprozessen in diesem Buch immer mit Blick auf die Entwicklung von Kommunikationskompetenzen erfolgt.

Zentrale Aspekte von Kommunikation als sozialem Prozess

In der Folge werden wir einige zentrale Aspekte von Kommunikation als sozialem Prozess vertiefen, die bereits in den ersten Kapiteln knapp angesprochen worden sind. Die Betonung liegt nun auf der Perspektive von Kommunikation als sozialem Prozess, das heißt als Prozess zwischen mehreren Menschen in einer Gesellschaft. In diesem Zusammenhang sind also die zahlreichen Rahmenbedingungen von Kommunikation, die ja immer eingebettet in gesellschaftliche Kontexte ist, ebenso von Interesse wie die Relation zwischen den Kommunikationsteilnehmern. Dazu zählen die bereits angesprochenen Ebenen einer Nachricht, die Situationskontexte, sprachliche und nicht-sprachliche Aspekte von Kommunikation sowie psychologische und auch ethische Aspekte. Zur Entwicklung von Kommunikationskompetenzen, so unsere These, sollten Sie sich dieser zentralen Aspekte von Kommunikation bewusst sein und bei Kommunikationsproblemen in der Lage sein, die verschiedenen Aspekte zu trennen und nach möglichen Ursachen für Probleme zu suchen. Im folgenden Kapitel werden daher auch einige ‚klassische' Störungen und Problemfelder für Kommunikation erläutert, bei der Sie diese zentralen Aspekte wiederfinden werden. Doch bevor die Probleme in den Mittelpunkt rücken, sollen in diesem Kapitel zunächst einige positive Beispiele und Übungen für gelingende Kommunikation vorgestellt werden.

2 Sachaspekte von Kommunikation: Sachlichkeit und Verständlichkeit

Auch wenn bei Kommunikation niemals ausschließlich eine sachliche Botschaft vermittelt wird, so steht doch in den meisten Fällen eine sachliche Aussage im Vordergrund, während die anderen Ebenen eher implizit mitlaufen. Auch wenn also die sachliche Ebene die offenkundigste ist, heißt dies jedoch nicht, dass sie die am leichtesten zu beherrschende ist. Dies zeigt sich zum Beispiel an der von vielen Behörden praktizierten Art von Kommunikation: In den Bescheiden und Urkunden von Meldeämtern, Finanzämtern oder auch Prüfungsämtern geht es scheinbar allein um die Sache (wenngleich selbstverständlich auch jede Behörde mit ihren Kommunikationen ebenso ein Selbstbild vermittelt und eine spezifische Form von Beziehung zwischen den Kommunikationspartnern etabliert – dies zeigt sich auch im Wandel des Sprachgebrauchs etwa vom ‚Antragsteller' hin zum ‚Kunden': Die Begriffe implizieren sehr unterschiedliche Hierarchie- und Beziehungskonstellationen zwischen Amt und Bürger). Doch obwohl die Sache im Vordergrund steht, zählen Behördenbescheide vielfach zu den am schwersten verständlichen Formen von Kommunikation überhaupt. Dies liegt oft daran, dass eine vermeintlich besonders sachliche, nämlich formalisierte und distanzierte Sprache zu Satzungetümen führt, die zwar sehr sachlich scheinen mögen, aber nicht mehr verständlich sind.

Beispiel Behördenkommunikation

Offenbar führt also ‚Sachlichkeit' nicht immer zu ‚Verständlichkeit', und es scheint sinnvoll, diese Begriffe zu unterscheiden. Gerade weil Kommunikation eben nicht nur auf die Sachebene gerichtet ist, sondern ein sozialer Prozess ist, der in eine Beziehung zwischen den Teilnehmern eingebettet ist, hängt auch Verständlichkeit maßgeblich von dieser Beziehung und von den Voraussetzungen, die die Teilnehmer mitbringen, ab. Wenn

Sachlichkeit vs. Verständlichkeit?

zwei Juristen miteinander reden, können sie andere Dinge als selbstverständlich voraussetzen, als wenn ein Anwalt seinem Klienten den gleichen Fall erklären wollte. Während die Frage der Verständlichkeit einer Sachbotschaft maßgeblich von den Bedingungen der Gesprächsteilnehmer abhängt, scheint mit Sachlichkeit eine spezifische Art der Redeweise und auch der Themenwahl gemeint zu sein.

Sachlichkeit als Kommunikationsfilter

„Jetzt bleiben Sie aber bitte sachlich!" – Diese Aufforderung wird in Gesprächen aus unterschiedlichen Anlässen geäußert, etwa wenn entweder das Thema des Gesprächs verfehlt wird oder aber eine besonders emotionalisierte Redeweise gewählt wird. Was jeweils akzeptable Themen sind, hängt wiederum vom Kontext des Gesprächs ab. Auch der Grad, ab dem eine emotionalisierte Redeweise als nicht mehr sachlich angemessen gilt, hat viel mit der Beziehung zwischen den Gesprächsteilnehmern zu tun. Es zeigt sich also erneut, dass die Ebenen von Kommunikation – vor allem die Sach- und Beziehungsebene – nicht getrennt betrachtet werden können. Dennoch fungiert die Frage von ‚Sachlichkeit' von Kommunikation offenbar als ein Filter für akzeptable Themen und Redeweisen. Wer ‚sachlich' spricht, stellt die Sachebene von Kommunikation in den Vordergrund, vermeidet allzu persönliche Äußerungen, bringt keine themenfernen (‚sachfremden') Aspekte in die Argumentation ein und hält sich mit emotionalen Äußerungen und Wertungen zurück. Sachlichkeit ist somit kennzeichnend für bestimmte Kommunikationssituationen und kann durchaus auch als unangemessen empfunden werden. Wenn Sie mit Ihrem Partner so reden wie mit Ihrem Professor, wenn Sie emotionale Äußerungen als unsachlich und somit unpassend zurückweisen, dann werden Sie in Ihrer Beziehung wahrscheinlich erst recht Kommunikationsprobleme schaffen. Umgekehrt wird Ihr Vorgesetzter eine allzu unsachliche Redeweise im beruflichen Kontext als unpassend empfinden und zurückweisen.

Verständlichkeit als Ziel von Kommunikation

In verschiedenen Kommunikationssituationen ist Sachlichkeit als spezifische Form der Redeweise und als Themenfilter jeweils in unterschiedlichen Graden angemessen, Verständlichkeit hingegen ist ein übergreifendes und generelles Ziel. Wenn Sie nicht verstanden werden wollen, brauchen Sie gar nicht erst zu sprechen anfangen. Was Sie aber tun müssen, um verständlich zu sprechen, bzw. um Ihre sachliche Botschaft möglichst leicht nachvollziehbar zu formulieren, das hängt entscheidend ab von den Voraussetzungen und Rahmenbedingungen der Kommunikationssituation. Diese müssen Sie sich im jeweiligen Fall vor Augen führen, um auf der Sachebene Verständlichkeit zu erreichen. Zusammengefasst lässt sich somit sagen: Sachlichkeit ist eine konstante, spezifische Form der Redeweise und des Themenfilters. Sie ist in unterschiedlichen Situationen – etwa privatem vs. beruflichem Kontext – zu verschiedenen Graden angemessen. Verständlichkeit ist ein variables Kriterium, das von den Gesprächsteilnehmern und dem Gesprächskontext abhängt. Es ist das konstante Ziel in der Formulierung von Aussagen, um auf der Ebene der Sachbotschaft erfolgreich kommunizieren zu können. Was Sie konkret tun können, um möglichst verständlich zu kommunizieren, erfahren Sie in Kapitel 4.3.

> **ÜBUNG**
>
> Versuchen Sie, die Unterscheidung von Sachlichkeit und Verständlichkeit auf Beispiele aus Ihrem Alltag anzuwenden. In welchen Situationen hat es Ihnen an Sachlichkeit gemangelt? Wann ärgert es Sie, wenn Menschen unsachlich werden? Hat es Sie schon einmal gestört, dass jemand mit Ihnen zu sachlich umgegangen ist?
> Überlegen Sie sich einen alltäglichen Sachverhalt, den Sie selbst recht gut verstehen – etwa, wie man eine bestimmte Computersoftware bedient. Überlegen Sie, wie Sie das grundlegende Prinzip verschiedenen Personen erklären würden, zum Beispiel Ihren Großeltern oder einem gleichaltrigen Freund. Was sind Kriterien für Verständlichkeit (z.B. Vorkenntnisse, Sprache)?

3   Selbstoffenbarungsaspekte von Kommunikation: Authentizität und Ehrlichkeit

Warum sagen manche Schüler im Unterricht nichts, obwohl sie die Antwort auf eine Frage kennen, warum schweigen Studierende zu einem Text, den sie begeistert oder auch sehr genervt gelesen haben, zu dem sie jedenfalls eine dezidierte Meinung haben? Natürlich kann es viele Gründe für das Schweigen geben – eine häufige ist Schüchternheit: Wer spricht, gibt, wie wir gesehen haben, immer etwas von sich preis, macht sich eben nicht nur in der Sache, sondern auch als Person potentiell angreifbar. Wer aus Schüchternheit Zurückhaltung übt, der exponiert sich nicht und kann im Hintergrund bleiben. Allerdings ist klar: Auch in diesem Kontext gilt WATZLAWICKS Grundsatz, dass man nicht nicht kommunizieren kann. Wer in einem Seminar nie etwas sagt, kommuniziert damit auch etwas, sei es Langeweile, Unwissen, Schüchternheit – die Interpretationen hängen wie immer vom Kontext und jedem einzelnen Beobachter ab. Wann immer wir uns also in Gesellschaft (im alltagssprachlichen wie im soziologischen Sinne) befinden, kommunizieren wir ein Bild von uns, so wie wir ja auch selbst ständig die Menschen um uns herum beobachten und uns bewusst oder unbewusst ein Bild von diesen machen: Vor wem muss ich mich in Acht nehmen, wer ist sympathisch, von wem kann ich etwas lernen? In Gesellschaft stellen wir uns somit immer selbst dar. Damit ist aber nicht gemeint, dass wir dies immer bewusst tun müssen. Doch auch wenn wir verträumt und selbstvergessen in der U-Bahn sitzen, können uns andere sehen und uns eben zum Beispiel als verträumten, selbstvergessenen Menschen beobachten.

Jede Kommunikation ist Selbstdarstellung

Spielen wir alle
Theater?

Der kanadische Soziologe ERVING GOFFMAN hat ein berühmtes Buch mit dem Titel *Wir alle spielen Theater* geschrieben (2008 [1969]). Darin zeigt GOFFMAN, dass jeder Mensch konstant gesellschaftliche Rollen spielt, die fortdauernd wechseln und Orientierung über Handlungsmöglichkeiten geben. In der Rolle als Vater gibt es andere Optionen als in beruflichen Rollen und wieder andere, wenn man im privaten Kontext im engsten Freundeskreis agiert. Es gibt also sozusagen gesellschaftliche Rollen-Vorbilder, an denen Menschen sich orientieren können. Zugleich schaffen wir aber die Rollen erst selbst durch unser Handeln. Wir stellen etwa den Studierenden oder den Dozenten dar und versuchen, der jeweiligen Rolle im Rahmen der Möglichkeiten etwas Individuelles zu geben, das ein Bild vermittelt, wie wir uns selbst sehen bzw. gesehen werden möchten. Auch wenn die Theatermetapher ihre durchaus engen Grenzen hat, kann man in einem bestimmten Sinn also durchaus sagen, dass alle Menschen zwar nicht unbedingt Theater, aber doch ständig Rollen ,spielen'. Dies geschieht jedoch fast immer automatisch und nicht bewusst. Wir haben unsere Rollen als Automatismen verinnerlicht, genau deshalb entlasten und orientieren sie uns, und genau deshalb sind wir glaubwürdig in unseren Rollen. (Und genau deshalb sind wir in einer neuen Rolle oft sehr unsicher, etwa an einem neuen Arbeitsplatz oder wenn jemand das erste Mal zu Gast in der Familie der neuen Freundin ist.)

Gestaltungs-
spielräume
der Selbst-
darstellung

Zumeist vermitteln wir eher unwillkürlich und unbeabsichtigt ein Selbstbild in jeder Form von Kommunikation. Doch manchmal wollen wir auch bewusst ein bestimmtes Bild von uns schaffen, insbesondere in für uns entscheidenden Situationen – sei es in einer Prüfung, in einem Bewerbungsgespräch oder auch in all jenen Situationen, in denen wir noch nicht über ein automatisiertes Rollenrepertoire verfügen. Neben den Fällen, in denen man sich selbst schon im Vorhinein Gedanken über die eigene Selbstdarstellung macht, kann es auch mitten in kommunikativen Situationen vorkommen, dass wir uns unwillkürlich auf einmal wie von außen selbst beobachten. „Was rede ich hier eigentlich?", mag man sich dann fragen, aber auch „Was für ein Bild gebe ich hier eigentlich gerade ab? Will ich so sein? Will ich so gesehen werden, mich so darstellen?" In all diesen Fällen, sei es vorab geplant oder in Momenten plötzlicher Selbstbeobachtung, kann man versuchen, die eigene Selbstdarstellung bzw. Selbstoffenbarung bewusst zu steuern oder zu beeinflussen.

Grenzen von
bewusster
Selbstdar-
stellung

Mindestens zwei Hürden setzen dabei dem Gestaltungsspielraum mehr oder weniger enge Grenzen. Zunächst ist da der eigene Körper, der sich nie vollkommen bewusst steuern lässt: Wir mögen unsere Wörter mit Bedacht wählen, besonders geschliffen sprechen, doch das nervöse Zittern in der Stimme, der Schweiß auf der Stirn oder die Ringe unter den Augen lassen sich nicht mit Willenskraft verhindern. Und auch auf der Ebene der Sprache steht uns nie alles offen: Die schlagfertige Antwort, die sympathische oder geistreiche Pointe, das sprachmächtige Fremdwort – sie alle fallen uns eben oft erst im Nachhinein ein, so sehr wir uns ein souveränes, gebildetes, witziges Auftreten gewünscht hätten. Und selbst wenn in der Darstellung alles glückt, bleibt doch unser Gegenüber als kognitiv autonomer, selbstbestimmter Zuschauer, über dessen Reaktionen wir nie verfügen können. Wie er uns sieht, können wir nicht determinieren, so wie alle Ebenen der Kommunikation nicht von uns für unsere Gegenüber gesteuert werden können. Unser Selbstbild und das Fremdbild, das sich andere von uns machen, werden wir nie vergleichen können, dies ist der unvermeidbare Kontrollverlust in unserer Selbstdarstellung in Gesellschaft.

Angesichts der genannten Grenzen der Selbstdarstellung und der Erfahrung, dass gerade auf der nonverbalen Ebene von Kommunikation viele Aspekte sich einer bewussten Steuerung entziehen, lässt sich fast nur ein Rat aussprechen: Versuchen Sie nicht, etwas darzustellen, was Ihnen fremd ist. Bleiben Sie authentisch und ehrlich in Ihrer Selbstdarstellung. Das heißt nicht, dass Sie sich nicht auf die unterschiedlichen sozialen Situationen einstellen sollen, in denen sie täglich sind. Ja, wir spielen alle Rollen. Aber wir sind eben keine Schauspieler. Also gestalten Sie Ihre Rollen so, dass Sie sie auch glaubwürdig verkörpern können, wie es Ihnen gemäß ist und so, dass Sie sich selbst dabei wohlfühlen. Das Ideal der ‚Stimmigkeit' von Kommunikation haben Sie bereits kennengelernt. Es ist erreicht, wenn Sie personal angemessen und situationsangemessen handeln. Dieses Ziel ist eine gute, vielleicht die einzige sinnvolle Orientierung für die unvermeidliche Selbstoffenbarung in Kommunikation.

Authentizität und Ehrlichkeit als Maximen der Selbstdarstellung

ÜBUNG

Suchen Sie Beispiele aus Ihrem Alltag, in denen Sie sich über die eigene oder auch die Selbstdarstellung / Selbstoffenbarung von anderen Gedanken gemacht haben. Was waren Anlässe für Sie, über diesen Aspekt von Kommunikation nachzudenken? Was ist Ihnen dabei aufgefallen?

Überlegen Sie, welche unterschiedlichen Rollen Sie alltäglich darstellen. Wie unterscheidet sich die Art Ihrer Kommunikation zwischen diesen Rollen? Welches Selbstbild wollen Sie jeweils vermitteln?

Was heißt Authentizität und Ehrlichkeit der Selbstdarstellung für Sie persönlich und ganz konkret? Erinnern Sie sich an Fälle, in denen Sie mit ihrer Selbstdarstellung kommunikativ gescheitert sind? Fallen Ihnen Fälle ein, in denen Sie personal oder situativ ‚daneben' kommuniziert haben? Wie hätte eine situationsangemessene Kommunikation aussehen können, in der Sie sich authentisch und glaubwürdig gefühlt hätten?

4 Beziehungsaspekte von Kommunikation: Beziehungsdefinitionen, Kooperationsbereitschaft und Partnerschaftlichkeit

In Kommuni-kation erfolgen fortlaufend Beziehungs-definitionen

Neben der sachbezogenen Aussage und einem mehr oder weniger bewusst kommunizierten Selbstbild stellt die Beziehungsebene einen dritten zentralen Aspekt von Kommunikation dar. Wie in Kapitel zwei bereits angesprochen worden ist, wird mit jeder Kommunikation die Beziehung zwischen den Beteiligten zugleich dargestellt und definiert, aber auch weiterentwickelt. Nur in bestimmten Beziehungen können Sie mit Erfolgsaussichten einen Befehl aussprechen, insofern vermitteln Sie mit der Aussage „Mach das Fenster zu!" oder der Bemerkung „Nun seien Sie mal nicht so beleidigt!" bereits ein Bild der Beziehung zur angesprochenen Person, die der Angesprochene freilich nicht unbedingt gutheißen oder akzeptieren muss. Durch die Reaktion des Kommunikationspartners wird dieses Bild entweder bestätigt oder in Frage gestellt bzw. weiterentwickelt. Psychologen sprechen in diesem Zusammenhang davon, dass in der Kommunikation fortwährend ‚Beziehungsdefinitionen' erfolgen. Für Zuhörer heißt dies auch, dass sich an der Art, wie Menschen miteinander umgehen, sehr oft viel über deren Beziehung ‚ablesen' lässt. In etablierten Kommunikationszusammenhängen wie zum Beispiel Familien gibt es meist auch stabile Beziehungen, die zu unausgesprochenen Kommunikations- und Beziehungsregeln führen. Jeder weiß, wer wem wann wie widersprechen kann, welche Appelle zu befolgen sind und welche missachtet werden können.

In neuen Situationen entwickeln sich Selbstdar-stellung und Beziehungsebene parallel

In ungewohnten, neuen sozialen Kontexten müssen solche Regeln erst gelernt werden, die Beziehungen zwischen den Personen erst entwickelt oder ausgehandelt und dann stabilisiert werden. Gerade in noch unbekannten Situationen helfen oft die oben bereits angesprochenen Rollen: Ich muss den Kassierer an der Supermarktkasse nicht kennen, um zu wissen, wie ich mich ihm gegenüber verhalten sollte, denn ich kenne die Rollen ‚Kassierer' und ‚Kunde'. Doch es gibt auch Situationen, in denen die Rollen nicht so klar definiert sind. Ein gutes Beispiel ist die oben bereits erwähnte Situation, wenn man zum ersten Mal bei der Familie des neuen Partners zu Gast ist. Dabei bewegt man sich auf einem sehr ungewissen Terrain, da man einerseits mit einem etablierten Kommunikationssystem (der fremden Familie) konfrontiert ist, dessen Regeln und Erwartungen man jedoch nicht oder nur aus Erzählungen kennt. Ob man insgesamt von der Familie kritisch beäugt werden wird, herzlich willkommen geheißen, als Fremdkörper betrachtet oder sofort akzeptiert oder gar ‚adoptiert' wird, ist ebenso unklar wie die Rollenaufteilung zwischen den Familienmitgliedern: Gibt es eine dominante Person, gibt es zwischen den Personen Spannungen, wie viel Distanz wird wem gegenüber erwartet? Als Gast muss man sozusagen parallel seine eigene

Rolle und deren Beziehung zu den anderen Personen entwickeln und lernen, also gleichzeitig ein angemessenes Selbstbild finden wie an den Beziehungsdefinitionen zu anderen Personen arbeiten.

Gesellschaftliche Rollen können gerade deshalb eine Entlastung sein, weil sie zugleich die Möglichkeiten eigenen Handelns, der eigenen Selbstdarstellung, und die Beziehungsmöglichkeiten zu anderen Personen regeln. Sie leisten eine Orientierung, die es uns erleichtert, aus der Unzahl an möglichen Handlungen gesellschaftlich akzeptable Varianten zu wählen. Wenn aber, wie im obigen Beispiel, noch keine klaren Orientierungen vorhanden sind oder aber bisherige Modelle scheitern und zu Konflikten führen, müssen alle Beteiligten ein neues Beziehungsmodell kommunikativ entwickeln. Dies kann explizit erfolgen, also durch eine ausdrückliche Metakommunikation über die Beziehung, zum Beispiel wenn eine Person sagt: „Ich möchte nicht, dass Du mich in diesem Ton herumkommandierst." Zumeist erfolgen solche Beziehungsaushandlungen und -(neu)definitionen aber eher implizit, also unausgesprochen im Laufe der Kommunikation. Wann immer jedoch Rollen und Beziehungen neu etabliert oder umgestaltet werden, ist es erstrebenswert, dies kooperativ und partnerschaftlich zu tun. Dabei erlauben es Hierarchien oder Machtverhältnisse einer Seite oft leichter als der anderen, die eigenen Interessen oder Beziehungsvorstellungen durchzusetzen. Doch dies führt nur selten dazu, dass danach die Kommunikation erfolgreicher (und erfreulicher) verläuft. Doch genau für diese entlastende und Kommunikation ermöglichende Funktion sind Rollen und Beziehungsdefinitionen ja eigentlich da. Anderen Menschen Rollen einfach aufzuzwingen oder aufzudrängen und damit eine hierarchische Beziehung zu etablieren ist im Zweifelsfall nur kurzfristig erfolgreich, es sei denn, man ist bereit, die Kommunikation in der Folge andauernd durch Machtausübung fortzusetzen. Partnerschaftliches und kooperatives Verhalten muss dabei keineswegs harmoniesüchtige und hierarchiefreie Kommunikation bedeuten. Es meint lediglich, dass beide Seiten prinzipiell die Interessen der anderen Seite – auch das Interesse, ein positives Selbstbild kommunizieren zu können – berücksichtigen und in ihrer Andersartigkeit respektieren und somit prinzipiell zum Perspektivwechsel bereit sind. Arzt und Patient werden immer hierarchisch kommunizieren. Aber der Arzt hat dennoch die Möglichkeit, von oben herab zu sprechen oder die Fragen und Ängste des Patienten ernst zu nehmen. Ein solches Ernstnehmen und Anerkennen der Perspektive des anderen sowie die Bereitschaft und Fähigkeit zu dauerndem Perspektivwechsel sollten im Hinblick auf die Ausgestaltung der Beziehungsebene das Ziel jeder Kommunikation sein, unabhängig von bestehenden und auch berechtigten Hierarchie- und Machtfragen.

Kooperationsbereitschaft und Partnerschaftlichkeit als Ziel

ÜBUNG

Wiederum ist es am hilfreichsten, wenn Sie versuchen, aus Ihrem eigenen Alltag Beispiele zu finden, in denen die Beziehungsebene von besonderer kommunikativer Bedeutung war. Erinnern Sie sich an Fälle, in denen die Beziehung zunächst nicht klar geregelt war und erst – implizit oder explizit – ausgehandelt werden musste? Wie ist dies erfolgt? Haben Sie die Kommunikation als geglückt betrachtet? Haben Sie Beispiele, in denen etablierte Beziehungsstrukturen auf den Prüfstand gestellt worden oder grundlegend verändert worden sind? Was war der Anlass? Wie lassen sich festgelegte Beziehungen verändern?

Was bedeutet für Sie partnerschaftliches und kooperatives Verhalten in der Kommunikation? Denken Sie an ein Beispiel, in dem Sie selbst in der dominanten Rolle sind. Wie können Sie partnerschaftlich agieren?

5 Intentions- und Appellaspekte von Kommunikation: Absichten und Wirkungen

Auf der Suche nach der Intention des Autors

„Was hat der Autor uns damit sagen wollen?" – Diese Frage, die Frage nach der Intention des Autors, ist bei Schülern wie Literaturwissenschaftlern gleichermaßen gefürchtet. Denn jede Antwort kann immer nur eine Mutmaßung sein, und selbst wenn wir lebende Autoren noch befragen können, ist ihre Antwort doch auch nur eine Antwort, von der wir nicht sicher sein können, ob sie ‚wahr' oder vielleicht gelogen ist, ob der Autor sich noch erinnert an den Prozess des Schreibens, seine Absichten und Gefühle, die längst vergangen sind. Und was, wenn die Antwort sehr viel einfacher ist als unsere Überlegungen zu einem Roman, einer Kurzgeschichte, einem Gedicht? Wie enttäuschend, wenn die Intention des Autors viel banaler ist als das, was wir in einem Text gesehen haben – was wohl nicht selten vorkommt. Manches spricht dafür, dass es besser ist, bei Kunst nicht nach der Intention des Autors zu fragen – dies suggeriert auch eine lakonische Aussage des Regisseurs ROMAN POLANSKI, der nach der Botschaft seiner Filme gefragt wurde: „If I had a message, I'd write a letter." – Wenn ich eine Botschaft hätte, würde ich einen Brief schreiben.

Intention vs. Appell

Trotzdem kann man davon ausgehen, dass jeder, der kommuniziert, sei es als Künstler oder im Alltag, dies nicht grund- und absichtslos tut. Jeder Mensch handelt mit Absichten und hat eine mehr oder weniger konkrete Vorstellung, welche Ziele er erreichen und welche Wirkung er mit einer Aussage erzielen will – sei es, dass jemand das Fenster schließt, dass man die ausgeschriebene Stelle angeboten bekommt oder dass alle Gäste sich wohlfühlen und über einen gelungenen Witz lachen. Doch auch im Alltag ist es schwer, nach Intentionen zu fragen. Denn gerade in strategischen Situationen wird ein Sprecher seine Intention wohl kaum offenlegen, sondern eher danach streben, sie zu verschleiern. In konstruktivistischer Sprechweise könnte man sagen, dass Intentionen immer auf der Ebene der Kognition bleiben, also im Bewusstsein des Sprechers verortet sind, und so von der kommunikativen Ebene getrennt sind. Sie lassen sich kommunikativ formulieren, aber auch dann lässt sich niemals prüfen, ob die kommunikativ genannte Absicht der ‚tatsächlichen' Intention entspricht. Auf der kommunikativen Ebene haben wir es also nicht mit Intentionen zu tun, sondern nur mit expliziten oder impliziten Appellen und Aufforderungen: Mach das Fenster zu, fühl Dich wie zu Hause, bitte lach über meinen Witz...

Wenn Appelle explizit als Aufforderung geäußert werden, kann die angesprochene Person leicht darauf reagieren. Ob sie dem Appell Folge leistet oder nicht, wird von vielen Faktoren abhängen, sobald der Appell explizit und verständlich formuliert ist, geht es aber nur noch um das Akzeptieren oder Ablehnen des Appells, nicht mehr um das Verstehen. Schwieriger ist es bei impliziten Appellen, wenn nicht klar ist, wie man reagieren soll. „Warum sagt er mir das?", ist eine klassische Frage, die wir uns insgeheim stellen, wenn wir uns über den Appellcharakter einer Aussage nicht im Klaren sind. Es gibt in diesen Fällen mindestens zwei Strategien: Entweder man wechselt auf die Ebene der Metakommunikation und spricht die Frage nach der Absicht des Sprechers offen an – „Wie soll ich mich verhalten? Was soll ich tun? Was erwartest Du von mir?" Dies kann eine hilfreiche, aber auch eine verstörende Strategie sein, denn Metakommunikation durchbricht immer die bestehende Kommunikationssituation (vgl. Kapitel 1.9). Deshalb kann es als alternative Strategie auch erfolgversprechend sein, zunächst unausgesprochen eine Arbeitshypothese zu bilden, was wohl die Erwartungen des Sprechers sind, und mit diesen zunächst umzugehen und abzuwarten, ob sich die Hypothese bewährt.

Der Umgang mit unklaren Appellen und Absichten

Für die eigene Kommunikation lassen sich in Bezug auf Intentionen und Appelle zwei Empfehlungen ableiten: Es ist hilfreich, in den eigenen Aussagen die Absichten möglichst transparent zu machen. Dies heißt nicht, dass man immer eine Bedienungsanleitung zu seinen Botschaften geben muss. Es gibt viele soziale Schematisierungen, Rahmungen und etablierte Zeichen oder Muster, die für bestimmte Appelle in Anspruch genommen werden. So ist zum Beispiel gesellschaftlich klar geregelt, was ein Witz ist und dass der Erzähler auf Lacher hofft, dies muss man nicht dazusagen. Wohl aber sollte man vermeiden, sein Gegenüber völlig im Unklaren darüber zu lassen, warum man gerade tut, was man tut, oder sagt, was man sagt – insbesondere dann, wenn es vielleicht etwas Unerwartetes oder potentiell Mehrdeutiges oder Missverständliches ist. Im Umgang mit den Intentionen und Appellen der anderen bewährt es sich zumeist, nicht zu sehr über die Intentionen anderer Menschen zu spekulieren, denn letzte Gewissheit kann man in dieser Hinsicht ohnehin

Transparenz der Kommunikationsabsichten

nie erlangen. Was sozial zählt, ist die Kommunikation, und damit die Ebene kommunikativer Appelle, seien sie implizit oder explizit. So wie Sie nicht erwarten sollten, dass andere Ihre Gedanken lesen können (und Ihre Absichten erraten), müssen Sie dies auch nicht für andere tun. Mit wenig kann man mehr Zeit verbringen und sich zugleich unglücklicher machen, als wenn man stets hinter der sprachlichen Ebene noch eine weitere Bedeutungsebene sucht: Wenn Ihr Professor oder Ihr Vorgesetzter Sie lobt, freuen Sie sich, und fragen Sie nicht, ob nicht evtl. eine andere Absicht dahintersteht: Wenn Sie sachlich kritisiert werden, versuchen Sie die konstruktive Seite der Kritik anzunehmen, und fragen Sie sich nicht, ob man Sie jetzt wohl für einen Versager hält oder nicht mehr mag.

ÜBUNG

Beobachten Sie Ihre Alltagskommunikation mit Blick auf die Ebene von Intentionen und Appellen. Wie gehen Sie mit expliziten Aufforderungen um? Von welchen Faktoren hängt es ab, ob Sie eine Aufforderung annehmen?

Wie reagieren Sie, wenn Sie sich nicht sicher sind, was die Absicht des Sprechers ist? Können Sie sich an Situationen erinnern, in denen andere im Ungewissen über Ihre Absichten waren? Wie haben die anderen reagiert?

Versuchen Sie, die oben erläuterte Unterscheidung von Intentionen und Appellen in der Beobachtung von Alltagsbeispielen anzuwenden. In welchen Situationen sehen Sie am ehesten eine Differenz zwischen vermuteter Intention und geäußertem Appell eines Sprechers? Wie gehen Sie damit um? Wann ist diese Unterscheidung produktiv, wann kontraproduktiv?

---

6 Kontextaspekte von Kommunikation: Situationsangemessenheit

Akzeptable Kommunikation ist situationsabhängig

Sie haben inzwischen gesehen, dass die Frage, was Sie wie zu wem sagen können, entscheidend davon abhängt, welche Beziehung Sie zu der entsprechenden Person haben. Manche Aussagen, Themen oder gar Aufforderungen verbieten sich gegenüber bestimmten Personen, bei anderen hängt zumindest die Formulierung der gleichen Sachbotschaft von der Beziehung zu der Person ab – Ihrem Chef werden Sie wahrscheinlich auf andere Weise einen schönen Urlaub wünschen als einem engen Freund. Doch allein die Information über die handelnden Personen und deren Beziehung reicht nicht aus, um sich kommunikativ zu orientieren über akzeptables und nicht-akzeptables oder zumindest irritierendes Verhalten: Denn selbst gegenüber der gleichen Person und in der gleichen sozialen Rolle kann es Situationen geben, in denen zum Beispiel bestimmte Themen oder Formulierungen Tabu sind: Denken Sie an Situationen beim Essen oder auch in bestimmten Räumen wie Kirchen. Erfolgreiche bzw. als gelungen empfundene Kommunikation hängt also nicht nur von den beteiligten Personen und deren (Rollen-)Beziehung ab, sondern noch weiter von Kontextfaktoren wie der ganz spezifischen Situation, die die gesamte soziale Rahmung an einem bestimmten Ort und zu einer bestimmten Zeit umfasst, sowie von institutionellen Aspekten.

Dabei verlaufen die Grenzen zwischen Beziehungsebene und Situationskontext fließend. Einem guten Freund, der auch Ihr Arbeitskollege ist, werden Sie am Arbeitsplatz bestimmte Dinge nicht erzählen, die privat durchaus Thema sein können. Die situative Rahmung verändert sozusagen die Rollen-Beziehung zwischen Ihnen von Freund zu Kollege und umgekehrt. Aber auch gegenüber den gleichen Rollen können bestimmte soziale oder kulturelle Rahmungen Kommunikationsmöglichkeiten einschränken oder auch erst eröffnen. Hinzu kommen noch Fälle, in denen sich getrennte Rollen auf einmal überlagern: wenn Sie zum Beispiel Ihrem Chef oder einem Professor – also Personen aus einem ‚beruflichen' Kontext – im privaten Rahmen treffen. Dies kann von eher alltäglichen Situationen wie einem Einkaufsbummel oder Kinobesuch bis hin zu ohnehin ‚sensiblen' privaten Situationen wie einem Gang auf die Uni-Toilette in unterschiedlichen Graden zu kommunikativer Unsicherheit auf allen Seiten führen.

Beziehungsebene und Situation hängen zusammen

Die Erkenntnis, dass Kommunikation immer von den jeweiligen Kontexten geprägt ist, ist zunächst noch keine große Hilfe, um erfolgreicher oder selbstbewusster zu kommunizieren. Auch ist es wenig überraschend, dass man stets nach situationsangemessenem Verhalten streben sollte – was sonst? Doch was ist situationsangemessen? In diesen Fragen kann Ihnen kein Ratgeber mit einfachen Rezepten weiterhelfen, denn angesichts der Allgegenwart von Kommunikation findet Kommunikation eben auch in einer unerschöpflichen Vielzahl und Verschiedenheit von Situationen und Kontexten statt. Sie können also wiederum kein Checklistenwissen anstreben, zumal auch früher unbestreitbare Grundregeln (wie ‚Nachbarn grüßen sich im Treppenhaus' oder ‚beim Essen spricht man nur über bestimmte Themen') je nach sozialen Gruppen und Rahmungen sich auflösen oder zumindest fortwährend wandeln.

Was angemessen ist, kann kein Handbuch lehren

Was jeweils als angemessen gilt, hängt somit von einer Vielzahl von Faktoren ab, wobei alle Ebenen von Kommunikation zusammenspielen. Ihr Ziel kann es in dieser Hinsicht nur sein, jede gesellschaftliche Situation als ständigen und fortdauernden Prozess des Lernens zu sehen. Simple Knigge-Ratschläge bieten keine Hilfe, vielmehr müssen Sie sich aufmerksam auf einen nie endenden Prozess der (Selbst-)Sozialisation einlassen. Jede neue Situation, in die Sie kommen, geht einher mit Unsicherheit. Doch wenn Sie bedenken, wie unsicher Sie sich vielleicht an Ihrem ersten Schultag, in Ihrem ersten Proseminar oder Ihrem ersten Bewerbungsgespräch gefühlt haben, stellen Sie fest, dass Sie heute mit ähnlichen Situationen wahrscheinlich sehr viel selbstsicherer umgehen können,

Situationsangemessenheit erfordert Metakompetenz

weil Sie inzwischen gelernt haben, welche Handlungsmöglichkeiten es gibt. Selbstverständlich schadet es auch nicht, sich vorab auf ungewohnte Kontexte einzustellen und zu informieren, welches Verhalten gemeinhin erwartet wird. Ebenso wichtig ist aber sozusagen die Metakompetenz, stets bereit zur fortwährenden Kompetenzentwicklung zu sein und zu akzeptieren, dass gerade im Bereich der sozialen Kontexte jeden Tag neue Situationen auf Sie warten können, für die Sie den Umgang immer wieder erst neu lernen müssen. Lernbereitschaft, aufmerksames Beobachten, die Fähigkeit zum Perspektivwechsel und ein Verständnis für die Komplexität von Kommunikation und die Unterschiedlichkeit der Voraussetzungen von Kommunikationspartnern sind gute Grundlagen dafür, um ein Gespür für situationsangemessenes Verhalten zu erwerben und fortwährend weiter zu entwickeln.

Angemessen heißt nicht verstellt

Abschließend sei auch an dieser Stelle noch einmal darauf hingewiesen, dass situationsangemessenes Verhalten nicht missverstanden werden sollte als Überanpassung. Auch in diesem Zusammenhang kommt also die Forderung nach situativ *und* personal adäquater Kommunikation ins Spiel, und es sollte mittlerweile deutlich geworden sein, dass situationsangemessene Kommunikation und authentische Kommunikation keinen Widerspruch bilden müssen oder sollten. Vielmehr ist ein wichtiger Aspekt von Kommunikationskompetenzen gerade der, in unterschiedlichen Situationen authentisch und souverän handeln zu können, ohne sich verstellen zu müssen bzw. einem bestimmten Bild von ‚korrekter Kommunikation‘ nachzueifern. Um es mit GOFFMANs Schauspielmetapher der Rollen auszudrücken: Der Spielraum in der Ausgestaltung Ihrer Rollen ist mindestens so wichtig wie die Einsicht, dass man sich auf unterschiedliche Rollen in der Kommunikation sowie in verschiedenen Institutionen und Situationen einlassen muss.

ÜBUNG

Vergegenwärtigen Sie sich Situationen, in denen Sie sich unsicher gefühlt haben, wie Sie sich kommunikativ verhalten sollen? Um welche Aspekte von Kommunikation ging es? Ließ sich die Unsicherheit lösen, bzw. verlief die Kommunikation letztlich für Sie erfolgreich oder eher unbefriedigend? Wie hätte aus heutiger Sicht angemessenes Verhalten ausgesehen?

Versuchen Sie Alltagssituationen mit den Augen eines ‚Fremden‘ zu sehen, der sich in Ihrer Kultur nicht auskennt. Wie könnte er lernen, wie er sich verhalten soll? Was sind Indikatoren für angemessenes, was (subtile oder weniger subtile) Hinweise auf nicht angemessenes Verhalten?

---

7   Sprachliche Aspekte von Kommunikation: Register und Kooperationsmaximen

Sie haben schon in den bisherigen Ausführungen gesehen, dass sich eine ‚Sachbotschaft' oft mit ganz unterschiedlichen Worten sagen lässt. Welche Worte gewählt werden, hängt in der Regel wieder von den zahlreichen Aspekten der kommunikativen Situation ab – wir müssen Sie nicht mehr alle aufzählen. Ob Sie eine Aussage eher blumig oder sachlich formulieren, aggressiv oder zurückhaltend, direkt oder indirekt, knapp oder ausführlich, sind alles Aspekte, die mit der Frage der sprachlichen Gestaltung von Kommunikationsbeiträgen zusammenhängen. Dabei lässt sich feststellen, dass es innerhalb bestimmter sozialer Kontexte und für spezifische soziale Rollen sozusagen unausgesprochene Regeln gibt, wie die sprachliche Ebene von Kommunikation zu gestalten ist – Sprachwissenschaftler sprechen in diesem Zusammenhang von **Registern**, in Anlehnung an die unterschiedlichen Klangfarben von Orgeln. Ein ‚Register' ist eine für einen bestimmten sozialen Bereich charakteristische Redeweise, und Sie werden schnell feststellen, dass sehr viele institutionalisierte gesellschaftliche Bereiche eigene Register entwickelt haben. Dies gilt nicht nur für die offenkundige Unterscheidung zwischen privaten und beruflichen Kontexten, sondern sehr stark auch für verschiedene gesellschaftliche Handlungsbereiche und Berufe: Auf einer Baustelle wird bekanntermaßen anders kommuniziert als in einer Werbeagentur und dort wieder anders als in einem Wirtschaftsunternehmen oder einer Bank, einem Theater, einer Redaktion oder an einer Hochschule.

Register als charakteristische Redeweise für einen sozialen Kontext

Wenn Sie eine neue Rolle ‚lernen', dann erwerben Sie dabei als Teil der Rolle auch Wissen über den in dieser Rolle und diesem sozialen Kontext bevorzugten Gebrauch von Sprache. In der Universität bedeutet dies zum Beispiel, eine ‚wissenschaftliche' Sprache zu gebrauchen, wozu unter anderem eine (vermeintlich) distanziertere, neutralere, analytische und systematische, auf definierten Begriffen aufbauende, nicht wertende Redeweise gezählt wird. Oft werden von Außenstehenden solche spezifischen Sprechweisen belächelt – gerade Wissenschaftler kennen die Vorwürfe einer fremdwörterverliebten, unnötig komplizierten Redeweise, die oft als ‚Jargon' abqualifiziert wird. Doch innerhalb der jeweiligen Gruppen gehören die entsprechenden Register zu den zentralen Aspekten, die die Identität eines sozialen Kontexts prägen und über Zugehörigkeit entscheiden. Das heißt nicht, dass Sie an der Universität aufhören sollten, sich um Verständlichkeit zu bemühen. Aber es ist in jedem neuen Umfeld wichtig, sich darauf einzulassen, dass man in einem bestimmten Rahmen das Sprechen sozusagen wie eine Fremdsprache neu lernen muss und sich auf die jeweiligen Regeln und auf das jeweilige Register einlassen muss.

Register entscheiden (mit) über Zugehörigkeit in Gruppen

Übergreifende Maximen der Konversation nach GRICE

Doch jenseits von spezifischen Registern gibt es auch einige Annahmen und Regeln, von denen wir in fast jeder kommunikativen Situation ausgehen. Der britische Philosoph H. PAUL GRICE hat eine Reihe von Konversationsmaximen aufgestellt (vgl. u.a. GRICE 1993), die unsere alltäglichen Unterstellungen beschreiben, von denen wir stillschweigend ausgehen, wenn wir kommunizieren. Die ‚Maximen‘ sind zwar zumeist in der Form von Aufforderungen formuliert, doch geht es nicht so sehr um ethische Regeln für ‚gutes‘ Kommunizieren, sondern um die unausgesprochenen Selbstverständlichkeiten der Kommunikation – die bewusst oder unbewusst gebrochen werden können.

Definition

Grundlegend geht GRICE davon aus, dass Menschen sich in Unterhaltungen gegenseitig Kooperationsbereitschaft unterstellen, das heißt, dass jeder sich bemüht, seine Beiträge so zu gestalten, dass sie einem gegenseitig anerkannten Zweck der Kommunikation folgen und diesem Zweck dienen (Kooperationsprinzip). Hierauf aufbauend entwickelt GRICE vier Maximen der Konversation:

1. **Maxime der Quantität:** Diese Maxime bezieht sich auf die Menge an Informationen in einem Beitrag: Wir gehen davon aus, dass jeder sich bemüht, alle nötigen Informationen in einem Beitrag anzubringen, aber gleichzeitig darauf verzichtet, für den anerkannten Zweck unnötige Informationen beizusteuern.
2. **Maxime der Qualität:** In diesem Zusammenhang geht es um die Wahrheit oder zumindest Glaubwürdigkeit von Informationen. Kooperative Gesprächspartner bemühen sich um wahre Aussagen bzw. formulieren nur Aussagen, von denen sie nicht glauben, dass sie falsch sind, bzw. für die sie hinreichende Anhaltspunkte haben.
3. **Maxime der Relevanz:** Diese Maxime hängt eng mit der ersten Maxime der Quantität von Informationen zusammen und bezieht sich darauf, dass in jedem Beitrag nur für das anerkannte Ziel bedeutsame bzw. wichtige Beiträge formuliert werden sollten.
4. **Maxime der Modalität:** Mit ‚Modalität‘ ist nicht die Information an sich, sondern die Art ihrer Formulierung gemeint. Dabei geht es vor allem darum, sich klar und unmissverständlich auszudrücken, Unklarheiten, Mehrdeutigkeiten oder auch ungeordnete und konfuse Aussagen zu vermeiden.

Die GRICE'schen Maximen sind je nach Kontext unterschiedlich relevant

Es ist offensichtlich, dass diese Maximen nicht immer eingehalten werden und in bestimmten Fällen auch nicht eingehalten werden sollen: Literatur zum Beispiel wäre undenkbar oder zumindest sterbenslangweilig, wenn sie es sich zum Ziel machen würde, Mehrdeutigkeiten stets zu vermeiden; literarische Texte zeichnen sich vielmehr gerade dadurch aus, dass sie ‚polyvalent‘, das heißt mehrwertig bzw. mehrdeutig, sind. Doch für alltägliche Kommunikation haben sich die GRICE'schen Maximen als Annahmen und auch als Leitmotive für Kommunikation bewährt, insbesondere in formalisierten Kommunikationssituationen. Unter Freunden

mögen ironische oder spielerischere Kommunikationsformen vorherr-
schen und auch belebend und prägend für eine Beziehung sein. In einer
Sprechstunde an der Uni (oder beim Arzt) oder einer Besprechung jedoch
wird Ihr Professor oder werden Ihre Kollegen von Ihnen erwarten, dass
Sie Ihre Kommunikation auf ein bestimmtes Ziel fokussieren und die
GRICE'schen Maximen einhalten.

> **ÜBUNG**
>
> Suchen Sie Beispiele für unterschiedliche Register, die Sie aus ver-
> schiedenen sozialen Kontexten kennen. Wie unterscheiden sie sich?
> Können Sie Regeln formulieren, was die zentralen Aspekte der je-
> weiligen Register sind?
> Beobachten Sie Alltagskommunikation in Hinblick auf die GRICE'schen
> Konversationsmaximen. Können Sie Aussagen mit den Begriffen
> analysieren? Wann und durch wen werden die Maximen nicht ein-
> gehalten? Wann werden Brüche sanktioniert und wann nicht?
> Warum?
> Sie können die Maximen auch zur Vorbereitung von wichtigen for-
> malisierten Kommunikationssituationen nutzen. Fragen Sie sich vorab,
> was Ihr Ziel in der Kommunikation ist. Welche und wie viele Infor-
> mationen sind dafür relevant? Können Sie Ihre Aussagen begrün-
> den oder belegen? Wie können Sie Ihre Informationen klar und ver-
> ständlich formulieren?

8 Nonverbale Aspekte von Kommunikation: Körpersprache und Stimme

Nimmt man zu den sprachlichen Aspekten von Kommunikation noch
die nonverbalen Aspekte von Stimme, Mimik, Gestik und Körpersprache
insgesamt hinzu, besteht schnell die Gefahr, den nach Entwicklung von
Kommunikationskompetenzen Suchenden zu überfordern: Die richtigen
Worte zu wählen, lässt sich wohl lernen, aber kann man etwas so scheinbar natürliches und unmittelbares wie die Körpersprache steuern? Kann
man mit dem Körper kommunizieren lernen? Ja und nein, lautet wohl
die Antwort. Ja, weil es durchaus Möglichkeiten gibt, auch automatisierte Haltungen, Gewohnheiten und Gesten an sich selbst zu beobachten
und deren Wirkung zu thematisieren. Eine Handhaltung, die man beim
Reden vor Publikum gerne einnimmt, ein Verrutschen der Stimmlage,
wenn man unsicher oder emotional sehr stark involviert ist – dies
sind Aspekte nonverbaler Kommunikation, die sich insbesondere durch
Rückmeldungen von anderen oder gar in Kommunikationstrainings zum
Beispiel bei Videomitschnitten des eigenen Kommunikationsverhaltens
beobachten und dann in der Folge auch verändern lassen. Doch sind der
Steuerung von nonverbaler Kommunikation auch Grenzen gesetzt: Nicht
alles können wir beeinflussen, und das ist in Zeiten von Medientrainings
für Politiker, Spitzensportler und Unternehmer wohl auch gut so. Auch
eine zu perfekte Oberfläche kann schließlich entlarvend wirken.

*Kann man
nonverbal
kommunizieren
lernen?*

Einsicht in die Grenzen der Beeinflussung als Kompetenz

Wichtig ist im Hinblick auf Kommunikationskompetenzen vor allem zweierlei: Zunächst die bereits in den vorangehenden Kapiteln herausgearbeitete Einsicht in die Bedeutung der nonverbalen Kommunikation. Wenn Sie im Alltag die Körperhaltung, die Körperdistanz zwischen Menschen im Gespräch sowie Gestik und Mimik beobachten, werden Sie feststellen, wie viele Rückschlüsse Sie selbst auf die Personen und deren Aussagen bzw. Stimmung oder Intentionen durch die Körpersprache ziehen. Wer sich dessen bewusst ist, kann auch seine eigene Haltung und Verhalten immer wieder einmal wie von außen beobachten: Habe ich eine ablehnende oder aufmerksame Körperhaltung? Bemühe ich mich um Distanz oder die Überwindung von Distanz? Bin ich entspannt oder verkrampft? Die Liste der Aspekte, die allein im Bereich der Körpersprache zu bedenken sind, ließe sich unschwer fortsetzen. Zugleich ist eine Akzeptanz der Grenzen, die der Beeinflussung des Körpers und der Körpersprache gesetzt sind, wichtig: Nervöse Flecken oder Schweißausbrüche in Stresssituationen werden Sie kaum durch Selbstbeobachtung oder bewusste Steuerungsversuche abstellen, sondern eher verschlimmern. Zu akzeptieren, dass Sie aus Stress auch physisch reagieren, kann da schon eher helfen und zu mehr Gelassenheit führen – im besten Fall lässt dann auch der Stress und mit ihm die körperliche Reaktion nach. Wenn Sie darüber hinaus mehr über Körpersprache und nonverbale Kommunikation lernen wollen, empfiehlt es sich, ein gutes Training oder einen Workshop zu besuchen, den oft Career Services an Hochschulen oder Weiterbildungsveranstalter anbieten. In diesem Bereich ist Feedback von außen meist noch wichtiger als in allen anderen Bereichen der Kommunikation.

ÜBUNG

Stellen Sie sich in einer beliebigen Alltagskommunikation vor, Sie könnten für eine Zeit alle Beteiligten versteinern. Analysieren Sie die ‚eingefrorene' Körperhaltung aller Teilnehmer: Können Sie die Beziehungen zwischen den Personen erschließen? Woran? Aufgrund welcher Indizien schließen Sie auf Eigenschaften der Personen, Stimmungen, Interesse oder Ablehnung?
Beobachten Sie insbesondere beim Zuhören Ihre eigene Körperhaltung, Gestik und Mimik. Wie reagieren Sie, wenn Sie gelangweilt sind, besonders aufmerksam oder aggressiv sind oder wenn Sie selbst angegriffen werden?
Beobachten Sie auch Ihre Stimme oder fragen Sie Freunde oder Verwandte? Verändert sich Ihre Stimme am Telefon? Im Gespräch mit Unbekannten, Kollegen oder anderen Personen aus einem beruflichen oder schulischen Kontext? Wie wirkt diese Veränderung Ihrer Erfahrung nach auf andere?

9   Ethische Aspekte von Kommunikation: Kommunikationskonzepte zwischen Manipulation und humanistischen Idealen

Bei einigen Fragen ist bereits angeklungen, dass sich Kommunikation und auch die Entwicklung von Kommunikationskompetenzen nicht einfach ‚neutral' betrachten lässt, sondern immer auch moralische Fragen relevant sind. In der wissenschaftlichen Reflexion lässt sich dies als der ‚ethische' Aspekt von Kommunikation bezeichnen. Die Kernfrage ist in diesem Zusammenhang die Frage nach dem Ziel von Kommunikation, wie sie schon in unseren einleitenden Bemerkungen zum Menschenbild (vgl. Kapitel 1.2) oder auch in der Theorie des kommunikativen Handelns (vgl. Kapitel 2.4) angesprochen worden ist, die aber auch ganz praktisch zum Tragen kommt, wenn es um die Frage von Anpassung oder Über-Anpassung in der Kommunikation geht: Wo endet das sinnvolle Einlassen auf Kommunikationspartner und -kontext und wo beginnt die Verstellung? Und weitergehend stellt sich die ethische Frage: Wozu lasse ich mich auf Kommunikationspartner ein – um erfolgreich einen verständigungsorientierten Dialog zu führen, wie es HABERMAS fordert, oder lediglich, um besonders erfolgreich meine Positionen und Ziele durchzusetzen?

Moralische Fragen in der Kommunikation

All diese und weitere damit zusammenhängende Fragen lassen sich anhand verschiedener Positionen der Philosophie der Ethik betrachten und verhandeln. Im Alltag zeigt sich jedoch, dass die meisten Menschen von einer weniger philosophisch geprägten, sondern ganz lebenspraktischen Moral ausgehen und sehr konkrete Vorstellungen haben, wie wünschenswerte Kommunikation aussieht. In jeder Kommunikation reagieren Sie ständig auch auf die aktuelle Situation und werten diese u.a. nach bewussten und unbewussten moralischen Kriterien – und zwar sowohl rational wie emotional. Beurteilungskriterien sind etwa die Fragen, ob Sie sich wohl oder gut behandelt fühlen, ob die Kommunikation zielführend und interessant ist, oder ob Ihr Verhalten und das Ihrer Kommunikationspartner Ihren Werten und Normen entspricht. Zu den Kriterien für alltagsmoralische Bewertungen zählen in vielen Situationen zudem Aspekte, wie sie in den GRICE'schen Konversationsmaximen anklingen,

Jeder bewertet im Alltag Kommunikation auch nach moralischen Kriterien

auch wenn diese dezidiert nicht als ethische Imperative interpretiert werden sollten. Es lässt sich aber auch mit der guten alten Regel „Was Du nicht willst, was man Dir tu, das füg auch keinem andern zu" recht weit kommen: Sicher möchten Sie nicht kommunikativ manipuliert werden, sicher möchten Sie in der Regel nicht bewusst belogen werden, sicher möchten Sie in Gesprächen in der Regel nicht unter Druck gesetzt, beleidigt oder verlacht werden. Wer so lebenspraktisch argumentiert, macht sich leicht unwissenschaftlicher Redeweise verdächtig, oder – schlimmer noch – Gutmenschentum. Doch die Alternativen überzeugen auch nicht: Weder haben Jahrtausende ethischer Traktate rhetorischen Manipulationen, Lügen und verbalen Aggressionen ein Ende gesetzt, noch scheint es sinnvoll, von grundlegenden moralischen Forderungen abzurücken, nur weil sie idealistisch oder romantisch wirken mögen.

Argumentationsintegrität, Fairness und Respekt als Ziele

Selbstverständlich kann man auch die alltagspraktischen moralischen Grundsätze wieder manipulativ nutzen, wenn man geschickt genug strategisch vorgeht und so gerade Erwartungen an Kommunikation scheinbar erfüllt, nur um bestimmte strategische Zwecke zu erreichen. Oft wird ein solches Vorgehen mit dem Verweis darauf begründet, dass andere genauso agieren und jeder stets nur auf seinen Vorteil bedacht sei. Doch der Hinweis darauf, dass auch andere Menschen schlecht sind, war noch nie eine befriedigende Entschuldigung für eigenen Machtmissbrauch, für eigene Manipulationen oder anderes Fehlverhalten. Somit ist an dieser Stelle ein Plädoyer für klassische kommunikative Werte angebracht wie Respekt und Fairness im Umgang mit den Gesprächsteilnehmern und Argumentationsintegrität, also Transparenz im Hinblick auf eigene Interessen und Ziele sowie eine Begründung der eigenen Positionen durch nachvollziehbare und verständliche Argumente. Auch in diesem Zusammenhang hilft es, sich daran zu erinnern, welche zentrale und allgegenwärtige Rolle Kommunikation für Menschen spielt. Sie nur als Mittel zum Zweck zu sehen, heißt jeden Umgang mit anderen Menschen als Mittel zum Zweck zu betrachten – eine ziemlich armselige und triste Haltung. Das Anerkennen der Autonomie und Eigenständigkeit der Kommunikationspartner scheint eine bessere Voraussetzung nicht nur für ‚moralischere' Kommunikation, sondern auch für eine positivere und entspanntere Haltung zu anderen Menschen und sozialem Leben insgesamt.

ÜBUNG

Einmal mehr ist Ihr eigener kommunikativer Alltag das beste Übungsfeld. Wann haben sich Ihnen in der Kommunikation Fragen gestellt, die Sie selbst als moralische Fragen betrachtet haben? Wie haben Sie sich dann verhalten?
Wann haben Sie sich in Kommunikation schlecht behandelt gefühlt? Gegen welche moralischen Erwartungen oder gegen welche Ihrer Werte und Normen hat Ihr Gesprächspartner verstoßen? Können Sie moralische Grundregeln formulieren, die aus Ihrer Sicht in der Kommunikation in jedem Fall eingehalten werden sollten?

1 *Verstehen Sie mich nicht?* Alltägliche Probleme und Gründe für die Störanfälligkeit der Kommunikation

> *„Any abuse, anger, or threat belongs to the one who is uttering it. We don't have to accept it."*
> (AYYA KHEMA 1987: 151)

> *„Kommunikationsgestörte interessieren mich am meisten. Alles, was ich als komisch empfinde, entsteht aus der zerbröselten Kommunikation, aus dem Aneinander-vorbei-Reden."*
> (LORIOT)

> *„Er: ‚Warum ist es [das Ei] mal zu hart und mal zu weich?' – Sie: ‚Ich weiß es nicht … ich bin kein Huhn.'"*
> (LORIOT, „Das Ei")

Wir haben schon zu Anfang unserer Überlegungen den bekannten LUHMANN'schen Ausspruch zitiert, Kommunikation sei unwahrscheinlich. Diese anfangs vielleicht überraschende Aussage dürfte bisher bereits insofern plausibler geworden sein, als Sie inzwischen einige theoretische Modellierungen kennengelernt haben, die aufzeigen, wie komplex Kommunikationsprozesse sind und wie viele Faktoren zusammenspielen müssen, damit Kommunikation gelingen kann. Auch empirisch, das heißt aus der Beobachtung von Alltagspraktiken, wissen wir, dass Kommunikation keineswegs so selbstverständlich ist, wie wir gemeinhin annehmen: Wann immer sie funktioniert, ist sie sozusagen unsichtbar, und wir gehen unhinterfragt davon aus, dass wir verstanden werden und dass dies auch ‚normal' sei. Aber immer, wenn es zu Missverständnissen, Konflikten oder Ratlosigkeit kommt, wird wieder sichtbar, dass Kommunikation ein sehr vielschichtiger und stets riskanter Prozess ist, der von keinem Teilnehmer aus einseitig steuerbar ist, der erfolgreich oder auch erfolglos verlaufen kann.

Kommunikation ist nicht selbstverständlich

Beispiele hierfür sind Legion: Manchmal scheitert Kommunikation schon daran, dass Sie Ihren Adressaten nicht erreichen, sei es, weil es für ein Gespräch auf der Straße zu laut ist, sei es, weil er nie an sein Telefon geht oder seine Mails nicht abfragt. Oder Sie verstehen nicht, weil Ihr Gegenüber nuschelt oder weil er zu schnell, einen Dialekt oder gar eine Fremdsprache spricht. Oder Sie sprechen miteinander, aber haben das Gefühl, Ihnen wird gar nicht zugehört. Oder Sie dachten, Sie seien sich mit einer Person einig, und stellen später fest, dass Ihr Partner das Gegenteil von dem getan hat, was Sie vermeintlich einhellig vereinbart hatten. Ob im Privatleben oder im Beruf, ob in der Face-to-Face-Kommunikation oder medial vermittelt – wir alle erleben immer wieder Probleme, Missverständnisse und Störungen in der Kommunikation, die

Jeder Aspekt von Kommunikation kann zu Problemen führen

‚Verstehen' gefährden. Und die Gründe für solche Probleme sind so vielfältig, wie die verschiedenen Aspekte, die den Kommunikationsprozess ausmachen. Das Werk von LORIOT basiert – wie das Zitat zu Beginn dieses Kapitels illustriert – in weiten Teilen auf diesen alltäglichen Kommunikationsproblemen und ist auch bereits wissenschaftlich als Fundus für Musterbeispiele kommunikativer Störungen analysiert worden (vgl. EHLERT 2004).

Einige exemplarische Problemfelder

Schon auf der Seite des ‚Senders' bzw. des Kommunikators kann es zu Problemen kommen: Vielleicht fällt es ihm oder ihr schwer, einen komplexen Sachverhalt oder ein diffuses Gefühl sprachlich zu formulieren. Vielleicht sind Sie sich selbst manchmal unsicher, ob Sie überhaupt an einem Gespräch aktiv teilnehmen möchten. Falls ja, müssen Sie die Adressaten erreichen, was an störenden Einflüssen wie Lärm, aber auch an Krankheiten und in medial vermittelten Situationen an technischen Problemen scheitern kann. Und schließlich kann der Adressat seine Aufmerksamkeit verweigern oder Mühe haben, eine für ihn sinnvolle Interpretation Ihrer Aussage zu treffen. Ja, vielleicht hat er sogar das gute Gefühl, Sie bestens verstanden zu haben und ein Missverständnis zeigt sich erst später, wenn er sich auf Ihr Gespräch beruft und dies ganz anders in Erinnerung hat als Sie. Diese kurze Skizze von potentiellen Problemfeldern ließe sich noch lange fortsetzen – und dieser Gedanke kann einen immer wieder mit Respekt und Demut füllen, wenn Kommunikation im Alltag dann trotz allem immer wieder gelingt.

Systematische Betrachtung von Störungen und Klärungsansätzen

Da also alle Aspekte von Kommunikation für ein Gelingen des Prozesses zusammenspielen müssen und, anders gesagt, jeder Bereich problematisch sein kann, werden wir im Folgenden auf einige der zentralen Aspekte, die Sie bereits kennengelernt haben, erneut systematisch eingehen. Im Folgenden geht es nun darum zu zeigen, welche Störungen möglich sind und wie Klärungen aussehen können. Da im Konzept der ‚Nachricht' die meisten Aspekte von Kommunikation – die zahlreichen möglichen ‚Botschaften' und Lesarten sowie die Beziehung von ‚Sender' und ‚Empfänger' – zusammenlaufen, werden wir zunächst wieder auf dieses Konzept und die mehreren Ebenen einer Nachricht eingehen. In der Folge kommen dann einige weitere Aspekte hinzu, die sich vor allen Dingen im Verlauf von Gesprächen, also in der Abfolge von Aussagen und Feedback, Rede und Antwort ergeben und sich somit auf den komplexen Kommunikationsprozess mit ständig wechselnden ‚Sendern' und ‚Empfängern' beziehen.

2 *Auf welchem Ohr hören Sie meistens?* Einseitige Empfangsgewohnheiten

Rekapitulieren wir zunächst zwei zentrale Annahmen zu Kommunikation: einerseits WATZLAWICKS Axiom, dass man nicht nicht kommunizieren kann; andererseits die Perspektive von vier Ebenen von Kommunikation – Sachebene, Selbstoffenbarungs- und Beziehungsebene sowie Appell. Nicht nur kann jede einzelne dieser Ebenen zu einem Kommunikationsproblem werden (hierauf gehen wir in der Folge noch ein), vor allem das Zusammenspiel der Ebenen ist vielfach in der Kommunikation sehr komplex. Denn oft führen wir uns nicht vor Augen, dass in sozialen Kontexten jedes Verhalten als Kommunikation gedeutet und wiederum auf allen Kommunikationsebenen interpretiert werden kann. Vielleicht schweigen wir und wollen einfach nur ‚für uns' sein und übersehen dabei, dass dieses Schweigen auf andere brüskierend oder ausgrenzend, eitel, arrogant oder auch schüchtern und unsicher wirken kann. Oder wir wollen nur eine Sachaussage ‚rüberbringen' und müssen uns dann wundern, dass wir mit einer unbedachten Wortwahl jemanden verletzt und nun auf der Beziehungsebene ein Problem haben, weil unsere Aufmerksamkeit eben einem anderen Aspekt galt.

Das heikle Zusammenspiel der vier Ebenen von Kommunikation

Natürlich sind nicht immer alle vier Ebenen gleich relevant, und im Idealfall können wir je nach Situation, Kontext und Gesprächspartnern den Fokus etwa auf die Sachebene oder die Beziehungsebene oder auch die Selbstoffenbarungsebene verschieben. Allerdings sind unterschiedliche Menschen auch unterschiedlich aufmerksam für die genannten Ebenen und haben sozusagen Aufmerksamkeitspräferenzen für eine oder mehrere der Ebenen; das heißt, sie beachten zum Beispiel vor allem die Sachebene oder die Beziehungsebene. SCHULZ VON THUN (1981: 45) spricht in diesem Zusammenhang von ‚vier Ohren' für die vier Ebenen von Kommunikation, wobei der ideale ‚Empfänger' auf allen vier Ohren, das heißt auf allen Ebenen gleich gut hört, wie die Illustration des – unbestritten etwas skurril bezeichneten – ‚vierohrigen Empfängers' zeigen soll.

Das Modell der ‚vier Ohren'

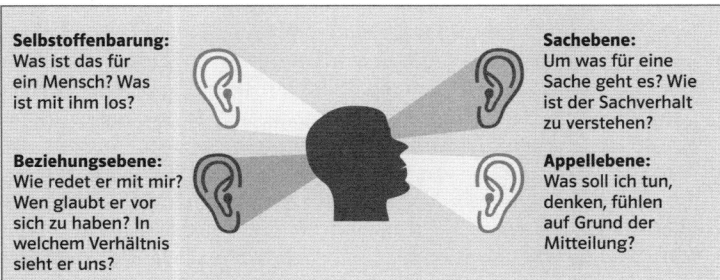

Selbstoffenbarung:
Was ist das für ein Mensch? Was ist mit ihm los?

Beziehungsebene:
Wie redet er mit mir? Wen glaubt er vor sich zu haben? In welchem Verhältnis sieht er uns?

Sachebene:
Um was für eine Sache geht es? Wie ist der Sachverhalt zu verstehen?

Appellebene:
Was soll ich tun, denken, fühlen auf Grund der Mitteilung?

Abb. 4.1: Der ‚vierohrige Empfänger' nach SCHULZ VON THUN (1981: 45)

Einseitige Empfangsgewohnheiten

Auch wenn diese Darstellung vielleicht etwas gewöhnungsbedürftig ist, verdeutlicht sie doch, dass alle Ebenen von Kommunikation unserer Aufmerksamkeit bedürfen. Wenn Personen regelmäßig oder zumindest regelmäßig in bestimmten Kommunikationskonstellationen einer Ebene besonderes Gewicht beimessen, lässt sich von ‚einseitigen Empfangsgewohnheiten' sprechen (vgl. SCHULZ VON THUN 1981: 47ff.). Auch dafür gibt es viele Beispiele – etwa der stereotype kühle Bürokrat, der auch emotionale Aussagen und Appelle auf eine reine Sachbotschaft reduziert; eine unsichere Person, die auch sachliche Aussagen stets auf die eigene Person, eine mögliche Beziehungsbotschaft bzw. eine Bedrohung der Beziehung hinterfragt, oder eine besonders fürsorgliche Person, die in jeder Aussage zunächst ein Indiz für den Seelenzustand des Sprechers, also die Selbstoffenbarungsebene, sieht.

Die Überbetonung einzelner Ebene und ihre Risiken

Solche einseitigen (Über-)Betonungen von einzelnen Ebenen können eine Reihe von Problemen hervorrufen, insbesondere wenn zwischen den beteiligten Personen unterschiedliche Relevanzgewichtungen vorgenommen werden. Zur Verdeutlichung seien an dieser Stelle einige kurze Hinweise für die verschiedenen Ebenen gegeben:

1. **Sachebene:** Wie immer wieder betont wurde, ist die Sachebene immer nur ein Aspekt von Kommunikation – und oft geht es uns gar nicht so sehr um das Thema als vielmehr um eine gute Atmosphäre oder eine Vergewisserung, dass alle Beteiligten sich schätzen. Es ist eben nicht immer vom Wetter die Rede, wenn vom Wetter gesprochen wird. Wer diese Beziehungsfaktoren vernachlässigt und Aussagen primär auf die Sachebene bezieht, kann oftmals sein Gegenüber vor den Kopf stoßen, weil er die Bedürfnisse oder impliziten bzw. verdeckten Appelle auf der Beziehungsebene nicht wahrnimmt oder annimmt. Missverständnisse entstehen dann eben nicht in der Frage, worüber sachlich gesprochen wird, sondern betreffen oft eher Fragen nach der Beziehung, dem Warum und dem Wie man miteinander spricht. Die Überbetonung der Sachebene kann auch eine (wenig hilfreiche) Strategie sein, um Konflikten auf der Beziehungsebene aus dem Weg zu gehen.

2. **Beziehungsebene:** Auch wenn die Sachebene nicht immer im Zentrum von Mitteilungen steht, kann es doch ebenso problematisch sein, wenn Personen die Beziehungsebene regelmäßig in den Fokus stellen, jede Aussage auf sich und die Beziehung zum Sprecher beziehen. Eine Ursache für solches Kommunikationsverhalten kann Unsicherheit sein; dann wird jede Aussage im Hinblick auf die Bestätigung (oder Kritik) der eigenen Person und der Beziehung gedeutet. Auch ist das Betonen der Beziehungsebene eine mögliche spiegelbildliche Vermeidungsstrategie zum oben beschriebenen Ausweichmanöver – wer stets über die Beziehungsebene argumentiert, kann sachlichen Diskussionen aus dem Weg gehen oder diese unmöglich machen: Im schlimmsten Fall wird jede Sachfrage (welchen Film man im Kino schauen soll, welches Urlaubsziel gewählt wird) zur Beziehungsfrage: Verstehen wir uns noch? Werde ich geliebt?

3. **Selbstoffenbarungsebene:** Eine Stärkung der Wahrnehmung von Selbstoffenbarungsaspekten in der Kommunikation erscheint prinzipiell wünschenswert, denn oft lassen sich gerade in dieser Hinsicht Kommunikationskonflikte vermeiden: Wenn zum Beispiel eine scharfe Bemerkung nicht nur als Beleidigung, sondern als Indiz für Überarbeitung oder Stress gesehen wird, der sich an falscher Stelle entlädt, ohne dass dies tatsächlich auf die Beziehung gerichtet ist, können manche Verletzungen und auch Missverständnisse vermieden werden. Auch in diesem Zusammenhang birgt jedoch eine Überbetonung Gefahren: Ein ständiges Psychologisieren des Gegenübers kann wiederum eine Vermeidungsstrategie sein, um Problemen auf anderer Ebene aus dem Weg zu gehen. Wenn zum Beispiel geäußerte Kritik an der eigenen Person nur als Indiz für Schwäche oder Probleme bei dem Sprechenden gesehen werden („er hat wohl einen schlechten Tag"), dann wird aus aktivem und empathischem Zuhören eine falsch verstandene Therapeutenhaltung, die dem Selbstschutz und der eigenen Abschottung dient und nicht dem besseren Verständnis des Sprechers.

4. **Appellebene:** Auch auf der Appellebene gibt es zwei Formen der einseitigen, überbetonenden Wahrnehmung. Ein Problem kann daraus entstehen, in eine Haltung andauernden vorauseilenden Gehorsams zu geraten. Wer sich stets bemüht, seinem Partner oder auch Kollegen oder Freunden jeden Wunsch von den Lippen abzulesen, stets den (oftmals bloß vermuteten) Appell der Kommunikation zu durchdringen und zu erfüllen, macht sich selbst zu einem Lakaien ohne eigene Position. Kommunikation benötigt zwei Seiten, die durchaus unterschiedliche Ziele haben können und diese miteinander aushandeln sollten – es geht eben nicht darum, jeden formulierten oder implizierten Anspruch einer Seite stets zu erfüllen. Das andere Extrem ist eine Perspektive, die jede Aussage auf ihre ,eigentlichen' Ziele hin untersucht und sozusagen unter Motivverdacht stellt. Ein Kompliment wird dann evtl. vorschnell als Schmeichelei, um etwas anderes zu erreichen, ein unverbindlicher Smalltalk als scheinheiliges, instrumentelles Vorspiel auf dem Weg zur Durchsetzung eines strategischen Interesses missverstanden. Generell ist es richtig, dass jede Kommunikation im Hinblick auf die vermeintlich dahinter stehenden Motive betrachtet werden kann – dies ist jedoch kaum eine Strategie, die glücklich macht. Womit einmal mehr ein anderer Wert ins Spiel gebracht ist, der für gelingende Kommunikation immer wieder zentral ist, auch wenn sein Einsatz riskant ist: Vertrauen.

3 *Was meinen Sie?* Unklare (Sach-)Botschaften

Wir haben bereits in Kapitel 3 darauf hingewiesen, dass auf der Sachebene von Kommunikation Verständlichkeit das zentrale Ziel sein sollte. Wird dies verfehlt, kommt es unvermeidlich zu ganz basalen Verstehens-

Problemfeld Verständlichkeit: Vier Dimensionen

problemen, denn dann ist den Teilnehmern oft grundsätzlich nicht klar, worum es eigentlich in der Kommunikation gerade geht – eben weil das Thema nicht verständlich ist. Ein Maß für Verständlichkeit können die oben skizzierten GRICE'schen Kommunikationsmaximen bieten. SCHULZ VON THUN (vgl. 1981: 150f.) weist zusätzlich auf vier Kriterien für die Verständlichkeit von Aussagen hin, die jeweils in Form von Skalen mit Extrempolen formuliert sind:

1. **Einfachheit vs. Kompliziertheit:** Sobald Aussagen zu kompliziert formuliert sind, ist es offensichtlich, dass die Sachaussage schwer verständlich werden wird.

2. **Gliederung & Ordnung vs. Unübersichtlichkeit & Zusammenhanglosigkeit:** Auch in dieser Hinsicht ist offensichtlich, dass für Verständlichkeit ein gewisses Maß an Gliederung, Struktur und Ordnung von Aussagen notwendig ist. Das heißt auch, dass verständliche Ausführungen aufeinander aufbauen und Bezug nehmen – sonst leidet wiederum die Klarheit einer Sachaussage und Kommunikationsprobleme können entstehen.

3. **Kürze & Prägnanz vs. Weitschweifigkeit:** An dieser Skala lässt sich gut zeigen, dass selten die Extrempole ein Ideal für Verständlichkeit darstellen: Maximale Kürze einer Aussage kann ebenso zu Kommunikationsproblemen führen wie extreme Weitschweifigkeit – bei asketischer Knappheit fehlt oft jede Kontextualisierung, bei umständlicher Weitschweifigkeit jede Fokussierung, so dass zur Vermeidung von Kommunikationsproblemen ein kontextabhängiges Mittelmaß gesucht werden sollte.

4. **Zusätzliche Stimulanz vs. Fehlen zusätzlicher Stimulanz:** Unter ‚zusätzlicher Stimulanz' sind verschiedene Stil- und Argumentationsmittel zu verstehen, wie u.a. Metaphern, Bilder, aber auch die Einbindung von Anekdoten oder Exkursen. Auch in dieser Hinsicht ist es wichtig, sich klarzumachen, dass beide Extreme zu Kommunikationsproblemen führen können, denn wieder können zu viele ausschmückende oder illustrative Anteile den Blick vom Wesentlichen ablenken, zugleich ist eine ‚nackte' Aussage bisweilen zu fokussiert und wird erst durch zusätzliche Erläuterung oder Ausschmückung verständlich.

Von der Unmöglichkeit, ganz sachlich zu bleiben

Unklare Botschaften können nicht nur entstehen, wenn Aussagen für den Empfänger sachlich unverständlich sind, sondern auch wenn man sich nicht einig ist, worüber eigentlich gesprochen wird. Dies ist zum Beispiel der Fall, wenn die Beteiligten in unterschiedlichem Maße die verschiedenen Ebenen von Kommunikation betonen. „Jetzt bleiben Sie mal sachlich!" oder „Wir wollen nicht persönlich werden" sind klassische Formulierungen, mit denen Kommunikationsbeiträge abgewiesen werden, weil sie nicht ‚sachlich' genug seien. Diese Haltung entspringt der Annahme, dass Diskussionen oder Konflikte auf der Sachebene auch nur auf dieser ausgetragen werden sollten. So sinnvoll diese Idee grundsätzlich sein mag – sie lässt sich allein schon deshalb nicht durchhalten,

weil Kommunikation eben stets auf allen Ebenen stattfindet. Dies anzuerkennen heißt nicht, dass persönliche Beleidigungen oder subjektive
Empfindungen mit einem Mal zu akzeptablen Diskussionsbeiträgen
werden, weil wir ja ohnehin nicht sachlich sein könnten. Es beinhaltet
aber durchaus die Einsicht, dass die Forderung nach sachlicher Ge-
sprächsführung auch eine sehr unsachliche Diskussionsstrategie sein
kann, die einer Seite einfach das Wort nimmt und bestimmte Beiträge aus
der Diskussion verbannt. Deshalb ist es auch bei Sachkonflikten sinnvoll, alle Ebenen von Kommunikation im Blick zu behalten, sonst wird
das vermeintliche Ideal der Sachlichkeit womöglich selbst zum Problem.
Eine sensible Kommunikationsführung erlaubt auch bei Diskussionen
‚in der Sache' persönliche Statements und individuell gefärbte Einschätzungen – denn wir sind ohnehin nie objektiv, sondern können nur aus
der eigenen Perspektive sprechen. Misslingt die Sachdiskussion wegen zu
viel oder zu wenig Sachlichkeit, ist Metakommunikation oft ein sinn-
voller Ausweg – das heißt, die empfundenen Probleme in der Sachde-
batte sollten offen angesprochen werden, was jedoch wiederum nicht
ohne Risiko ist (vgl. Kapitel 1.9).

4   *Was wollen Sie mir damit sagen?* Störungen im Zusammenspiel von Sach- und Beziehungsaspekten

Von WATZLAWICK, BEAVIN und JACKSON (1969: 79f.) stammt ein sehr
illustratives Beispiel für eine Kommunikationsstörung, die sich nur durch
die bereits erläuterte Unterscheidung von Sach- und Beziehungsaspekten
erklären lässt: A telefoniert mit einem guten Freund, den bald eine
Dienstreise in die Nähe führt. Spontan lädt A seinen Freund ein, bei sich
zu Hause zu übernachten. Am Abend erzählt A seinem Ehepartner B von
der Einladung. B reagiert verärgert, obwohl B einräumt, grundsätzlich
nichts gegen die Einladung zu haben. „Aber warum streiten wir dann,
wenn wir uns doch einig sind?", fragt A entnervt. Sachlich sind sich die
beiden Partner offenbar tatsächlich einig, jedoch hat A aus Sicht von B
auf der Beziehungsebene einen Fehler gemacht und ein Problem geschaffen, indem er eine Einladung in die gemeinsame Wohnung ausge-
sprochen hat, die nicht mit dem Partner abgesprochen war. Dies wird
in der Kommunikation wie eine Entmündigung verstanden, ohne dass
die sachliche Einschätzung von B's Haltung zu der Einladung falsch gewesen wäre.

In der Sache einig und doch im Streit?

Konflikte und Störungen können ganz offensichtlich nicht nur auf der
Sachebene, sondern auch auf der Beziehungsebene bzw. im Zusammenspiel beider Ebenen entstehen. Zwei Konstellationen sind zwischen diesen
Ebenen relativ unproblematisch. Im Idealfall sind sich Kommunikationspartner auf der Sach- und Beziehungsebene einig, dann gibt es keinerlei

Das Zusammen- spiel von Sach- und Beziehungs- ebene

Störungen. Und auch eine Differenz auf der Sachebene, die nicht mit einem Konflikt auf der Beziehungsebene einhergeht, ist in der Regel kein schwerwiegendes Problem, weil man sich in diesen Fällen zumindest einig ist, dass die Beziehung der Teilnehmer stabil und unumstritten ist – Sachkonflikte lassen sich dann meist produktiv ausräumen oder auch einfach aushalten. Gravierender sind Konflikte meist in anderen Konstellationen. Der Extremfall liegt dann vor, wenn sich Kommunikationsteilnehmer weder auf der Sach- noch auf der Beziehungsebene verständigen können. In Situationen, in denen dennoch Kommunikation notwendig ist – sei es in Arbeitskontexten oder auch in Partnerschaften – sind dann oft Supervisionen, Moderationen oder andere professionelle Hilfen notwendig, um schrittweise wieder eine Basis für gelingende Kommunikation herzustellen.

Formen von Konflikten zwischen den Ebenen

Im Zusammenspiel der Ebenen kann es aber auch zu weniger dramatischen, aber durchaus problematischen Störungen kommen. Das oben beschriebene Beispiel ist ein Fall für eine Einigkeit auf der Sachebene, die dennoch mit einem Konflikt auf der Beziehungsebene einhergeht. Dies kann in einer konkreten Situation der Fall sein, aber auch ganze Beziehungskonstellationen (womit stets nicht nur Partnerschaften, sondern auch Beziehungen im professionellen Arbeitskontext, an der Universität oder der Schule gemeint sind) können einen derartigen Konflikt in sich tragen. Fällt dann das gemeinsame Sachziel – ein gemeinsames Projekt sei es beruflicher oder privater Natur – weg, so bleibt keinerlei gemeinsame Kommunikationsbasis mehr. Eine andere Störung von Kommunikation kann auftreten, wenn problematische Vermischungen oder Verwechslungen von Sach- und Beziehungsebene auftreten. Dies ist zum Beispiel bei den oben angesprochenen Überbetonungen einer Ebene der Fall, etwa wenn Meinungsverschiedenheiten auf der Sachebene stets auf die Beziehungsebene bezogen werden und so jeder Disput in Sachfragen gleich die Beziehung in Frage stellt. Doch bisweilen wird auch der Versuch unternommen, ein Beziehungsproblem nur auf der Sachebene zu korrigieren, was ebenfalls scheitern muss: In unserem Beispiel hilft es eben nichts, wenn Partner A seinen Freund wieder auslädt, denn es geht ja gerade nicht um einen Konflikt in der Sachfrage, sondern um ein Beziehungsproblem.

„Was wollen Sie mir damit sagen" heißt oft: Welche Ebene ist wichtig?

„Was wollen Sie mir damit sagen?", ist eine Frage, die sich oft nicht so sehr auf unverständliche Sachbotschaften bezieht, sondern vielmehr darauf verweist, dass unklar ist, warum die entsprechende Nachricht gerade an die eigene Person adressiert worden ist. Dahinter steht meist die Vermutung, dass es bei der Nachricht eben nicht um die Sachebene, sondern um die Beziehungsebene geht. Auch in diesem Kontext ist ein Beispiel hilfreich: Wenn zum Beispiel zwei Experten für klassische Musik sich unterhalten und eine Person in diesem Gespräch sagt: „Beethoven war ein Komponist", so ist auf der sachlichen Ebene für diese Gesprächspartner keine relevante neue Information enthalten. Der Adressat wird sich also fragen, was sein Gegenüber ihm mit dieser Aussage sagen möchte, und die Antwort wahrscheinlich auf der Beziehungsebene suchen: Soll das eine launische, Gemeinschaft erzeugende Scherzbemerkung sein oder vielleicht eine indirekte Beleidigung, die Ahnungslosigkeit unterstellt? In allen Gesprächen wird dabei kontinuierlich und zumeist unausgesprochen geprüft und ausgehandelt, welche der Kommunikationsebenen gerade die wichtigere ist, und es ist unerlässlich, ein funktionales Zusammenspiel aller Ebenen zu etablieren und aufrechtzuerhalten.

Wie oben kurz angesprochen worden ist, sind Störungen auf der Sachebene bei einer intakten Beziehungsebene wesentlich leichter auszuhalten oder zu klären als Störungen auf der Beziehungsebene, die stets das Selbstbild der eigenen Person und der eigenen Beziehung zum anderen in Frage stellen und somit, überspitzt gesagt, die eigene Identität bedrohen. Dies unterstreicht noch einmal die Bedeutung der Beziehungsebene und die Unmöglichkeit ‚rein sachlicher' Unterhaltungen – ohne dass sich daraus einfache Regeln für die Gestaltung funktionaler kommunikativer Beziehungen ableiten lassen. Schließlich gibt es so viele unterschiedliche Beziehungen, wie es Menschen in ihren unterschiedlichen sozialen Rollen und Kontexten gibt. Eine Sensibilisierung für die auch unbewussten, nonverbalen und stark emotional-affektiven Seiten von Kommunikation ist jedoch ein erster Schritt, um Probleme in diesem Bereich konstruktiv ansprechen und zum Beispiel durch Perspektivwechsel oder Metakommunikation ausräumen zu können. Die Sprach- und Kulturwissenschaftlerin Nicole M. Wilk (2004) hat sogar eine ‚leiborientierte Kommunikationstheorie' vorgelegt, in der sie die besondere Körper- und Emotionsbezogenheit von Kommunikation herausstellt, die bis heute zu oft unterschätzt wird.

> Störungen auf der Beziehungsebene sind schwerer auszuräumen

5 *Wie reden Sie denn mit mir?* Diskrepanzen zwischen digitaler und analoger Kommunikation

Mit Watzlawick haben wir eingangs die Unterscheidung zwischen sprachlichen und nicht-sprachlichen Kommunikationsformen auch als digitale bzw. analoge Kommunikation bezeichnet (vgl. Kapitel 1.8). Dabei gibt es keine nicht-sprachliche, digitale Kommunikation, ohne dass parallel auch analoge Kommunikation erfolgen würde – wenn nicht durch Körpersprache oder Stimme in persönlichen (auch fernmündlichen) Gesprächen, so liefert doch auch das Schriftbild eines Briefs analoge, nicht-sprachliche Signale, die vom Empfänger als Kommunikation gelesen werden können – zum Beispiel „der Brief wurde per Hand geschrieben, es ist eine persönliche Nachricht" oder „was für ein hässlicher Briefbogen, der Mensch hat keinen Geschmack". Wann immer wir digi-

> Keine digitale Kommunikation ohne parallele analoge Signale

tal kommunizieren, kommunizieren wir also auch analog, und auch im Zusammenspiel dieser beiden Kommunikationsformen kann es zu Störungen und Problemen kommen.

Die Mehrdeutigkeit analoger Signale

In Ratgebern für Face-to-Face-Kommunikation wird häufig darauf hingewiesen, dass gesprochene Sprache und Körpersprache übereinstimmen sollen. Dies ist nicht falsch, und doch ein wenig hilfreicher Ratschlag. Denn er unterstellt zugleich, dass Körpersprache leicht zu steuern und darüber hinaus in ihren Botschaften eindeutig sei. Beide Annahmen sind ganz offenkundig so nicht haltbar. Probleme zwischen den Kommunikationsformen entstehen also nicht nur durch offenkundige Widersprüche – ein Mensch schimpft und lächelt dabei –, auch wenn diese vorkommen und ein Quell für Irritationen und Kommunikationsprobleme sein können. Vor allen Dingen aber liegt eine entscheidende Herausforderung darin, dass analoge Signale oft mehrdeutig sind und sich zudem der bewussten Kontrolle entziehen. Sind die Flecken im Gesicht während des Bewerbungsgesprächs durch Nervosität bedingt – oder vielleicht durch eine Allergie? Wird eine Person während eines Vortrags oder einer Besprechung unruhig und beginnt mit Händen und Beinen zu wippen, weil sie gelangweilt, desinteressiert ist – oder weil sie dringend auf die Toilette muss? Und auch analoge kommunikative Gesten, die nicht körpersprachlich sind, können ganz unterschiedlich gedeutet werden – wie der berühmte Blumenstrauß, der Indiz für große Gefühle oder ein schlechtes Gewissen sein kann. Die jeweilige Deutung, die vorgenommen wird, hängt dabei mindestens so sehr von der Einschätzung der Person und der Beziehung durch den ‚Empfänger' ab wie von den analogen Signalen, die eben nicht eindeutig sind.

Übersetzungsprobleme zwischen den Ebenen

Probleme in der Kommunikation können also auch dadurch entstehen, dass digitale Signale und analoge Signale widersprüchlich sind bzw. als widersprüchlich empfunden werden. Man kann dabei metaphorisch von ‚Übersetzungsproblemen' sprechen, die auch die Konfliktlösung erschweren – denn zumeist muss man Missverständnisse oder Probleme auf der nicht-sprachlichen Ebene über Verbalisierungen thematisieren, die eben nicht vollständig erfassen können, was analog als nicht stimmig, widersprüchlich, abwertend oder verletzend empfunden worden ist.

Chancen durch Ritualisierung und Symbolbildung

Die Unmittelbarkeit und emotional-affektive Aufladung von analoger Kommunikation ist jedoch zugleich eine Chance, Konflikte auf der sprachlichen, digitalen Ebene zu kompensieren oder zu entschärfen. Dies kann insbesondere in etablierten und von beiden Seiten grundsätzlich als positiv empfundenen Beziehungen wie engen Freundschaften, Partnerschaften oder auch sehr produktiven Arbeitsbeziehungen erfolgen, in denen Personen auch auf der Ebene von Körpersprache und anderen analogen Kommunikationsformen ähnlich kommunizieren oder zumindest ein Verständnis für diese Kommunikationsformen des Gegenübers entwickelt haben. Scharfe verbale Sachkonflikte schrecken weniger, wenn wir analog weiterhin den Eindruck haben, geschätzt und positiv wahrgenommen zu werden. Selbst ein freundschaftliches Klopfen auf die Schulter, ein fester Händedruck oder ein Blick in die Augen kann nach verbalen Diskussionen mitunter sehr viel schneller wieder zu einem Grundverständnis gerade auf der Beziehungsebene führen, als dies gegenseitige sprachliche Versicherungen von Anerkennung tun könnten. Und gerade auch ritualisierte körperliche Kommunikationsformen – seien es etwa Begrüßungen oder Verabschiedungen – können gegenseitiges Vertrauen, Wertschätzung und Anerkennung ausdrücken und unterstreichen, auch wenn auf sachlicher Ebene ein Disput oder ein Missverständnis vorliegt. Nicht umsonst gehört es zu den Standardformeln gegenseitiger Akzeptanz zu sagen, man könne sich ‚weiterhin in die Augen schauen' oder man habe sich nach einer Diskussion ‚freundschaftlich die Hand gegeben'.

Trotz dieser positiven Wirkmöglichkeiten von analogen Kommunikationsformen, ist es selten vielversprechend, gerade bei Beziehungskonflikten alles auf diese Karte zu setzen. Denn wenn man nicht auch digital kommuniziert, ist man wiederum der potentiellen Ambivalenz der analogen Signale vollkommen ausgeliefert – und der vermeintlich versöhnliche Blick in die Augen kann eben auch schnell als feindlich, bedrohlich oder anmaßend empfunden werden. In politischen Konflikten entspricht das Abreißen digitaler Kommunikation dem Abbruch der diplomatischen Beziehungen: Man spricht nicht mehr miteinander – und verlegt sich auf analoge symbolische Kommunikation, zieht seine Truppen zusammen und zeigt Schlagkraft. WATZLAWICK, BEAVIN und JACKSON (1969: 102) bemerken hierzu treffend: „Das Absurde an diesem Vorgehen ist, dass die digitalen Kommunikationen (…) gerade in dem Augenblick abgebrochen werden, in dem sie notwendiger denn je sind." Dies gilt auch für Individualkommunikation: Niemand kann ewig schweigen, so dass es meist sinnvoll ist, auch bei Konflikten buchstäblich ‚im Gespräch' zu bleiben. Dabei aber auch die produktiven Potentiale von analoger Kommunikation zu nutzen, ist in jedem Fall empfehlenswert.

Der Abbruch digitaler Kommunikation

6   *Wer hat angefangen?* Diskrepante Interpunktionen von Ereignisfolgen

In der Abfolge von Kommunikationen, dem steten Wechsel von Rede und Antwort, Aussage und Feedback kann es ebenso zu Problemen kommen, wie auf der Ebene einzelner Nachrichten. Gerade bei sich fortsetzenden Streitigkeiten oder Konflikten stellt sich oft die Frage: Wer hat angefangen? – Und ‚natürlich' ist dies immer die andere Seite. Das Kind ist trotzig, weil die Mutter böse war – und die Mutter ist böse, weil das

Angefangen hat immer der andere – ein Teufelskreis

Kind trotzig ist. Ein Partner in einer Beziehung zieht sich zurück, weil er sich bedrängt und eingeengt fühlt – und der andere Partner hakt stets nach, weil sich der andere zurückgezogen hat und sich entzieht. Der Mitarbeiter arbeitet lustlos und schludrig, weil er vom Chef nicht wertgeschätzt wird – und der Chef missachtet den Mitarbeiter, weil dieser lustlos und schludrig ist. Wer hat also angefangen? Je nachdem, wen man fragt, wird man jeweils eine andere Antwort erhalten. Die Frage, wer im Recht ist, lässt sich dabei ganz offensichtlich nicht mehr beantworten: Beide Seiten sind gefangen in einem Teufelskreis, und die Frage nach dem Anfang ist da nur noch müßige Rechtfertigung des eigenen Verhaltens.

Diskrepante Interpunktionen

Wenn man sich nur die Kette von Kommunikationen in einem der obigen Beispiele anschaut, wird man einen steten Kreislauf von beiden Seiten erkennen, den auch beide Seiten einräumen, zum Beispiel in der Form:

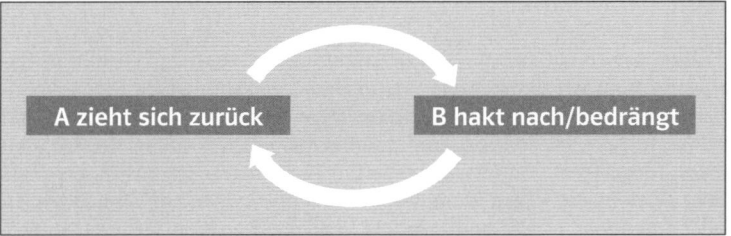

Abb. 4.2: Kommunikative Störung als Teufelskreis (eigene Darstellung)

Erst wenn man versucht, diesen Kreislauf in eine lineare Form zu bringen, nehmen beide Seiten unterschiedliche Deutungen vor, weil sie unterschiedliche Anfangspunkte behaupten: Für A hat alles damit begonnen, dass B aufdringlich war; B hingegen sieht die Ursache des Problems darin, dass A sich anfangs zurückgezogen hat. Kommunikationspsychologisch spricht man in diesem Fall davon, dass beide Seiten diskrepante (das heißt unterschiedliche) Interpunktionen der Kommunikationsabfolge vornehmen: Sie setzen den (Anfangs-)Punkt – wie ein Satzzeichen – und den Endpunkt jeweils an einer anderen Stelle, wie die folgende Grafik zeigt:

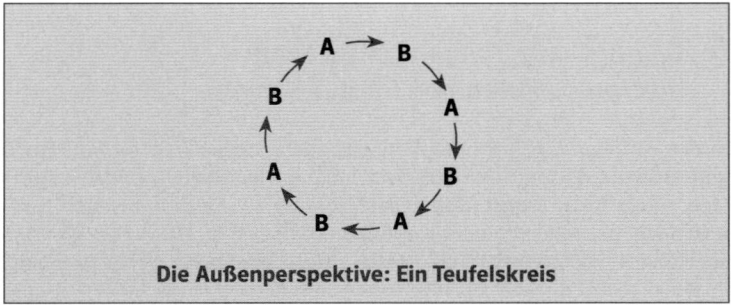

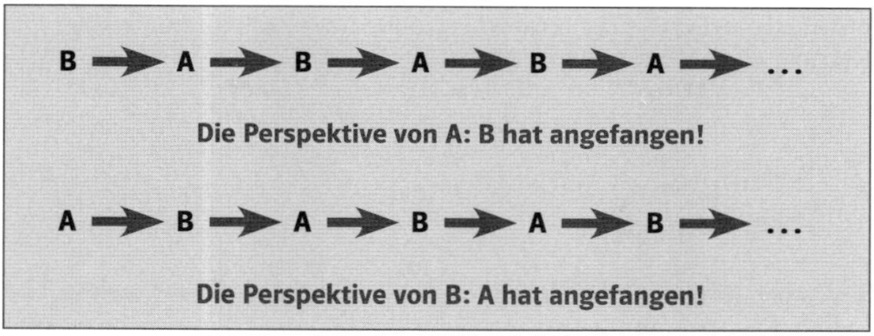

B ➡ A ➡ B ➡ A ➡ B ➡ A ➡ ...

Die Perspektive von A: B hat angefangen!

A ➡ B ➡ A ➡ B ➡ A ➡ B ➡ ...

Die Perspektive von B: A hat angefangen!

Abb. 4.3: Wer hat angefangen? Diskrepante Interpunktionen (eigene Darstellung)

Für Außenstehende – etwa Supervisoren, Moderatoren oder auch Therapeuten – ist es offensichtlich, dass die Frage nach dem Anfang keine Klärung bzw. keine Auflösung des Teufelskreises liefern wird. Es gibt keine ‚richtige' oder gar ‚wahre' Antwort auf diese Frage, beide Seiten sind schließlich von ihrer Sicht überzeugt und haben auch auf ihre Weise zu einem Teil recht. Die individuelle Interpunktion der Kommunikationsfolgen ist dabei zumeist ja auch kein Ergebnis von Bösartigkeit, sondern die ganz subjektive, unhinterfragte Wahrnehmung der Beteiligten bzw. Betroffenen. Eine Lösung solcher zirkulärer, also kreisförmiger Kommunikationsprobleme kann dann nur Metakommunikation bringen, die von außen angestoßen werden kann, aber durchaus auch von den Beteiligten selbst initiiert werden kann. Sobald alle Kommunikationspartner die Metaperspektive einnehmen, können sie erkennen, dass beide Seiten in einem für alle frustrierenden Wechselspiel gefangen sind und ein gemeinsames Problem gemeinsam hergestellt und aufrecht erhalten haben. Es geht dann nicht mehr um die Frage nach dem Anfang oder gar um Schuldzuweisungen, sondern um die Möglichkeiten der Beendigung, des Durchbrechens des Kreislaufes. Die konkreten Lösungen können dann – je nach dem spezifischen Problem – sehr unterschiedlich sein. Wichtig ist aber die Erkenntnis, dass beide Seiten in einem gemeinsam geschaffenen, unproduktiven Kommunikationssystem gefangen waren, das sie auch nur gemeinsam umgestalten können. Wenn beide Seiten dies nicht gemeinsam erreichen können, ist es manchmal auch für einen Kommunikationspartner möglich, den Kreislauf zu durchbrechen, wenn ihm der Perspektivwechsel von der eigenen Deutung zum zirkulären Zusammenhang gelingt: Wenn man dann bereit ist, das eigene Verhalten zu verändern und eben nicht mehr reflexhaft automatisiert auf die Kommunikationen des Partners mit der eigenen Standardreaktion zu antworten, kann auch einseitig das eingespielte, aber zerstörerische System verändert werden. Zumeist wird aber dann an einem späteren Punkt eine gemeinsame Metakommunikation notwendig werden, und sei es nur, weil der Partner von dem Ausbleiben des erwarteten Reflexes so verwundert ist, dass er nachfragt, was denn auf einmal los sei. In jedem Fall zeigt das Feld der diskrepanten Interpunktionen einmal mehr, wie wichtig und

Eine Klärung erfordert eine Perspektivenänderung

produktiv der Perspektivenwechsel und die Metakommunikation zur Klärung von kommunikativen Störungen sein können.

7 Störungen in symmetrischen und komplementären Interaktionen

Symmetrische und komplementäre Interaktionen sind nicht an sich gut oder schlecht

Sie haben eingangs die Unterscheidung zwischen symmetrischen und komplementären Kommunikationsstrukturen oder Interaktionen kennengelernt – in symmetrischen Interaktionen vermeiden die Teilnehmer Unterschiede und agieren weitgehend nach parallelen Mustern, während komplementäre Interaktionen auf Unterschieden oder Hierarchien aufbauen bzw. diese etablieren und festigen (vgl. Kapitel 1.7.3). Es ist zunächst noch einmal wichtig zu betonen, dass keine der beiden Formen per se gut oder schlecht, funktional oder problematisch ist. Vielmehr finden sich beide Formen sowohl in erfolgreichen Kommunikationssituationen als auch in problematischen und gestörten Beziehungen. In funktionalen und von allen Teilnehmern als positiv erlebten Konstellationen findet sich oft auch ein Wechsel zwischen beiden Interaktionsformen, die sich gegenseitig ergänzen und stabilisieren können.

Symmetrische Eskalation

Die häufigste Störung einer symmetrischen Interaktionskonstellation ist die so genannte symmetrische Eskalation. In Kapitel 1.7.3 haben wir bereits das Beispiel der sich wechselseitig verstärkenden Prahlerei angebracht, die wie in einem Wettrüsten verläuft (vgl. auch Abbildung 1.5). Eine solche Eskalation kann es in vielen Variationen geben – sei es im Streit um Sachfragen, bei denen beide Seiten auf ihrer Position beharren, oder sei es in Konkurrenzsituationen, in denen zwei Menschen dasselbe Ziel verfolgen. Aber auch im Aushandeln von Beziehungen zwischen Personen, in denen mehrere Seiten eine dominante (oder auch eine unterlegene, hilfsbedürftige) Position für sich beanspruchen und um diese Stellung konkurrieren, kann es zu symmetrischen Eskalationen kommen. Auch unterschiedliche Interpunktionen können zu symmetrischen Eskalationen führen, die dann zu den klassischen wechselseitigen Anklagen führen: „Du hast angefangen!" – „Nein, Du!" – „Nein, Du!" Watzlawick, Beavin und Jackson (1969: 104) weisen darauf hin, dass in Beziehungen, die sehr stark auf dem Prinzip symmetrischer Kommunikation und deren Eskalation beruhen, oft heftige und sehr offen ausgetragene Streitigkeiten vorkommen, die bis zu einem Punkt der Erschöpfung geführt werden und dann ohne Lösung aus Kraftlosigkeit versanden, um nach einer Erholungsphase aus anderem Anlass fortgesetzt zu werden. Solche regelmäßigen Muster erfordern oft wiederum externe Hilfe, um durchbrochen werden zu können. Punktuelle symmetrische Eskalationen sind jedoch durchaus auch durch die Beteiligten zu klären – sei es durch explizite Metakommunikation, also wiederum durch einen Perspektivwechsel der

Teilnehmer, oder durch einen Wechsel mindestens einer Person in eine komplementäre Verhaltensweise. Dem entspricht das Sprichwort „der Klügere gibt nach", das sozusagen die Alltagsweisheit zur De-Eskalation von symmetrischen Eskalationen liefert, wobei es durchaus auch Positionen gibt, in denen das Nachgeben oder Einlenken ebenso problematisch sein kann wie die Beibehaltung der symmetrischen Interaktion.

Während symmetrische Eskalationen durch ihre offene Form des Streits in der Regel von dem meisten Menschen als unangenehm empfunden werden, ist es bei komplementären Kommunikationsformen wesentlich kontext- und personenabhängiger, was als problematisch empfunden wird. Generell ist in vielen Kommunikationssituationen eine Hierarchie zwischen den Teilnehmern unvermeidbar und auch produktiv – erneut sei auf Arzt/Patient- oder Mutter/Kind-Beziehungen verwiesen, um nur zwei offensichtliche Beispiele zu nennen. Welches Maß an Hierarchie, an Unterschiedlichkeit in diesen Situationen jedoch von beiden Seiten als hilfreich und notwendig empfunden wird, ist eine Frage der individuellen Aushandlung in Kommunikation. Was in einer Beziehung als angenehm und entlastend erlebt werden mag, kann für andere Personen bereits als Bevormundung oder Entmündigung wahrgenommen werden. In diesem Zusammenhang ist es zum einen wichtig, persönliche Grenzen zu kennen bzw. zu setzen. Dies gilt wohlgemerkt sowohl für tendenziell ‚schwächere' Positionen, in denen sich die Frage stellt, wo Grenzen zu Bevormundung, Selbst-Verkleinerung oder dauerhafter Unterordnung liegen, wie auch für die eigenen Grenzen, wenn man selbst die tendenziell ‚dominante' Position einnimmt. Denn auch in dieser Hinsicht sollte sich jeder fragen, wie viel Macht ausgeübt, wie viel Verantwortung übernommen werden soll, ohne dass man selbst sich unwohl fühlt oder eigene moralische Standards verletzt. Schließlich gilt in der Regel, dass in langfristig erfolgreichen Beziehungen meist ein produktives Wechselspiel aus verschiedenen komplementären und symmetrischen Kommunikationsformen etabliert ist. Es geht also dann oft nicht darum, dauernd die ‚starke' Position oder die ‚unterlegene' Rolle einzunehmen, sondern in verschiedenen Kontexten und Situationen jeweils angemessen und flexibel die Positionen zu wechseln.

Eine besonders komplexe Problemlage ergibt sich, wenn in komplementären Beziehungen deutlich unterschiedliche Selbst- und Fremdbilder der Personen bestehen. Wie Sie wissen, lässt sich jede Kommunikation auch im Hinblick auf eine Selbstoffenbarung, als Indiz für ein Selbstbild des Sprechers lesen, für das der Sprecher Bestätigung erhofft. Komplementäre Beziehungen beruhen darauf, dass das Selbstbild der dominanten Person A von dem nicht-dominanten, untergeordnetem Partner B bestätigt wird und nicht in Frage gestellt werden darf, da letzterer keine Definitionsmacht über die dominante Person A hat. Widerspricht das kommunizierte Selbstbild von A nun grundlegend dem Fremdbild, das B

Störungen in komplementären Kommunikationsformen

Störungen durch komplementäre, widersprüchliche Selbst- und Fremdbilder

von A hat, gerät B in die paradoxe und schwer erträgliche Situation, dass er sein eigenes Bild von A aufgeben muss, wenn er die (zwar problematische aber stabile) komplementäre Unterordnungs-Beziehung zu A nicht gefährden will. Und dies bedeutet ja nicht nur, einfach ein etabliertes Bild gegen ein anderes auszutauschen, sondern stellt auch die eigene Urteilskraft und somit auch das eigene Selbstbild mit in Frage. Solche dauerhaften Konstellationen sind ebenso wie fortwährende symmetrische Eskalationen hochgradig problematisch, und zumeist auch nur durch professionelle externe Moderation oder auch Therapie zu klären. Watzlawick, Beavin und Jackson (1969: 105) sprechen für diese Form von Beziehungen lakonisch von einer „mehr oder weniger zufällige[n] Verbindung zweier Individuen, deren Charakterdeformationen sich gegenseitig ergänzen". Auch diese Störungen lassen sich kaum von einer Seite lösen, sondern nur wenn man von einer höheren Ebene die Gesamtkonstellation betrachtet und die Störung nicht bei einem der Handelnden, sondern in der Beziehung der Beteiligten sucht – und sie auch dort zu beheben versucht.

8 Hinweise und Strategien zur Klärung menschlicher Kommunikationsstörungen

Es gibt kein Regelwissen zur Lösung von Kommunikationsproblemen

Schon diese wenigen Ausführungen zu Störungen in der menschlichen Kommunikation haben hoffentlich gezeigt: So vielfältig die Faktoren sind, die in Kommunikationsprozessen zum Tragen kommen, so vielfältig sind auch die möglichen Problemfelder, aus denen sich Missverständnisse, Beziehungskonflikte und andere Kommunikationsstörungen ergeben können. Wie meist in derart komplexen Gemengelagen ist es keine erfolgversprechende Strategie, Lösungsansätze in Form von Regelwissen lernen zu wollen – etwa in der Form: wenn Problem XY auftaucht, tue Z. Selbst strukturell vergleichbare Situationen sind doch jeweils mehr oder weniger unterschiedlich, je nachdem wer mit wem wann in welcher konkreten Konstellation kommuniziert. Genau deswegen erfordert es Kommunikationskompetenzen zur erfolgreichen Kommunikation, denn anders als Handbuchwissen, das auswendig gelernt und angewendet wird, sind Kompetenzen sozusagen übergeordnete Fähigkeiten, die sich unabhängig von konkreten Situationen und Fällen als handlungsleitend und produktiv erweisen. Hierzu gehören auch Problemlösungsstrategien, die sich unabhängig von konkreten Problemen anwenden lassen.

Strategie Perspektivwechsel

In vielen der Beispiele hat sich bereits eine Strategie zur Lösung von Kommunikationsproblemen als zentral erwiesen, die in unterschiedlichen Fällen auf ganz unterschiedliche Weise produktiv werden kann: systematischer Perspektivwechsel und Metakommunikation. Es ist hoffentlich deutlich geworden, dass Störungen in der Interaktion in den seltensten

Fällen von einer Seite absichtlich und böswillig herbeigeführt werden. Vielmehr leiden zumeist alle Beteiligten unter der als problematisch empfundenen Situation, aus der jedoch oft kein Ausweg gefunden wird. In solchen Fällen die Schuld oder auch nur den Auslöser in einzelnen Faktoren des Kommunikationsprozesses zu suchen oder sie gar einer einzelnen Person zuzuschreiben, greift fast immer zu kurz und geht an dem eigentlichen Problem vorbei. Meist ist es schließlich das oft sogar eingespielte System aus Interaktionen, aus Handlungen, Kommunikationen und Reaktionen, das zu einem Problem führt – dies zeigen sowohl die meist sinnlose Frage nach dem ‚Anfang' bei den unterschiedlichen Interpunktionen von Kommunikationen als auch die Probleme, die in symmetrischen und komplementären Konstellationen entstehen können, die immer durch alle Beteiligten hergestellt und erhalten werden. Lenkt man hingegen die Aufmerksamkeit von der eigenen Betroffenheit und der Schuld des anderen auf dieses Zusammenspiel, dann ist das in den unterschiedlichsten Fällen ein wichtiger Schritt zur Lösung von Missverständnissen und Konflikten. Durch den Perspektivwechsel auf das Gesamtsystem wird die eigene Beteiligung deutlich – und oft ergeben sich auch hieraus schon eigene Handlungsspielräume: Denn wer den eigenen Beitrag zu einem problematischen Spiel erkennt, kann sich künftig womöglich entscheiden, nicht mehr oder nicht mehr in dieser Form mitzuspielen. Diese Fähigkeit zum Perspektivwechsel im weitesten Sinn – dazu gehört auch Empathie für andere Personen – ist eine zentrale Kompetenz zur Lösung kommunikativer Probleme.

Nicht immer lassen sich Probleme jedoch allein durch die Veränderung des eigenen Verhaltens oder der eigenen Kommunikationsweise lösen. In solchen Fällen wird es meist notwendig, die problematische Kommunikationssituation selbst zum Thema der Kommunikation zu machen, das heißt Metakommunikation zu betreiben. Wie bereits in Kapitel 1.9 gezeigt wurde, ist dies allerdings kein Allheilmittel: Auch Metakommunikation ist eine Form von Kommunikation und somit all den Unwägbarkeiten und potentiellen Problemfeldern unterworfen wie jedes andere Kommunizieren auch. Hinzu kommt, dass das Ansprechen von Konflikten nicht immer auf Zustimmung oder gar Dankbarkeit trifft, denn wer setzt sich schon gerne mit Problemen auseinander und noch dazu mit dem eigenen Anteil an deren Entstehen. Dennoch führt in festgefahrenen Situationen oft kein Weg daran vorbei, das Kommunikationsproblem selbst zum Thema zu machen und offen anzusprechen. Wenn sich dann alle Beteiligten offen und vertrauensvoll beteiligen, lassen sich oft Lösungen für die Probleme finden. Dafür kann es helfen, wenn zunächst nur alle Beteiligten ihre persönliche Sicht der Situation und ihre subjektive Einschätzung des Problems schildern. Dabei sollten alle Positionen zunächst gleichberechtigt nebeneinander stehen, denn es geht ja gerade nicht darum, einen ‚Schuldigen' auszumachen, sondern die verschiedenen Perspektiven auf die Situation offenzulegen, die in der indivi-

Strategie Metakommunikation

duellen Sicht schließlich alle auf ihre eigene Weise ‚richtig' und ‚wahr' sind. So kann im Idealfall der notwendige Perspektivwechsel in der gemeinsamen Konfrontation mit den unterschiedlichen Sichtweisen gelingen. Dabei kann es auch helfen, Analysekategorien, wie Sie sie in diesem Buch kennengelernt haben, anzuwenden. Dies sollte jedoch nicht als Machtmittel oder als Selbstzweck erfolgen, sondern so, dass die Art der Metakommunikation wiederum für alle transparent und auch verständlich, nachvollziehbar und funktional, also problemlösungsorientiert erfolgt.

Blick von außen erleichtert Perspektivwechsel

In besonders schwierigen und komplexen Situationen kann es sein, dass der individuelle Perspektivwechsel und die gemeinsame Metareflexion und Metakommunikation nicht möglich sind oder nicht glücken. In solchen Fällen kann es sinnvoll oder geradezu notwendig sein, Hilfe von außen zur Lösung des Problems heranzuziehen. Dies muss nicht immer ein Kommunikations-Coach, Supervisor, Therapeut oder ein anderer ‚Profi' sein. Oft hilft auch bereits ein unbeteiligter Blick von außen durch einen möglichst unbefangenen Bekannten, Freund oder Kollegen, um eine neue und produktive Perspektive auf ein entstandenes Problem oder eine festgefahrene Situation zu gewinnen. Andere um Rat zu bitten ist kein Zeichen für Schwäche oder Scheitern, sondern vielmehr ein Zeichen für Stärke und Problembewusstsein. Ein solcher Schritt mag nicht leicht fallen, aber es ist allemal besser, externe Hilfe in Anspruch zu nehmen, als sich dauerhaft einer (womöglich gar eskalierenden) problematischen Kommunikationssituation auszusetzen – egal ob an der Universität oder am Arbeitsplatz (Stichwort ‚Mobbing') oder in Freundschaften und Partnerschaften.

Probleme sind nicht ‚da', sie werden gemacht

Abschließend möchten wir noch kurz auf eine letzte Problemlösungsstrategie eingehen, die vielmehr eine Problem-Auflösungs-Strategie ist. Sie geht davon aus, dass es keine ‚objektiven' Probleme in der Welt unabhängig von Beobachtern gibt. Ein Problem ist immer ein Problem *für jemanden*. Die oben beschriebenen Lösungsstrategien greifen vor allen Dingen dann, wenn mehrere Personen eine Situation als problematisch, störend oder konfliktreich empfinden. Es gibt aber auch Konstellationen, in denen nur ein oder wenige Kommunikationsteilnehmer die Situation als problematisch empfinden. Für die einen ‚gibt' es ein – womöglich gravierendes – Problem, das für andere überhaupt nicht vorhanden ist. In solchen Konstellationen lohnt es sich, das Konzept ‚Problem' selbst zu problematisieren und zur Diskussion zu stellen: Was wird mit welchen Gründen von wem als problematisch erlebt? Wer hat das Recht, eine Situation als problematisch zu beschreiben und diese Beschreibung durchzusetzen und auf Veränderung zu pochen, und wer nicht? Dass auch Probleme perspektivenabhängig sind, ist eine wichtige Erkenntnis, die weitere Lösungsmöglichkeiten eröffnet: In manchen Fällen mag es sinnvoll sein, die Kriterien aufzugeben, nach denen eine Situation problematisch erscheint; das heißt übrigens nicht, einen Konflikt zu ignorieren oder den Kopf in den Sand zu stecken. Aber vielleicht sind in manchen Fällen die Ansprüche zu hoch oder die Erwartungen zu groß, als dass sie erfüllt werden könnten. Wer zum Beispiel unerfüllbare Hoffnungen in Kommunikation oder jede soziale Interaktion steckt, wird die so entstehenden Probleme nicht lösen können, sondern nur dadurch auflösen, dass er seine Erwartungen korrigiert. Genauso wichtig kann es aber auch in anderen Fällen sein, selbst wenn man in der Minderheit ist, auf der Problematik einer Situation zu beharren. Dies muss keineswegs mit dem Verweis auf ein ‚objektives' Problem erfolgen, sondern unter dem Hinweis darauf, subjektiv unter einer Situation zu leiden. Ebenso ist es wichtig, offen und sensibel für die Probleme anderer zu bleiben. Auch wenn ich selbst kein Problem sehe, können andere unter dem eigenen Verhalten oder einer bestimmten Situation leiden. Darüber nicht hinwegzusehen, sondern die Subjektabhängigkeit von Problembewusstsein anzuerkennen, ist eine weitere wichtige Problemlösungskompetenz.

9 Problemvermeidung durch partnerschaftliche und zielorientierte Kommunikation

Noch besser als erfolgreich kommunikative Probleme zu lösen, ist es, von vorneherein so zu kommunizieren, dass möglichst wenig Probleme entstehen. Dabei ist es grundsätzlich wichtig, zu akzeptieren, dass Kommunikation störungsanfällig ist. Es kann also nie das Ziel sein, zu einem ‚perfekten' Kommunikator zu werden, der ohne Missverständnisse und Konflikte durchs Leben geht – eine geradezu unmenschliche, beängstigende Vorstellung. Dennoch gibt es einige Orientierungspunkte, die helfen können, in Kommunikation Probleme nicht (oder weniger gravierend) aufkommen zu lassen.

In dem Kapitel über ethische Aspekte von Kommunikation (vgl. Kapitel 3.9) haben wir bereits auf einige an Alltagsmoral orientierte Grundregeln hingewiesen. In diesem Zusammenhang geht es um faire und partnerschaftliche Kommunikation, die die eigene Position nicht absolut setzt, sondern die anderen Kommunikationspartner als prinzipiell gleichwertig akzeptiert. Gleichwertig muss dabei nicht gleichrangig oder gleichberechtigt heißen: Wie wir bereits gezeigt haben, kann es durchaus funktionale und für beide Seiten sinnvolle hierarchische, komplementäre Kommunikationssituationen geben. Aber diese Hierarchien sollten keine Bewertungen der Teilnehmer als ‚besser' oder ‚schlechter' implizieren – schließlich brauchen beide Seiten einander, denn nur durch die gegenseitige Ergänzung machen die jeweiligen Rollen Sinn: Mutter und Kind, Arzt und Patient, Chef und Angestellter, Professor und Student sind nicht gleichberechtigt, aber ebenso wenig wäre es sinnvoll davon zu sprechen, die Mutter hätte einen höheren Wert als das Kind, sei besser

Besser als Probleme zu lösen, ist es, sie zu vermeiden

Partnerschaftliche Kommunikation

und dergleichen. Dies Anzuerkennen ist ein erster wichtiger Schritt zu partnerschaftlicher Kommunikation, die davor schützt, die eigene Position und die eigenen Interessen absolut zu setzen und entweder immer wieder in Konflikte zu geraten oder aber so durchsetzungsstark auf der eigenen Positionen zu beharren, dass irgendwann eine Reihe kommunikativer Leichen den eigenen Lebensweg pflastert.

Partnerschaftliche *und* zielorientierte Kommunikation – ein Widerspruch?

Der Hinweis auf die Bedeutung partnerschaftlicher Kommunikation mag ein wenig harmonieorientiert, vielleicht gar allzu idealistisch wirken. Naiv wäre er jedoch nur dann, wenn man davon ausgeht, dass partnerschaftliche und zielorientierte Kommunikation Widersprüche sind. Denn selbstverständlich geht es bei Kommunikation immer auch um das Erreichen von Zielen, seien sie bewusst oder unbewusst, eher strategisch-instrumentell, verständigungsorientiert im HABERMAS'schen Sinne oder auch kollegial, persönlich oder emotional-atmosphärisch. Jede Kommunikation hat in der einen oder anderen Form Appell-Charakter. Doch es ist die Frage, wie man mit seinen Zielen umgeht, an der sich entscheidet, ob sich partnerschaftliche und zielorientierte Kommunikation vereinbaren lassen.

Prinzipien zielorientierter Kommunikation

Ein erster wichtiger Schritt für funktionale *und* faire zielorientierte Kommunikation ist es, sich mit den eigenen Zielen überhaupt auseinanderzusetzen. Dies gilt nicht in jeder Situation gleichermaßen, doch je formalisierter der Kontext, desto wichtiger ist es, ein Ziel- und Funktionsbewusstsein für die eigene Kommunikation zu entwickeln. Dies gilt vor allem in schulischen, universitären oder anderen beruflichen Bereichen. In diesen institutionalisierten Kontexten steht Kommunikation in der Regel in einem klaren funktionalen Zusammenhang. Dabei ist es auch ein Gebot der Fairness, mit den Zielen einerseits transparent umzugehen, andererseits aber auch geeignete Mittel zu wählen, um diese Ziele zu erreichen. Dies klingt sehr zweckrational, ist es aber keineswegs: Wer zum Beispiel ein ausschließlich individuelles Problem in einem Seminar oder einer Teambesprechung klären möchte, stiehlt der Mehrheit der Anwesenden die Zeit, wenn er es öffentlich thematisiert. Besser wäre es, ein persönliches Gespräch zu suchen – bei vorheriger Reflexion über die Funktionen und Ziele der Kommunikation wäre dies deutlich geworden. Auch ist es durchaus im Sinne partnerschaftlicher Kommunikation in Verbindung mit der eigenen Zielorientierung, sich auf das Vorwissen, die Bedürfnisse und Erwartungen der Kommunikationspartner einzustellen und den Kommunikationskontext zu berücksichtigen. So erreichen Sie nicht nur Ihre Ziele mit höherer Wahrscheinlichkeit – zugleich signalisieren Sie auch, dass Sie Ihr Gegenüber als Personen und in ihren jeweiligen Rollen anerkennen und sich in Ihrer Kommunikation auf die Personen einstellen.

Schließlich gehört im Zusammenhang mit Problemlösungskompetenz bzw. Problemvermeidung auch Flexibilität in der eigenen Zielorientierung zu den wichtigen Kompetenzen: Wer, koste was es wolle, stur an seinen Zielen festhält, wird nicht nur öfter scheitern, sondern zugleich auf dem Weg auf eine Reihe von Hindernissen stoßen und Missverständnisse und Konflikte ertragen müssen. Weil Kommunikation eben keine Einbahnstraße ist, muss jeder bereit sein, auch in seinen Zielen auf die anderen Teilnehmer einzugehen. Die geforderte Flexibilität ist aber erst dann wirklich sinnvoll, wenn sie mit dem oben geforderten Ziel- und Funktionsbewusstsein in der Form einhergeht, dass Ziele priorisiert, das heißt nach Wichtigkeit abgestuft, werden. Für bestimmte Ziele lohnt es sich zu kämpfen, andere können vergleichsweise leicht aufgegeben werden. Wer für sich klare Vorstellungen hat, dem wird es wiederum leichter fallen, offen zu kommunizieren und gleichzeitig zu verdeutlichen, wo man zu partnerschaftlichen Kompromissen bereit ist und wo nicht.

Priorisierung und Bereitschaft zur Zielmodifikation

1 Kommunikationskompetenz als Bündel von Fähigkeiten

*„So sind Kommunikation und Persönlichkeitsbildung
zwei Seiten derselben Medaille."*
(FRIEDEMANN SCHULZ VON THUN 1981: 265)

„Verstehen und Liebe sind nicht zwei Dinge, sondern eins."
(THICH NHAT HANH 1992: 100)

Konzept der Kommunikationskompetenz verknüpft Theorie und Praxis

Nachdem Sie bis zu diesem Kapitel ausführlich eine Reihe von Theorien zur Kommunikation und zuletzt ‚klassische' Problemfälle menschlicher Kommunikation kennengelernt haben, soll im Folgenden die Anwendung dieser Modelle und Theorien im Vordergrund stehen. Dabei bildet dieses Kapitel sozusagen den Brückenschlag zwischen Theorie und Praxis – und diesen Brückenschlag leistet genau der Begriff der ‚Kommunikationskompetenz', der somit diesem Band nicht nur den Titel gibt, sondern auch im übertragenen wie im wörtlichen Sinn im Mittelpunkt dieses Buches steht. Das Konzept der Kommunikationskompetenz kann insofern Theorie und Praxis miteinander koppeln, als die Entwicklung und Schärfung von Kommunikationskompetenz nur im harmonischen Zusammenklang von theoretischer Reflexion und praktischer Anwendung gelingen kann. Dabei orientiert das Ziel, Ihre Kommunikationskompetenzen zu stärken, unsere Auswahl der in diesem Buch vorgestellten Theorien, die jeweils im Hinblick auf ihren Anwendungsbezug ausgewählt worden sind. Die später folgenden Praxisbezüge wiederum können auf die theoretischen Erkenntnisse aufbauen und mit den entwickelten Begriffen und Analysekategorien erläutert werden. So lernen Sie nicht, wie schon mehrfach betont worden ist, schematisches Handbuchwissen oder Verhaltensregeln, sondern werden im besten Fall in die Lage versetzt, auf Basis von reflektierten Erkenntnissen und mit praktischen Beispielen Ihre Kommunikationskompetenz jenseits von konkreten Einzelfällen grundsätzlich und selbständig lebenslang zu entwickeln.

Kommunikationskompetenz ist mehr als nur eine Fähigkeit

Dabei sollte in den vorangegangenen Kapiteln bereits deutlich geworden sein, dass die Rede von Kommunikationskompetenz im Singular in gewisser Weise irreführend ist. Vielmehr erfordert erfolgreiches Kommunizieren ein ganzes Bündel an Fähigkeiten und Kompetenzen, die jeweils gleichzeitig und je nach Situation und Kontext in unterschiedlichen Gewichtungen zum Einsatz kommen. Kommunikationskompetenz verwenden wir also nur insofern in der Einzahl, als wir es als Überbegriff bzw. als Sammelbezeichnung für ein breites Spektrum an Fähigkeiten verstehen, die in Kommunikationsprozessen zum Tragen kommen. Insofern lässt sich Kommunikationskompetenz auch nicht durch einige wenige einfache Übungen lernen. Es müssen vielmehr ganz unterschiedliche

Kompetenzen und Fähigkeiten ausgebildet und gestärkt werden. Diese Kompetenzen lassen sich durchaus analytisch trennen, auch wenn sie in der Praxis gemeinsam benötigt werden. Und auch wenn man seine Aufmerksamkeit zwischen den verschiedenen Aspekten verschieben kann, wird man doch, wenn man sich um reflektiertes Kommunizieren in der Praxis bemüht, stets eine Vielzahl von Kompetenzen gleichzeitig ‚trainieren' bzw. weiterentwickeln.

Im Folgenden werden wir die aus unserer Sicht zentralen Fähigkeiten und Kompetenzen für erfolgreiche Kommunikation einzeln nach unterschiedlichen Aspekten von Kommunikation gegliedert vorstellen. Dabei verstehen wir unter ‚erfolgreicher' Kommunikation nicht in erster Linie das Durchsetzen eigener Ziele, sondern eine Kommunikation, die wie oben beschrieben partnerschaftlich und zielorientiert zugleich ist und so auf interpersonales Verstehen jenseits von naiven Verständigungshoffnungen oder von Harmoniesucht ausgerichtet ist. Denn nach unserem Verständnis gehört es zur Kommunikationskompetenz dazu, in Kommunikation als sozialer Praxis nicht rein egoistisch zu agieren. In diesem Sinne sind Kommunikationskompetenzen auch dezidiert soziale Kompetenzen und nicht primär sprachliche oder rhetorische Fähigkeiten, die allein der effizienten Zielerreichung dienen würden.

Kommunikationskompetenz ist mehr als nur _eine_ Fähigkeit

2   Persönliche Voraussetzungen für überzeugende Kommunikation

Was müssen Sie also ganz konkret tun und was müssen Sie mitbringen, wenn Sie kompetent kommunizieren wollen? Wenn Sie dieses Buch bis hierhin aufmerksam gelesen haben, dann werden Sie an dieser Stelle keine Checkliste zum Abhaken mehr erwarten, was Sie tun oder schon können müssen. Wenn eine der zentralen Forderungen für erfolgversprechende Kommunikation lautet, sie müsse personal glaubwürdig und authentisch sein, dann gibt es nicht den einen ‚Typ' Mensch oder das eine Bündel von Eigenschaften und Voraussetzungen, die jemanden zum geborenen oder gelernten Top-Kommunikator machen. Ein zurückhaltender, eher in sich gekehrter Mensch kann ebenso überzeugend argumentieren wie ein extrovertierter Selbstdarsteller – aber ‚ebenso' heißt gerade nicht ‚auf die gleiche Art', sondern nur ‚in gleichem Maße'.

Es kann keine Checkliste von notwendigen Eigenschaften oder Voraussetzungen geben

Es gilt also, auch und gerade in der Kommunikation, die ja immer auch Selbstoffenbarung ist, einen Stil und eine Form zu finden, die personal angemessen ist und mit der Sie selbst sich wohl fühlen. Hierzu ist Selbst-Bewusstsein zunächst nicht in dem Sinne gefragt, von sich selbst übermäßig überzeugt zu sein; aber Sie sollten über ein reflektiertes Selbst-Bild, über eine klare Vorstellung von eigenen Vorlieben, Zielen, Stärken

Selbst-Bewusstsein als doppeltes Ziel

und Schwächen verfügen. Aus einer solchen selbstbewussten Haltung zur eigenen Person können Sie auch ein Gespür dafür entwickeln, welche Kommunikationsformen Ihnen angemessen sind, was künstlich oder unehrlich wirken würde – aber auch, wo Sie an sich arbeiten sollten, Schwächen kompensieren oder Ängste überwinden lernen sollten. In dieser Hinsicht wird Selbstbewusstsein zum doppelten Ziel: als Fähigkeit zur Selbst-Reflexion einerseits, und als Fähigkeit zum selbstbewussten, überzeugten Umgang mit dieser Selbsteinschätzung andererseits. Sie müssen keine breite Brust haben und der geborene Schauspieler sein, um zum Beispiel erfolgreich vor Menschen sprechen zu können, Referate halten oder Projektergebnisse präsentieren zu können. Es reicht völlig, wenn Sie eine realistische Einschätzung Ihrer Stärken und Schwächen sowie ein entspanntes Verhältnis zu Ihrem Gegenüber und der jeweiligen Situation haben, und zum Beispiel lernen, mit Nervosität und Unsicherheit umzugehen.

Bereitschaft zur Selbst-Entwicklung

Zu viel Selbstbewusstsein im Sinne von Selbstverliebtheit ist der Entwicklung von Kommunikationskompetenz (und jeder anderen Kompetenz) sogar eher abträglich bzw. hinderlich. Wer völlig davon überzeugt ist, schon alles perfekt zu können und überhaupt ein ganz toller Typ zu sein, der wird wenig Motivation haben, neue Fähigkeiten zu erwerben und sich Herausforderungen in der Entwicklung der eigenen Persönlichkeit zu stellen. Eine Bereitschaft zur Selbst-Entwicklung, auch eine Lust am Lernen und am Ausprobieren ist somit für jede Form von Kompetenzentwicklung zentral. Dazu gehört auch, jedes Perfektionsstreben aufzugeben – niemand ist perfekt, und es ist auch kein realistisches Ziel, in irgendeinem Bereich Perfektion zu erreichen. Die Entwicklung von Kompetenzen sollte vielmehr – so abgedroschen das klingen mag – als Prozess lebenslangen Lernens angesehen werden, den es nie abzuschließen gilt, sondern der immer wieder neue Anstöße und Anreize erhalten und auf durchaus auch lustvolle Art das Leben und das selbst-bewusste Verhältnis zur eigenen Person in Spannung halten kann.

Bereitschaft zur De-Zentrierung als Basis für Perspektivwechsel

Über den grundlegenden Aspekt des ‚selbstbewussten Selbst-Bewusstseins‘ hinaus gibt es noch einige weitere hilfreiche Eigenschaften bzw. Haltungen, die für erfolgreiche Kommunikation unabhängig von Stilen und persönlichen Stärken und Schwächen hilfreich sind. Sie haben schon mehrfach gesehen, dass gelingende Kommunikation sehr viel mit der Bereitschaft und Fähigkeit zum kontinuierlichen Perspektivwechsel zu tun hat. Diese verlangt eine gewisse Distanz zum eigenen Ego – was keineswegs ein Widerspruch zum oben eingeforderten Selbst-Bewusstsein ist. Vielmehr ist Selbst-Bewusstsein eine grundlegende Voraussetzung für die Fähigkeit, die eigene Perspektivgebundenheit zu erkennen und sich auf andere und abweichende Sichtweisen einzulassen. Nur wer sozusagen ‚einen Standpunkt hat‘ (und diesen kennt), kann sich von dort aus souverän fortbewegen und zurückfinden, ohne orientierungslos zu werden.

Diese Fähigkeit ließe sich als Fähigkeit zur De-Zentrierung bezeichnen, also als Fähigkeit, sich nicht zum Mittelpunkt der Welt zu erheben und von dem eigenen Egoismus und der eigenen Egozentrik abzusehen. Sie hängt zusammen mit einem auf Gleichberechtigung aufbauenden Menschenbild und einer grundsätzlichen sozialen Orientierung bzw. einem Willen zur gesellschaftlichen Einbindung der eigenen Person – reine Einzelkämpfer haben es schwer in der Kommunikation, auch wenn sie in bestimmten Bereichen durchaus erfolgreich sein können.

Selbst wenn man noch so offen auf andere Menschen zugeht, nicht immer wird einem dies gedankt werden. Jeder Mensch erlebt Ausgrenzung, Zurückweisung, Ungerechtigkeiten, Missverständnisse und Konflikte und als Resultat häufig das Gefühl von Hilf- und Ratlosigkeit oder Überforderung. Und auch die Ziele, die Sie sich selbst für Ihre eigene Entwicklung sowie für die Schärfung Ihrer Kommunikationskompetenzen setzen, werden Sie nicht immer erreichen. Angesichts der unvermeidlichen Erfahrungen von Scheitern, sei es durch ein Verfehlen selbst gesetzter Ziele oder sei es ein Scheitern in der Kommunikation mit anderen, gehört es schließlich zu den zentralen Kompetenzen, Frustrationstoleranz zu entwickeln. Jeder Mensch geht mit Niederlagen anders um, und auch hier gibt es nicht den einen sinnvollen Weg. Doch Sie sollten sich von vorneherein damit auseinandersetzen, dass Kommunikation immer auch ein Wagnis ist und in den seltensten Fällen so verläuft, wie Sie sich dies vorher wünschen oder ausmalen. Fatal wäre es nur, wenn Sie sich von negativen Erfahrungen abschrecken oder entmutigen lassen. Der irische Schriftsteller SAMUEL BECKETT hat hierzu ein hilfreiches Motto geprägt: „Ever tried. Ever failed. No matter. Try again. Fail again. Fail better."

Umgang mit Scheitern und Frustrationstoleranz

ÜBUNG

Versuchen Sie zum Beispiel in einer Art Brainstorming, eine Bestandsaufnahme Ihrer persönlichen kommunikativen Fähigkeiten zu erstellen: Was gelingt Ihnen in Kommunikation gut? Wo sind Sie mit sich unzufrieden, wo möchten Sie sich verbessern?

Versuchen Sie anschließend, die Ergebnisse zu systematisieren. Hängen Ihre Stärken und Schwächen jeweils mit bestimmten Situationen, Kontexten oder spezifischen Kommunikationsformen zusammen? Oder ziehen sich Ihre Eigenschaften durch alle Kontexte hindurch, zum Beispiel wenn Sie sich als zu schüchtern oder auch zu vorlaut empfinden?

Üben Sie De-Zentrierung und Perspektivwechsel im Alltag bewusst ein. Versuchen Sie, regelmäßig die Sichtweise Ihrer Kommunikationspartner einzunehmen, und überlegen Sie sich, wie Ihr Verhalten auf diese wirken mag.

Bemühen Sie sich schließlich um einen gelassenen (nicht gleichgültigen!) Umgang mit Erfahrungen des Scheiterns. Wie können Sie eigene Fehler aber auch unverschuldete Niederlagen verarbeiten, ohne demotiviert zu werden oder sich grundsätzlich in Frage gestellt zu sehen? Was sind Ihre Stärken, die Sie problematische Phasen überwinden lassen?

3 Sprachliche Fähigkeiten zur Vermittlung klarer Botschaften

Sprache als zentrales Instrument für Kommunikation

Die oben beschriebenen persönlichen Voraussetzungen für erfolgreiche Kommunikation beschreiben weitgehend ganz übergreifende Einstellungen, Haltungen oder Kompetenzen, die grundsätzlich hilfreich und relevant sind. Darüber hinaus erfordert Kommunikation noch einige sehr viel spezifischere Fähigkeiten. Unabhängig von der großen Bedeutung nonverbaler Kommunikationsformen oder auch visueller oder musikalischer Zeichensysteme ist doch Sprache das zentrale Instrument, das wir für bewusste zwischenmenschliche Kommunikationen nutzen (vgl. auch COLE 2003).

Fremdsprachen zeigen: Sprachkompetenz ist nicht selbstverständlich

Doch es ist keineswegs selbstverständlich, eine Sprache zu beherrschen. Dies erfahren wir spätestens, wenn wir nach der Muttersprache, deren Erwerb praktisch unbemerkt in der kindlichen Sozialisation erfolgt, eine Fremdsprache lernen wollen oder müssen. Auf einmal ist nichts an Sprache mehr selbstverständlich: Kein Wort, kein Satzaufbau, keine Konjugation oder Deklination, keine Zeitenbildung. Im Versuch, Aussagen in der fremden Sprache zu formulieren, stoßen wir allenthalben auf die Grenzen unserer Sprachkompetenz: Uns fehlen ganze Wörter oder die Regeln, um diese richtig zu bilden, uns fehlt grammatikalisches Wissen, oder es fehlen auch einfach nur die Konjunktive oder andere Wörter, um bestimmte logische Verbindungen oder auch Verneinungen zu bilden. Kurzum: Wir haben das Gefühl, ‚uns' nicht ‚ausdrücken' zu können, und erst in einem langen Lern- und Anwendungsprozess können wir irgendwann an einen Punkt geraten, an dem eine fremde Sprache uns wenigstens annähernd so vertraut und ‚natürlich' erscheint wie die eigene Muttersprache.

Herausforderung Muttersprache

Nun ist es aber keineswegs so, dass in Bezug auf die Muttersprache jeder Mensch über die gleichen Fähigkeiten verfügt. Doch gerade weil sie uns sozusagen als das natürlichste der Welt erscheint, machen wir es uns selten bewusst, welche sprachlichen Fähigkeiten, aber auch welches Entwicklungspotential wir in Bezug auf die eigene Sprache haben. Dabei ist eine hohe sprachliche Kompetenz eine der Kernvoraussetzungen, um verständliche, aber auch differenzierte und komplexe Aussagen treffen zu können. Und erst wer ein möglichst breites und umfassendes Sprachvermögen hat, kann auch in unterschiedlichen Situationen angepasst (im obigen Sinne), stimmig und erfolgreich kommunizieren. Hierzu müssen, wie oben beschrieben worden ist, verschiedene Register beherrscht werden, die jeweils über unterschiedliche Regeln, ja zum Teil auch über ganz unterschiedliche Vokabeln verfügen.

Doch wie lernt man es, die eigene Sprache besser zu beherrschen? Soll man Vokabeln pauken wie für Englisch, Französisch oder Latein? Grammatikregeln lernen? Schaden kann dies sicher nicht. Aber viel ist auch schon gewonnen, wenn Sie auch die eigene Sprache nicht als gegeben hinnehmen, sondern wie ein Instrument ansehen, dass man nur bruchstückhaft, gut oder virtuos beherrschen kann – und selbst der beste Pianist kann noch besser werden. Mit einem solchen Blick lernen Sie automatisch zu jedem Zeitpunkt mehr über Ihre Sprache und steigern Ihre sprachlichen Ausdrucksmöglichkeiten. Ihnen begegnet ein Wort, das Sie noch nicht kennen? Schlagen Sie es nach und versuchen Sie zum Beispiel, seine Wurzeln und Verwandtschaften zu anderen Wörtern zu verstehen. Und setzen Sie sich Sprache bewusst aus: Allein schon wer viel und viel Unterschiedliches liest – von Tageszeitungen über Sachbücher, Romane, Lyrik bis zu Comics – lernt eine solche Fülle von Umgangsformen mit Sprache kennen, dass sich quasi im Vorbeigehen die eigenen Fähigkeiten mitentwickeln und dass ein Verständnis für verschiedene Stile, Genres und Register wächst.

Sprache als Instrument

> **ÜBUNG**
>
> Die wichtigste und zugleich einfachste Übung zur Entwicklung sprachlicher Fähigkeiten ist, wie wir gezeigt haben, der bewusste Umgang mit Sprache. Sie sind andauernd sprachlichen Zeichen ausgesetzt, mündlich und schriftlich und in den verschiedensten Formen und Formaten. Achten Sie darauf, wie andere Menschen in unterschiedlichen Kontexten sprechen. Versuchen Sie auch, verschiedene schriftliche Stile und Genres bewusst wahrzunehmen – allein in einer Zeitung finden Sie ganz unterschiedliche Arten von Texten, vom Bericht über den Kommentar bis zur satirischen Glosse. Wie unterscheiden sich diese Textsorten (vgl. Kapitel 7.3) im Hinblick auf Ihre sprachliche Gestaltung? Welchen Effekt erzielen die unterschiedlichen Formen?
>
> Wenn Sie mit solchen Fragen immer wieder unterschiedliche Texte oder auch Gespräche analysieren, werden Sie viel über Sprache und ihre Möglichkeiten lernen. Versuchen Sie dabei, neugierig in Bezug auf die eigene Sprache zu bleiben: Jedes neue Wort, das Sie kennenlernen, erweitert Ihre Ausdrucksmöglichkeiten. Gehen Sie spielerisch mit Sprache um! Versuchen Sie selbst, verschiedene Arten von Texten zu schreiben, und imitieren oder parodieren Sie beispielsweise dabei verschiedene Stile, Textgattungen oder Genres (für weitere Tipps vgl. Kapitel 7.3 bis 7.6).

4 Zuhörfähigkeit und Empathie als Voraussetzung für Perspektivenübernahme

So wichtig Sprachkompetenz ist – für erfolgreiche Kommunikation wird sie allein nicht reichen. Denn bekanntermaßen geht es bei Kommunikation ja nicht um einen einseitigen linearen Prozess. Wenn Sie reden,

Wer reden will, muss auch zuhören können

erwarten Sie zu Recht, dass man Ihnen zuhört. Und ebenso müssen auch Sie selbst zum Zuhören fähig sein. Manch einer mag jetzt einwenden, dies sei nun wirklich keine besondere Fähigkeit, denn wer Ohren hat, der könne auch (zu-)hören. Aber jeder kennt viele Beispiele von Situationen, in denen man darunter gelitten hat, dass einem eben nicht richtig zugehört worden ist. „Er hatte einfach kein Ohr für mich", sagt man dann enttäuscht und zeigt, dass allein das Vorhandensein des Hörorgans noch lange nicht reicht, um wirklich zu hören. Und auch den umgekehrten Fall kennt jeder, der interessanterweise meist seltener ist: Das beglückende Gefühl, wenn einem sein Gegenüber die volle Aufmerksamkeit schenkt und signalisiert: „Im Moment zählst nur Du für mich. Ich höre Dir zu, nichts anderes interessiert mich." Wer dies einem anderen Menschen vermitteln kann, wird in der Regel einen bleibenden Eindruck hinterlassen, gerade weil die Fähigkeit zum bewussten Zuhören angesichts der unendlichen Ablenkungen, die überall um unsere Aufmerksamkeit buhlen, so selten ist.

Empathie als Grundlage für Perspektivwechsel

Da Kommunikation nicht nur sprachlich oder allein über Töne erfolgt, ist es offenkundig, dass die volle Aufmerksamkeit im Gespräch noch mehr verlangt als nur Zuhören. Auch andere Zeichen sind bedeutsam, und manch ein kommunikativer Fehltritt kann vermieden werden, wenn man ein nonverbales Warnsignal wie ein Stirnrunzeln, einen spöttischen Blick oder eine hochgezogene Augenbraue rechtzeitig erkennt. Eine solche umfassende Aufmerksamkeit für alle Ebenen von Kommunikation lässt sich metaphorisch sozusagen als umfassende Form des ‚Zuhörens mit allen Sinnen' bezeichnen. In diesem Zusammenhang lässt sich dann auch von der Fähigkeit zur Empathie sprechen, also der Fähigkeit, sich in die Lage anderer Menschen zumindest teilweise hineinzuversetzen. Dies erfordert Aufmerksamkeit und die Bereitschaft zum Zuhören. Zugleich ist Empathie die Grundlage für den bereits so oft erwähnten und für erfolgreiche Kommunikation geforderten Perspektivenwechsel, denn dabei geht es ja genau darum, die Sichtweise der anderen Gesprächspartner als gleichberechtigt mit in die eigenen Überlegungen und das eigene Kommunikationsverhalten einzubeziehen.

Zuhören und Empathie als moralisches *und* strategisches Gebot

Im Falle von Zuhören und Empathie treffen sich auch, in vielleicht seltener Einigkeit, moralische und strategische Anforderungen an Kommunikation: Es ist ein Gebot der Höflichkeit und auch der Anerkennung des Gegenübers, diesem im Gegenzug für die Aufmerksamkeit, die man von ihm verlangt, auch selbst möglichst ungeteilte Aufmerksamkeit zu schenken. Zugleich ist aber auch erfolgreiche Kommunikation in Ihrem eigenen Interesse überhaupt nur denkbar, wenn Sie sich auf Ihr Gegenüber einlassen und dessen Reaktionen, Einwände und Zustimmung wahrnehmen und wiederum selbst darauf reagieren. Durch aufmerksames Zuhören und Zuwendung tut man also nicht nur anderen einen Gefallen, sondern auch sich selbst.

ÜBUNG

Aktives Zuhören zu üben, versetzt Sie gewissermaßen in eine paradoxe Lage: Während es Ihre Aufgabe ist, Ihrem Gegenüber die volle Aufmerksamkeit zu geben, müssen Sie sich zugleich als Zuhörer beobachten – und lenken sich dabei gewissermaßen selber ab. Dennoch geht es nicht ohne diesen Spagat: Versuchen Sie im Alltag, in Gesprächen besonders aufmerksam zu sein. Beobachten Sie auch andere und deren Gesprächsverhalten: Wann fühlen Sie sich ernst genommen, was gibt Ihnen das Gefühl, dass man Ihnen wirklich zuhört?

Überlegen Sie auch, wovon Sie sich selbst im Alltag ablenken lassen. In welchen Situationen sind Sie besonders unaufmerksam? Was könnten Sie tun, um besser zuzuhören und Ihre Aufmerksamkeit zu fokussieren?

Üben Sie schließlich Empathie und versuchen Sie regelmäßige Perspektivwechsel: Wie glauben Sie, ist die Sicht Ihres Gegenübers auf die aktuelle Situation? Was meinen Sie, denkt und empfindet Ihr Gegenüber? Aus welchen Zeichen leiten Sie Ihre Interpretation ab?

5 Affektive und soziale Fähigkeiten zum Aufbau von Beziehungen

Über Empathie hinaus gibt es noch weitere soziale Fähigkeiten, die für Kommunikation von zentraler Bedeutung sind. Die Fähigkeit zur Empathie ist bisher vor allem im Hinblick auf die Notwendigkeit von Perspektivwechseln erörtert worden. Doch was folgt aus der Anerkennung der eigenständigen und gleichwertigen Sichtweise anderer Personen? Sie können mit der Erkenntnis, dass Ihre Gesprächspartner andere Sichtweisen haben, sehr unterschiedlich umgehen. Sie können die anderen Sichtweisen akzeptieren, aber auch ablehnen, bagatellisieren, also kleinreden, oder aber sie für eigene Zwecke instrumentalisieren. In einem rein strategischen Kommunikationsverständnis wäre eine Instrumentalisierung möglicherweise eine kurzfristig erfolgversprechende Strategie. Mit den meisten Menschen haben Sie jedoch mehr als einmal in Ihrem Leben zu tun. Zumeist verbindet Sie ja gerade mit den wichtigen Personen eine lange und andauernde Geschichte aus Kommunikationen und Erlebnissen. Genau darauf verweist bekanntlich die Beziehungsdimension von Kommunikation. Und um langfristig stabile und nachhaltig erfolgreiche Beziehungen – wiederum nicht nur im Sinne von Partnerschaften, sondern in Bezug auf jede menschliche Interaktion – zu führen, benötigen Sie ein Bündel an sozialen und affektiv-emotionalen Fähigkeiten.

Kommunikation als langfristiger Beziehungs-Prozess

Auch in diesem Kontext lässt sich Empathie durchaus als Ausgangspunkt nehmen. Das Anerkennen von anderen Personen und deren eigenständigen Perspektiven ist eine sehr wichtige Voraussetzung für stabile und partnerschaftliche Beziehungen. Über den Perspektivwechsel hinaus muss dazu

Empathie als Ausgangspunkt

aber so etwas wie Respekt und eine Verantwortung für die andere Person bzw. zumindest für die gemeinsame Beziehung folgen. Dies ist mehr als sozusagen eine rein strategische Empathie und kein rein rationaler, also verstandesbezogener Vorgang. Vielmehr verbinden sich dabei emotional-affektive und rationale Aspekte, wie dies angestoßen von dem amerikanischen Psychologen DANIEL GOLEMAN unter dem Schlagwort ‚emotionale Intelligenz' und neuerdings in ähnlicher Weise auch als ‚soziale Intelligenz' propagiert wird (vgl. GOLEMAN 1997 und 2006).

Emotionen als zentrale Dimension menschlichen Erlebens

Die zentrale Bedeutung von Emotionen für das menschliche Erleben und insbesondere auch für Kommunikation ist überraschenderweise lange Zeit von der Wissenschaft sträflich vernachlässigt worden. Unter dem aufklärerischen Bild des rein rationalen Menschen erschienen Gefühle als ein archaisches Überbleibsel aus früheren Zeiten, das für kluge und reflektierte Entscheidungsprozesse und vernünftiges gesellschaftliches Handeln nur hinderlich sei und regelmäßig systematisch in die Irre führe. Heute zählen Emotionen hingegen zu den zentralen Forschungsthemen von der Hirnforschung über die Psychologie bis hin in die Geistes- und Sozialwissenschaften. Auch wenn die Perspektiven auf Gefühle sich von Fach zu Fach unterscheiden, besteht doch Konsens, dass sie zu den wichtigen und ur-menschlichen Eigenschaften gehören.

Emotionen als Basis für Beziehungen

Für das eigene Erleben fällt es nicht schwer, diese Erkenntnis zu akzeptieren. Schwerer jedoch ist es, dies auch für andere Menschen anzuerkennen und auch in der Kommunikation die weitreichende Bedeutung von Emotionen anderer zu respektieren. Dieses Thema klang bereits bei der Unterscheidung zwischen Sach- und Beziehungsebene von Kommunikation an, denn die Beziehungsebene wird zentral von Emotionen getragen und mitbestimmt. Es ist somit für das Führen von Beziehungen allgemein wie speziell für Kommunikation zentral, den Umgang mit den eigenen wie mit fremden Emotionen zu lernen – und zwar auf einer rationalen wie auf einer affektiven Ebene. Rational ist es wichtig, beurteilen zu können, in welchem Maße emotionale Aspekte der Beziehung und der Kommunikationssituation jeweils bestimmend sein können und sollten. Dies hängt offenkundig sehr stark von den jeweiligen Kontexten der Kommunikation ab, und wenige Vorgesetzte, Lehrer oder Professoren werden es (außer in dramatischen Ausnahmesituationen) akzeptieren, wenn Sie auf eine sachbezogene Frage unter Hinweis auf Ihre aufgewühlte emotionale Situation antworten. Zugleich ist es gerade auch in sachorientierten Beziehungen wichtig, die Unvermeidbarkeit emotionaler Aspekte zu akzeptieren und zu respektieren.

Emotionen als Seismograph für Probleme

Emotionen sind nicht zuletzt deshalb so wichtig, weil sie wie ein Seismograph funktionieren können: Wenn Beziehungen instabil oder problematisch werden, erkennen wir dies zumeist wesentlich früher an emotionalen Signalen als durch eine rationale Analyse. In diesem Bereich für die eigenen wie auch für die fremden Bewertungen offen zu sein, ohne deswegen in ausgeprägte Subjektivität und Gefühlsduselei zu verfallen, gehört zu den wichtigen Kompetenzen, um in Kommunikation – verstanden als langfristiger Prozess – erfolgreich zu sein.

<table>
<tr><td>ÜBUNG</td><td>Jeder Mensch bewertet jede Situation, jedes Erleben und Handeln fortwährend – bewusst oder unbewusst – affektiv-emotional. Versuchen Sie, wachsam in Hinblick auf Ihre eigenen Emotionen zu sein. Wann fühlen Sie sich unwohl in einer Kommunikation, welche Arten von Beziehungskonstellationen in Kommunikation sind für Sie unangenehm, bedrohlich, ärgerlich? Welche Beziehungskonstellationen empfinden Sie als angenehm, produktiv, bereichernd und erfreulich? Wie tragen Sie selbst zu positiven oder negativen Beziehungskonstellationen bei? Inwiefern können Sie Ihren Einfluss produktiv nutzen, um eine positive Atmosphäre und eine langfristig funktionale Beziehung zu fördern?
Achten Sie auch auf die emotionalen Bewertungen Ihrer Gesprächspartner, die durch verbale wie nonverbale Kommunikation zum Ausdruck kommen können. Wie können Sie unangenehme Situationen – die bisweilen unvermeidbar sind – durch Ihre Art der Kommunikation erträglicher gestalten? Wie können Sie auch in Konflikten dazu beitragen, dass ein momentaner Disput die Beziehung nicht langfristig gefährdet oder beeinträchtigt?</td></tr>
</table>

6 Sensibilität bei der Formulierung offener und verdeckter Appelle

Schon an den bisher genannten Fähigkeiten und Kompetenzen von Empathie bis zu weitergehender emotionaler Kompetenz zeigt sich, dass die Grenzen zwischen den aufgeführten Bereichen fließend sind bzw. dass die erforderlichen Kompetenzbündel sich überlappen. Je nach dem Aspekt von Kommunikation, den man fokussiert, kommen unterschiedliche Kompetenzschwerpunkte in den Blick, die jedoch zusammenhängen, sich gegenseitig bedingen und alle im weitesten Sinne nicht allein ‚kommunikative‘, sondern weitergehend ‚soziale‘ und auch ‚emotionale Kompetenzen‘ sind. Dies gilt auch, wenn man den stets appellativen Aspekt von Kommunikation betrachtet. Auch in Bezug auf offene und verdeckte Appelle ist nicht nur Empathie wichtig, sondern auch ein emotional adäquater Umgang mit der jeweiligen Beziehungskonstellation. Eine bisher nicht genannte Fähigkeit sei jedoch noch ergänzend hervorgehoben: Sensibilität.

Fähigkeiten bedingen sich gegenseitig

Zweifellos ist Sensibilität im Umgang mit anderen Menschen stets besonders wichtig und nicht nur in Bezug auf Appelle und Ziele von Kommunikation. Wir heben diesen Aspekt jedoch in diesem Zusammenhang

Die Bedeutung von Sensibilität für Appelle

besonders hervor, weil die zielorientierte Seite von Kommunikation diejenige ist, mit der am unmittelbarsten ein Anspruch auf Kontrolle bzw. ein Eingriff – wie unscheinbar dieser auch sein mag – in die Autonomie anderer Menschen einhergeht. Während die Beziehungsebene stets eine Gegenseitigkeit herstellt und dabei alle Partner gleichzeitig an der Etablierung und Entwicklung der Konstellation mitwirken, hat die appellative Ebene von Kommunikation zunächst nur eine Richtung: Tue dies, fühle jenes, stimme mir zu! Dieser Hinweis ist nicht moralisch, kritisch oder abwertend gemeint, da Kommunikation unvermeidbar eine appellative Dimension hat, und ein Appell keineswegs (oder nur in wenigen Kontexten) einen Zwang darstellt. Dennoch sollte jeder, der etwas von anderen Menschen verlangt, ein Bewusstsein dafür haben, dass er mit dem Appell zumindest einen Kontroll- oder Bestimmungsversuch unternimmt und dabei entsprechend reflektiert und sensibel vorgehen.

Offene Appelle

In diesem Zusammenhang sind offene von verdeckten Appellen zu unterscheiden. Offene Appelle sind dabei sogar gewissermaßen unproblematischer: Wer einen Befehl, eine Bitte oder einen Wunsch klar ausspricht, macht sein Anliegen immerhin explizit und eröffnet dem Gegenüber somit – je nach Kontext und institutioneller, sozialer Rahmung – die Möglichkeit, den Wunsch ebenso offen oder auch indirekt abzuweisen oder die Bitte auszuschlagen. Dabei ist es jedoch wichtig zu beachten, welche Appelle in welchen Situationen und gegenüber welchen Personen angemessen sind. Dies ist nicht allein eine Frage von Hierarchien oder Machtpositionen: Sie können als Sprecher einer Gruppe, als Leiter eines Teams oder auch in der Elternrolle durchaus in einer Position sein, sehr weitreichende Aufträge zu erteilen oder Handlungen anzuordnen (bzw. zu verbieten). Nicht immer aber ist es sinnvoll und angemessen, diese Macht auch auszuschöpfen. Vielmehr ist Sensibilität erforderlich, um einerseits einzuschätzen, ob der Appell erstens zumutbar ist, und um ggf. zweitens eine Formulierung zu finden, die von dem Gegenüber nicht als Instrumentalisierung, Bevormundung o.ä. empfunden wird. Wie dies konkret gelingt, ist wie stets von allen anderen Rahmenbedingungen, zum Beispiel der Beziehung zu der Person und der gemeinsamen Vorgeschichte abhängig. Dass jede Form von offenem Appell jedoch prinzipiell die Tendenz zur Anmaßung oder Bevormundung haben kann, sollte man sich bewusst machen und zwar nicht, um auf Appelle zu verzichten, sondern um sie fair, begründet und in jedem Fall für alle Beteiligten akzeptabel zu äußern. Wichtig ist dabei, ‚sensibel' nicht mit ‚entschuldigend' zu verwechseln. Appelle sind nicht an sich schlecht, und so wie wir immer wieder etwas von anderen Menschen möchten oder verlangen, treten diese ja auch an uns mit Bitten und Wünschen heran. Es geht also in vielen Fällen nicht primär um das ‚Ob', sondern lediglich um das ‚Wie' der Appelle.

Menschliche Kommunikation besteht überwiegend, wie Sie wissen, nicht aus expliziten Appellen und Aufforderungen. Doch in den seltensten Fällen ist Kommunikation zweckfrei oder ziellos. Jede Kommunikation lässt sich im Hinblick auf seine (verdeckte) appellative Ebene beobachten. Gerade im Hinblick auf implizite Aufforderungen wird der sensible Umgang mit Appellen noch schwieriger und komplizierter. Schließlich muss der appellative Gehalt von Kommunikation auch für den Sprecher keineswegs immer bewusst sein. Wir erzählen eine Geschichte aus unserem Urlaub in der Regel nicht, weil wir uns vorher eine Strategie zur Herstellung einer vertrauensvollen und persönlichen Atmosphäre überlegt haben. Gerade in engeren Beziehungen findet Kommunikation oft so eingespielt statt, dass sich zwar im Nachhinein ganz verschiedene Intentionen hinein deuten lassen, aber der eine Appell gar nicht eindeutig bestimmen lässt. Dennoch ist es sinnvoll, sich immer wieder vor Augen zu führen, dass Kommunikation stets auch eine Inanspruchnahme anderer Menschen ist bzw. sein kann und von diesen appellativ gedeutet werden kann. Stellen Sie sich vor, Sie sprechen auf einer Party mit einem früheren Partner, der wiederum von seinem neuen Partner begleitet wird. Selbst wenn Sie nur ganz ungezwungen und entspannt plaudern möchten, sollten Sie sich fragen: In welche Lage bringen Sie Ihr Gegenüber mit Ihrer Kommunikation? Was könnte er als Ihre Intention vermuten? Bringen Sie ihn – und sei es nur atmosphärisch und implizit – in einen Konflikt zu anderen Ansprüchen oder Interessen? So wie in diesem Beispiel, sollten Sie stets mögliche (und gar nicht zwingend von Ihnen angestrebte) appellative Wirkungen sensibel mitbedenken. Dies muss keine konstant zu bedenkende Frage sein – aber gerade wenn Ihr emotionaler Seismograph potentielle Probleme andeutet, kann oft ein Auslöser auf dem Feld der verdeckten Appelle liegen, die dem Sprecher gar nicht bewusst oder von ihm intendiert sein mögen.

Verdeckte Appelle

Indirekte oder verdeckte Appelle können selbstverständlich auch bewusst eingesetzt werden. Um ein plakatives und überspitztes Beispiel zu wählen: Wenn Sie endlich einmal nicht im Sommer mit Ihrem Partner an die Nordsee fahren möchten, sondern in den Alpen wandern gehen wollen, kann es hilfreich sein, frühzeitig an passenden Stellen und außerhalb des Kontextes von Urlaubsplanungen Bemerkungen über die Schönheit der Bergwelt, die phantastischen Ferien, die Freunde dort hatten, oder die gesunde Luft fallen zu lassen. Im besten Fall schaffen Sie es, dass Ihr Partner irgendwann selbst den Urlaub in den Bergen vorschlägt und dies für seine eigene Idee hält. Der Kommunikationsstratege in Ihnen würde jubilieren. Solche bewusst sozusagen ,über Bande gespielten' Appelle wie auch andere Formen von indirekten Appellen können spielerisch und harmlos sein, aber potentiell auch besonders manipulativ, weil sie eben nicht offen kommuniziert werden. Wer solche Appelle bewusst einsetzt, sollte durchaus auch moralische Fragen, wie in Kapitel 3.9 angesprochen, bedenken und sensibel nicht im Sinne von ,vorsich-

Der strategische Einsatz verdeckter Appelle

tig', sondern von ‚fair', ‚einfühlsam' und damit dem Gegenüber adäquat vorgehen.

> **ÜBUNG**
>
> Überlegen Sie, in welchen Situationen und in welchen Rollen Sie selbst offene Appelle formulieren. Wie können Sie dabei sensibel vorgehen, ohne entschuldigend zu wirken?
>
> Welche Kriterien müssen erfüllt sein, damit Sie offene Appelle gut annehmen können, und in welchen Fällen regt sich bei Ihnen gegen Appelle Widerstand?
>
> Versuchen Sie immer wieder, im Alltag Kommunikation in Hinblick auf verdeckte Appelle zu untersuchen. Wer verlangt oder erhofft unausgesprochen (vielleicht sogar unbewusst) was von wem? Können Sie sich manchmal Ihre eigenen impliziten Appelle verdeutlichen? Wann überfordern oder verletzen Sie mit Ihren Erwartungen oder Zielen andere Menschen, in welchen Fällen haben Sie selbst bei anderen Ihnen gegenüber unausgesprochene Erwartungen wahrgenommen, die Sie belastet haben? Wie hätte in solchen Fällen eine produktivere Kommunikation ausgesehen?
>
> In welchen Fällen setzen Sie indirekte Appelle bewusst und strategisch ein? Hatten Sie schon einmal moralische Skrupel dabei? Welche Fälle halten Sie für akzeptabel, wo und wann setzt problematische Manipulation ein?

7 Achtsamkeit als Voraussetzung für richtige Situationseinschätzung

Die Situation bestimmt die Kommunikation

Sie haben nun schon zahlreiche Beispiele und theoretische Begründungen dafür gehört, dass die Frage nach angemessener Kommunikation entscheidend von dem Kontext, von der Situation, von institutionellen und sozialen Rahmungen, aber auch von persönlichen Eigenschaften sowie aktuellen Stimmungen der Kommunikationsteilnehmer abhängt. Keiner der zahlreichen Faktoren kann dabei vernachlässigt werden, denn mit jeder Variablen, mit jedem Faktor ändert sich das Ergebnis. Alle genannten Aspekte entscheiden mit darüber, was im spezifischen Fall akzeptable und angemessene und was problematische oder dysfunktionale bzw. kontraproduktive Formen von Kommunikation sind. Es reicht also zum Beispiel nicht, den sozialen Rahmen zu kennen: Wenn Sie an der Universität mit verschiedenen Professoren sprechen, werden Sie feststellen, dass diese auch innerhalb eines Fachs je nach Generation und persönlichen Einstellungen unterschiedliche Erwartungen zum Beispiel im Hinblick auf Respekt, Distanz und Formalität der Kommunikation haben. Zugleich reicht es auch nicht, sich immer auf die Personen einzustimmen. Erstens ist dies angesichts der Unterschiedlichkeit der Menschen kaum zu leisten, und genau deswegen haben soziale Rahmungen ja meist eine entlastende Funktion. Zweitens erfordern unterschiedliche soziale Situationen eben auch unterschiedliche Arten von Kommunikation mit der *gleichen* Person: Wenn Ihr Nachbar auch in Ihrem Sportverein Mitglied ist und zugleich Richter am Amtsgericht, werden Sie ganz unterschiedlich zu ihm sprechen, je nachdem in welcher Rolle er Ihnen gegenübertritt. Mehr über die unterschiedlichen Kommunikationssituationen erfahren Sie später in Kapitel 6. Wie aber können Sie sich auf die verschiedenen Situationen adäquat einstellen?

Zunächst einmal müssen Sie hierzu ein Gespür für die unterschiedlichen sozialen Konstellationen und Situationen entwickeln bzw. weiter schärfen – denn ein grundlegendes Sensorium für die unterschiedlichen Anforderungen in verschiedenen Situationen erwirbt jeder Mensch im Laufe der Sozialisation. Um dieses Gespür weiter zu entwickeln, Feinheiten und Zwischentöne zu erkennen, ist Achtsamkeit die wichtigste Eigenschaft oder Fähigkeit. Vielleicht erhoffen Sie sich – wie auch generell im Rahmen der Kompetenzentwicklung – eine konkretere Hilfe oder auch Aufgabenstellung. Aber Kommunikation ist (leider *und* erfreulicherweise!) komplexer als die meisten anderen sozialen Tätigkeiten, nicht zuletzt weil sich alle sozialen Handlungen auch *als* Kommunikation bzw. im Hinblick auf ihre kommunikative Bedeutung beobachten lassen. Diese Komplexität schränkt, wie schon mehrfach betont worden ist, die Möglichkeiten sehr ein, über einfache Regeln oder kleine Spezialkompetenzen Kommunikation zu verbessern. Abermals ist es keine bestimmte Handlungsanweisung, sondern eine Metakompetenz und eine Haltung, die weiterhilft: Wenn Sie Kommunikation nicht als selbstverständlich betrachten, können Sie mit besonderer Achtsamkeit und Aufmerksamkeit den Alltag wie ein Forschungslabor für unterschiedliche Kommunikations-Konstellationen nutzen. Sie werden feststellen, wie fein justiert Menschen sich auf verschiedene Situationen einstellen, wie unterschiedlich sprachliche und nonverbale Mittel eingesetzt werden können, und wie jede Veränderung auch nur eines Faktors sofort das ganze System verändert: Sobald eine neue Person den Raum betritt, das Telefon klingelt oder das Thema gewechselt wird, ändert sich stets das Zusammenspiel aller Faktoren, und eine neue Situation entsteht, in der andere Regeln für angemessene Kommunikation gelten können als noch zuvor. Dies Komplexität und Dynamik von Kommunikationsprozessen aufmerksam zu beobachten, ist nicht nur lehrreich, sondern auch immer wieder aufs Neue spannend und faszinierend.

Achtsamkeit zur Einschätzung von Situationen

Achtsamkeit hilft Ihnen aber nicht nur zur Einschätzung von Situationen, sondern auch zur Selbstbeobachtung. Dies ist gleich doppelt sinnvoll und notwendig: Erstens sind Sie ja stets Teil der Situation, die Sie beobachten, bewerten und mitgestalten wollen. Sie prägen durch Ihr Verhalten in Ihrer Rolle den Rahmen und die Konstellation der Kommunikation ebenso mit wie die Beziehung der Kommunikationsteilnehmer – und sollten sich dessen auch bewusst sein. Dies gibt Ihnen einerseits ein Gespür für den Gestaltungsspielraum, den Sie selbst auch in formalisier-

Achtsamkeit zur Einschätzung der Angemessenheit eigener Kommunikation

ten Situationen noch haben – andererseits unterstreicht dies aber auch Ihre Verantwortung für die Situation: Wenn Kommunikation scheitert oder problematisch wird, dann haben in der Regel alle mitgewirkt, und das gilt selbstverständlich auch immer für einen selbst, auch wenn es bisweilen schwerfallen mag, sich dies einzugestehen. Darüber hinaus sollten Sie aber die achtsame Selbstbeobachtung nicht nur für die anfängliche Einschätzung einer Situation nutzen, sondern Sie können (und sollten) bei Bedarf kontinuierlich Ihr Verhalten justieren, in dem Sie die Beobachtung der Situation und des Kommunikationsverlaufs mit Ihrem eigenen Verhalten und Ihrem Beitrag zur Kommunikation abgleichen und dies ggf. ändern.

Grenzen der Selbst-Reflexion und der Fremd-Beobachtung

Aber die Selbstbeobachtung ebenso wie die aufmerksame Einschätzung der Situation hat natürliche Grenzen, jedenfalls auf der bewussten Ebene. Sie sollen schließlich nicht wie ein Außenstehender agieren und sich auch nicht fortwährend durch übersteigerte Selbstreflexion selbst ablenken. Wenn Sie jedoch Ihre Achtsamkeit trainieren, kann sich dies ebenso automatisieren wie etwa Fahrradfahren. Sie müssen dann nicht immer über die Situationen nachdenken, sondern verfügen schlicht über ein breites, automatisiertes Repertoire an affektiven und kognitiven Kommunikationskompetenzen sowie sozialer Handlungs- und Kommunikationsspielräume. Einen ohnehin schon recht breiten Grundstock haben Sie im Laufe der Sozialisation, wie wir betont haben, ohnehin bereits erworben, auch wenn dies Menschen vielfach gar nicht bewusst ist. Es gilt also vor allem, diese erworbenen Kompetenzen immer wieder bewusst zu schärfen und zu erweitern, um dann Freiheiten zu gewinnen, so dass Sie sich selbstbewusst auf Ihre unbewussten Beobachtungen und Einschätzungen von Situationen verlassen können und nur noch in Problem- oder Konfliktfällen bzw. in gänzlich neuen Konstellationen in die bewusste Beobachterrolle wechseln müssen.

ÜBUNG

Versuchen Sie, besonders achtsam und aufmerksam verschiedene Kommunikationssituationen zu beobachten: Welche Faktoren wirken mit, die eine Situation Prägen? Welche Konsequenzen hat dies für die Frage, welche Kommunikationsformen jeweils angemessen sind? Wie verändert sich eine Kommunikationssituation fortwährend im Laufe des Kommunikationsprozesses? Welche Faktoren können deutliche Veränderungen auslösen?

Wie stellen Sie selbst sich auf unterschiedliche Situationen ein? Wann reagieren Sie ‚automatisch' oder unbewusst, wann reagieren Sie bewusst bzw. kontrolliert oder bereiten sich vielleicht auch im Vorfeld speziell auf eine Situation vor? Welche Faktoren versuchen Sie zu bedenken, welche Aspekte Ihrer Kommunikation möchten Sie kontrollieren?

Erinnern Sie sich an Situationen, in denen Sie sozusagen ‚überkontrolliert' oder überreflektiert agiert haben und darüber den Bezug zur Situation oder zu Ihrem Gegenüber verloren haben? Was hat dazu geführt?

8 Kognitive Kompetenzen für erfolgreiche Problemlösungen

Viel spricht dafür, Kommunikation in einem weiten Sinn als Problemlösungsprozess zu verstehen. Wie wir oben schon erläutert haben, gibt es Probleme nicht *an sich*, sondern immer nur *für jemanden*. Und sehr oft versuchen wir, unsere subjektiven Probleme durch Kommunikation mit anderen zu lösen. Dabei muss der Begriff ‚Problem' in diesem weiten Verständnis keineswegs rein negativ besetzt gelesen werden oder im Sinne eines großen Rätsels, das es zu lösen gilt. Jede Form von Handlungsfreiheit, von mehreren Optionen, die eine Entscheidung erfordern, kann als ‚Problem' in diesem weiten und neutralen Sinn verstanden werden – und oft können wir Entscheidungen besser fällen, wenn wir uns vorher mit anderen abstimmen und andere Meinungen einholen. Aber auch weitgehend zweckfreie, nicht an ‚große' oder sichtbare Entscheidungen gebundene Kommunikation ist in gewissem Maße eine Form von Problembearbeitung – nämlich des ‚Problems' bzw. der Herausforderung menschlichen Zusammenlebens, das wir möglichst angenehm und sinnvoll gestalten wollen.

Kommunizieren heißt Probleme lösen

Wie Sie u.a. im Kapitel 4 zu Störungen von Kommunikationsprozessen gesehen haben, kann Kommunikation aber auch selbst zum Problem werden, wenn Missverständnisse oder Konflikte entstehen. Aber auch dann kann Kommunikation wiederum zur Problemlösung eingesetzt werden, wie wir es unter dem Stichwort ‚Metakommunikation' immer wieder beschrieben haben (vgl. Kapitel 1.9). So schwierig und kompliziert dies in einzelnen Fällen sein mag, und so sehr man auch mit dem Scheitern solcher Versuche rechnen muss, ist Kommunikation doch offenbar in der Lage, sowohl soziale Probleme zu thematisieren und im Idealfall zu lösen, als auch sozusagen selbst-regulativ oder selbst-korrigierend auf inner-kommunikative Probleme zu reagieren.

Kommunikation kann selbst problematisch werden

Kommunikation bietet Ihnen also vielfältige Möglichkeiten, allgemein soziale und spezifisch kommunikative Probleme zu lösen. Um sich dieser Möglichkeiten erfolgreich zu bedienen, sind bestimmte kognitive Kompetenzen von Vorteil wie zum Beispiel die Fähigkeit zum Denken in komplexen Zusammenhängen, analytisches Denken und abstraktes Denken. Um ein Problem zu beheben, müssen Sie es zunächst in seinen bestimmenden Faktoren und Zusammenhängen erfassen und Hypothesen über mögliche Ursachen und Lösungen bilden. Sie sollten in der Lage sein, in Ihrer Analyse Vorwissen aus anderen, aber strukturell vergleichbaren Situationen zu übertragen, also von der konkreten Situation zu abstrahieren und das Allgemeine, Vergleichbare zu erkennen. Auch wenn dies vielleicht sehr mathematisch-analytisch klingt: Sie müssen kein Logik-Genie sein, um erfolgreich Probleme zu lösen.

Problemlösung erfordert kognitive Kompetenzen

Kommunikation verstehen – erfolgreich kommunizieren

Gleichwohl erweist sich ein fundiertes Verständnis von Kommunikation oftmals als sehr hilfreich, um Probleme in der Kommunikation zu erkennen und zu lösen. Auf eine einfache Formel gebracht, könnte man also sagen, Kommunikation zu verstehen ist zumindest die halbe Miete, um erfolgreich kommunizieren zu können. Andererseits hilft oft auch ein gehöriges Maß an Pragmatismus mindestens so sehr weiter wie übermäßiges Theoretisieren und Analysieren. Ein blindes Ausprobieren ist jedoch in der Regel auch keine Lösung, und so gehört es ebenso zu den kognitiven Kompetenzen, eine geeignete Lösungsstrategie zu finden – die in manchen Fällen analytisch-abstrakt, in anderen pragmatisch-konkret sein wird. Reflektiertes Vorgehen hilft aber in jedem Fall.

Der Einsatz von Kommunikation zur Problemlösung

In welcher Form Kommunikation zur Problemlösung eingesetzt werden kann, hängt wie immer stark vom Kontext und den konkreten Problemen ab. Doch schon auf dem Weg zur Lösungsfindung können Sie durch Kommunikation bereits andere Menschen zu Rate ziehen, um dadurch andere Meinungen und Perspektiven einzubeziehen: Oft ist dies bereits der erste große Schritte zur Lösung oder auch zur Relativierung eines Problems. Genauso kann aber auch Kommunikation selbst schon die Problemlösung darstellen: „Hätten wir doch früher darüber gesprochen", ist ein klassischer Ausruf, wenn ein Problem durch Kommunikation gelöst worden ist und möglicherweise durch offenes Kommunizieren auch von vornherein hätte verhindert werden können. Für einen erfolgversprechenden Einsatz von Kommunikation zur Problemlösung benötigen Sie in jedem Fall Fingerspitzengefühl ebenso sehr wie analytische Klarheit und womöglich auch Selbstvertrauen. Wenn Sie aber Ihre kommunikativen Kompetenzen insgesamt schärfen – kognitive, emotionale und soziale gleichermaßen – dann steht Ihnen durch Kommunikation ein breites Repertoire an Problemlösungsmöglichkeiten in den unterschiedlichsten Konstellationen zur Verfügung.

ÜBUNG

Inwiefern lässt sich Kommunikation als ‚Problemlösen' verstehen? Fallen Ihnen Alltagsbeispiele ein, in denen mit Kommunikation ganz konkrete Probleme gelöst werden? In welcher Form geschieht dies? In welchen Situationen aus Ihrem Alltag haben Sie selbst vor Problemen gestanden? Wie gehen Sie mit Problemen um? Welche Lösungsmöglichkeiten nutzen Sie, wie entwickeln Sie eine Problemlösungsstrategie?

Versuchen Sie, Ihre Fähigkeit zu analytischem und abstraktem Denken zu schärfen. Hierfür gibt es viele Möglichkeiten, angefangen von einer entsprechenden Beobachtung von Alltagssituationen bis hin zu den zahlreichen Magazinen, Büchern oder Computerspielen mit ‚Denksportaufgaben' oder Sudokus. Natürlich wird Ihnen keine dieser Aufgaben helfen, direkt umsetzbare Kompetenzen für kommunikatives Problemlösen zu entwickeln. Aber ein aktives und regelmäßig herausgefordertes Gehirn ist besser darin, kreative und kluge Lösungen auch für vorher unbekannte Herausforderungen zu finden.

9 Hinweise zur Stärkung kommunikativer Teilkompetenzen

Sie haben nun eine Reihe von zentralen Kompetenzen und Fähigkeiten kennengelernt, die für erfolgreiche Kommunikation zentral sind. Die meisten lassen sich nicht so leicht trainieren, wie man zum Beispiel einen Muskel gezielt ausbilden kann. Dennoch sind alle genannten Fähigkeiten keine angeborenen Talente, die man hat oder nicht. Sie alle kann man lernen, auch wenn unterschiedlichen Menschen unterschiedliche Aspekte leichter und schwerer fallen werden. Wir haben uns bemüht, Ihnen jeweils bei den Teilkompetenzen bereits Hilfestellungen und Hinweise zu geben, mit welchen Fragen Sie selbst im Alltag Ihr Bewusstsein für die einzelnen Bereiche stärken und so in der Kombination aus Beobachtung und Reflexion mit der selbständigen Anwendung die eigenen Fähigkeiten weiterentwickeln können.

Kompetenzentwicklung durch Reflexion und Anwendung

Wie wir in den einleitenden Anmerkungen zu diesem Kapitel betont haben, lassen sich die verschiedenen Kompetenzbereiche analytisch trennen, obwohl sie in der Praxis miteinander eng verknüpft sind, aufeinander einwirken und sich gegenseitig bedingen. Auch Sie können Ihre Aufmerksamkeit nicht auf alle Bereiche gleichzeitig lenken und werden unterschiedlichen Bedarf sehen, sich mit einzelnen Teilkompetenzen verstärkt, mit anderen weniger auseinanderzusetzen. Dabei ist es hilfreich und entlastend, wenn Sie sich vor Augen führen, dass Sie nie nur eine Kompetenz weiterentwickeln: Indem Sie zum Beispiel Ihr Bewusstsein für die emotionalen Aspekte von Kommunikation schärfen, entwickeln Sie auch soziale Fähigkeiten. Wenn Sie Ihre sprachlichen Ausdrucksfähigkeiten stärken, hilft dies immer auch Ihren kognitiven Kompetenzen.

Teilkompetenzen wirken sich auf die gesamte Kompetenz aus

Schließlich sei noch auf die zentrale Bedeutung von Kompetenz-Bewusstsein hingewiesen: Setzen Sie sich nicht nur mit Ihren Schwächen auseinander, sondern auch mit Ihren Stärken. Entwickeln Sie ein Bewusstsein für all das, was Sie gut können oder was sich in bisherigen Kommunikationssituationen bewährt hat. Oft fehlt es gar nicht so sehr an der Kompetenz, sondern am Selbstvertrauen und dem Bewusstsein für die eigenen Fähigkeiten. Dies gilt insbesondere für die sogenannten ‚soft skills', die vermeintlich weichen Faktoren wie soziale, emotionale oder auch kommunikative Kompetenzen. Wer ein Hochhaus bauen, eine Maschine konstruieren oder auch ein gutes Essen kochen kann, der ist darauf mit Recht stolz und weiß auch das eigene Können meist gut einzuschätzen. Doch die im Alltag ‚unsichtbaren' Kompetenzen, die für Kommunikation so zentral sind, sind nicht weniger wichtig, nur weil ihre Ergebnisse nicht so greifbar sind. Im Hinblick auf die in diesem Kapitel dargelegten Kommunikationskompetenzen ist eine realistische Einschätzung der eigenen Stärken ebenso wichtig wie bei anderen Fähigkeiten auch.

Die Bedeutung von Kompetenz-Bewusstsein

1 Situations- und kontextspezifische Kommunikationsformen

*„In Kommunikationssystemen dagegen entstammt
die Energie der Reaktion gewöhnlich vom reagierenden Teil."*
(GREGORY BATESON 1985: 520)

*„If you know anything that's hurtful and untrue, don't say it.
If you know anything that's helpful and untrue, don't say it.
If you know anything that is hurtful and true, don't say it.
If you know anything that is helpful and true, find the right time."*
(BUDDHA, zit. nach AYYA KHEMA 1987: 154)

Viele Faktoren sind situationsbestimmend

Der Hinweis, dass es für Kommunikation allein schon deshalb keine simplen Patentrezepte gibt, weil erfolgreiche Kommunikation stets situations- und kontextabhängig ist, zieht sich wie ein roter Faden durch dieses Buch. In diesem Kapitel wollen wir anhand von einigen konkreten Aspekten und Beispielen noch einmal vertiefend erläutern, wie wichtig es ist, seine Kommunikation auf die jeweilige spezifische Situation abzustimmen. Dabei wird die jeweilige ‚Situation' durch ganz verschiedene Faktoren bestimmt, angefangen von dem gesellschaftlichen Kontext und der sozialen Rahmung mit dem daraus resultierenden Grad der Formalisierung von Kommunikation bis zu den konkret anwesenden Personen mit ihrer evtl. gemeinsamen Vorgeschichte sowie ihren persönlichen Stilen und Vorlieben.

Alle Ebenen von Kommunikation sollten situationsgerecht sein

All diese Faktoren, auf die wir in den folgenden Unterkapiteln einzeln und vertiefend eingehen werden, gilt es zu berücksichtigen, wenn man situationsangemessen kommunizieren möchte. Dabei ist es wichtig, sich bewusst zu machen, dass sich mit den wechselnden Situationen auch stets das gesamte Kommunikationssystem ändert. Je unterschiedlicher die konkreten Kontexte jeweils sind, desto deutlicher wird dies: Ob Sie in der Familie einen Spieleabend verbringen oder ein berufliches Bewerbungsgespräch führen, verändert Ihr gesamtes Kommunikationsverhalten – angefangen von dem sprachlichen Ausdruck, der Wortwahl und der Themenselektion bis hin zu der nonverbalen Ebene bzw. der Frage, welche Körpersprache und auch welche Kleidung akzeptabel ist. Es ist also stets wichtig, alle in diesem Buch vorgestellten Ebenen und Aspekte von Kommunikation auf die Situation abzustimmen. Bevor wir vertiefend auf die sozialen Kontexte eingehen, soll dabei zunächst die Frage nach der Adressatenorientierung im Vordergrund stehen, also die Frage, wie man den beteiligten Personen gemäß kommunizieren kann.

2 Adressaten- und zielgruppenorientierte Kommunikationsformen

Da Kommunikation immer Kommunikation *mit jemandem* ist, sei sie direkt in Face-to-Face-Situationen oder medial vermittelt, liegt es auf der Hand, dass es für gelingende Kommunikation wichtig ist, sich auf den Adressaten der eigenen Kommunikation einzustellen. Dabei ist es wichtig zu beachten, dass Adressaten immer eine soziale Rollenfunktion wie auch persönliche Präferenzen haben, die unabhängig von der sozialen Funktion sind bzw. die in der jeweiligen individuellen Interpretation der sozialen Rolle zum Ausdruck kommen. Dies kennt jeder aus der Schule, der Universität oder dem Berufsleben: Wir alle haben eine abstrakte und allgemeine Vorstellung davon, wie man einem Lehrer, einem Professor oder einem Vorgesetzten gegenübertritt. Dies ist die allgemeine Rollendimension, und niemand wird an der Universität mit dem Professor genauso reden wie mit der eigenen Mutter oder dem besten Freund. Doch bieten soziale Rollen auch immer noch genug Spielraum für individuelle Eigenheiten und den eigenen, individuellen Stil. Deshalb sollten immer auch die persönlichen Eigenschaften des Gegenübers mit bedacht werden. PR-Profis in der Wirtschaft tun dies beispielsweise vor wichtigen Interviews: Dort reicht für den Vorstandsvorsitzenden nicht die Ansage: „Sie sprechen morgen mit einem Journalisten" – obwohl die Rollenkonstellation damit geklärt wäre. Vielmehr sucht man auch nach den persönlichen Eigenschaften des spezifischen Journalisten: Ist er kritisch oder wohlgesonnen, wie hat er sich bisher zum Unternehmen geäußert, gab es bereits vorherige Gespräche und wie hat er dort agiert.

Adressaten haben Rollenfunktion und persönlichen Stil

Es mag trivial klingen, ist aber dennoch wichtig: Adressatenorientierte und gerechte Kommunikation spricht in einem doppelten Sinn an. Sie überzeugt und gefällt, das heißt, sie spricht an, weil sie sich auf den Adressaten einstellt und aktiv und direkt auf ihn Bezug nimmt, ihn also ganz wörtlich direkt und persönlich anspricht. Adressatenorientierte Kommunikation ist in vielen institutionellen und offiziellen Kontexten bis heute eine Seltenheit. Man liest zum Beispiel häufiger unpersönliche Formulierungen wie „hiermit geben wir bekannt, dass Professor XY einen Gastvortrag halten wird" als „wir freuen uns, Sie herzlich zu dem Gastvortrag von Professor XY einzuladen". Die letztere Formulierung spricht den Adressaten an und nimmt Bezug zu ihm, die erste ist eine unpersönliche Verlautbarung. Ein besonders krasses Beispiel für einen Kommunikationsstil, der *nicht* am Adressaten orientiert ist, ist die in einigen Universitäten und Unternehmen offenbar unausrottbare Floskel, mit der Bewerbungsunterlagen vielfach zurückgeschickt werden: „Zu unserer Entlastung senden wir Ihnen Ihre Unterlagen zurück." Neben der Enttäuschung über die Nachricht, die erhoffte Stelle nicht bekommen zu haben, ist der Empfänger um die Einsicht reicher, eine ‚Belastung' gewesen zu sein.

Adressatenorientierte Kommunikation spricht an

**Vorbild
Werbung**

Für adressatenorientierte Kommunikation reicht es somit nicht, sich zu fragen, welche Botschaften, welche Nachricht man kommunizieren möchte. Vielmehr wird diese Frage immer konsequent mit der Überlegung verbunden, *an wen* man sich in der Kommunikation wendet und wie man den Adressaten bzw. die Zielgruppe am besten ansprechen und erreichen kann. Die Werbung ist hierin am weitesten entwickelt – denn sie will nicht irgendwem vermitteln, dass Windeln jetzt noch hautfreundlicher geworden sind, sondern sie wendet sich gezielt an bestimmte Menschen – in diesem Beispiel junge Eltern. Zu diesem Zweck gibt es eine eigene Zielgruppenforschung, die versucht, möglichst viel über die jeweilige Zielgruppe eines Produkts herauszufinden: Welche Vorlieben hat sie, welche Werte, Wünsche und Sehnsüchte, damit die Werbung so gestaltet werden kann, dass sie der Zielgruppe gefällt. Zugleich wird erforscht, welche Medien die Zielgruppe nutzt, damit man die gewünschte Personengruppe auch möglichst genau erreicht.

**„Der Wurm
soll dem Fisch
schmecken,
nicht dem
Angler."**

Strukturell ist es durchaus sinnvoll, sich die Zielgruppen- und Adressatenorientierung der Werbung zum Vorbild zu nehmen. Selbstverständlich sollten Sie tunlichst nicht im Stil in Werbesprache verfallen und nur noch in Slogans formulieren. Aber Sie sollten sich Gedanken darüber machen, wen Sie erreichen wollen und wie und wo Sie dies am besten verwirklichen können. Versuchen auch Sie, sich in jeder Situation ein genaues Bild zu machen, zu wem Sie sprechen. Formulieren Sie Ihr Anliegen so, dass Sie Ihren Adressaten direkt ansprechen und für ihn verständlich und anschlussfähig sprechen: Schließlich sollen nicht Sie am Ende verstanden haben, worum es geht (Sie wissen es ja schon), sondern Ihr Gegenüber. Selbst im Stil kann es durchaus sinnvoll sein, sich den Vorlieben und dem Geschmack Ihrer Zielgruppe anzupassen. In der Werbebranche gibt es dazu die lakonische Haltung, der Wurm müsse ja nicht dem Angler schmecken, sondern dem Fisch. Zwar sollten Sie in Ihrer persönlichen Kommunikation weder Ihr Gegenüber als ‚Fisch' betrachten, noch Ihre eigenen Überzeugungen und Vorstellungen aus strategischen Gründen bis zur Selbstverleugnung aufgeben, aber die meisten Menschen machen ohnehin viel eher den umgekehrten Fehler: Sie setzen die eigene Position absolut und scheren sich kaum darum, mit und zu wem sie eigentlich sprechen. Dabei mehr von sich selbst abzusehen und das Gegenüber zum Maßstab oder doch zumindest zum gleichberechtigten Orientierungspunkt für die eigene Kommunikation zu machen, sollte das Ziel jeder adressatengerechten Kommunikation sein.

**Zwei Dimensionen der
Adressatenorientierung**

Adressatenorientierung hat immer zwei Dimensionen: Einerseits geht es darum, die Kommunikation so zu gestalten, dass sie die Adressaten wie gezeigt offen anspricht, einbindet und auch Möglichkeiten zum Feedback vorsieht. Dabei geht es allgemein um die Vermeidung unpersönlicher und formalistischer Formulierungen, wie sie klassisch im Klischee des Behördendeutsch vorkommen. Der zweite Aspekt bezieht sich darauf, die Kommunikationsform auf die konkreten Adressaten auszurichten, das heißt sowohl im Hinblick auf die soziale Rolle als auch auf die individuellen Ausgestaltungen der Rolle und die Persönlichkeit des Adressaten bzw. Kommunikationspartners angemessen zu kommunizieren.

3   Zur sozialen Rahmung von Kommunikation

Der soziale Rahmen von Kommunikation bestimmt wesentlich mehr Faktoren als die Frage nach der angemessenen Ansprache von Personen in ihrer jeweiligen sozialen Rolle. Vielmehr definiert der soziale Rahmen für alle Aspekte von Kommunikation mit, welche Handlungsspielräume bestehen und welches Verhalten als akzeptabel oder problematisch gilt. Dass sich Kommunikation je nach sozialem Kontext und nach der Rahmung ganz grundlegend unterscheidet, wird ersichtlich, wenn zwei verschiedene soziale Handlungsbereiche gegenübergestellt werden. Als Beispiel soll Unternehmenskommunikation einerseits und Familienkommunikation andererseits dienen.

Sozialer Rahmen beeinflusst alle Aspekte von Kommunikation

Vergleichen Sie zunächst zwei vom äußeren Rahmen her ähnliche Konstellationen, zum Beispiel ein Mittagessen in der Familie oder ein Arbeitsessen mit Kollegen. Auch wenn in beiden Situationen zunächst einmal Menschen unterschiedlichen Alters um einen Tisch sitzen, unterscheidet sich doch die Kommunikation in vielerlei Hinsicht: Die Themen, die angesprochen werden, der Stil der Kommunikation, die Lautstärke des Gesprächs, das Verhältnis der Redeanteile zwischen den Personen, die Frequenz von Themenwechseln – all dies und vieles mehr ist unterschiedlich, je nachdem ob Sie mit Kollegen oder Verwandten gemeinsam essen. Und auch jenseits konkreter Situationen unterscheidet sich die Form der Kommunikation in verschiedenen sozialen Kontexten beispielsweise im Hinblick auf die Kommunikationsarten: Im beruflichen Kontext wird beispielsweise oft sehr viel mehr in medial vermittelten Konstellationen kommuniziert als in privaten – die Zahl der dienstlichen E-Mails eines Managers übersteigt sicherlich die Zahl der ausführlichen Face-to-Face-Kommunikationen am Tag um ein Vielfaches. Und die soziale Rahmung wirkt sich bis hin zur nonverbalen Kommunikation aus: Angefangen von dem Einsatz von Gestik über die inter-personelle nonverbale Kommunikation und Körperkontakt bis hin zu Aspekten wie Kleidung stellen wir uns alltäglich auf die unterschiedlichen vermuteten Erwartungen in verschiedenen sozialen Kontexten ein.

Beispiel Unternehmens- vs. Familienkommunikation

Soziale Rahmungen steuern unser Verhalten nicht im Sinne von Gesetzen, denn was in welcher Situation als angemessene Kommunikation angesehen wird, ist in der Regel nirgendwo ausdrücklich formuliert oder festgehalten. Wir lernen es vielmehr in der Sozialisation in verschiedenen sozialen Kontexten und richten uns nach den Erwartungen, von denen

Soziale Rahmung als Einschränkung und Entlastung

wir annehmen, dass andere sie an uns und andere in bestimmten Kontexten haben. Auch wenn niemand die expliziten Regeln kennt, hat die implizite Orientierung an den unterstellten Erwartungen eine große Bindungskraft: Man braucht keinen Bewerbungsratgeber gelesen zu haben, um zum Bewerbungsgespräch nicht in der Bermudahose zu erscheinen, und kaum jemand würde in einer Sprechstunde mit einem noch nicht näher bekannten Professor allzu private Erlebnisse berichten – denn in den meisten Situationen hat jeder Mensch intuitiv recht konkrete Vorstellungen davon, welches Verhalten erwartet wird und akzeptabel ist. So schränkt die soziale Rahmung von Kommunikationssituationen Handlungsspielräume zum Teil massiv ein, weil viele Optionen, die generell denkbar wären, im konkreten Kontext als nicht akzeptabel ausgeschlossen sind. Diese Einschränkung hat aber nicht nur einengende, sondern auch entlastende Wirkung: Bei den zahllosen Möglichkeiten, aus denen potentiell geschöpft werden könnte, müssen wir nicht stets aufs Neue überlegen, wie wir uns verhalten können, sondern wir können uns an den unterstellten Erwartungen für die konkrete Situation orientieren.

Angemessene Kommunikation in sozialer Rahmung

Für angemessene Kommunikation ist es wichtig, die sozialen Rahmungen und die mit ihnen verbundenen Erwartungen von Kommunikationsteilnehmern zu berücksichtigen. Gerade in noch unbekannten, neuen Kontexten wie zu Beginn eines Studiums, in einem neuen beruflichen Umfeld oder auch in einer neuen privaten Situation, wenn man beispielsweise die Familie eines neuen Partners kennenlernt, ist es – wie schon betont worden ist – wichtig, zunächst die unausgesprochenen Regeln der Situation zu erlernen. Dabei geht es allerdings nicht um das Lernen von ‚Gesetzen‘, die festgeschrieben sind. Vielmehr prägen Sie als Kommunikationsteilnehmer die sozialen Situationen, in denen Sie sich befinden, immer mit und haben so auch einen mehr oder weniger großen Gestaltungsspielraum, welche Regeln etabliert werden. Allerdings gibt es gerade im Bereich formeller Kommunikation, auf die wir gleich vertiefend eingehen, viele Beispiele, wie man sich mit sozial nicht adäquaten Beiträgen aus mangelndem Kontextbewusstsein im wörtlichen Sinn ‚ins Aus‘ oder Abseits befördern kann: Wer sich nicht auf die soziale Rahmung einer Situation einlässt, wird von den anderen Gruppenmitgliedern im schlimmsten Fall als Außenstehender betrachtet, dem die Zugehörigkeit zur sozialen Gruppe abgesprochen wird. Ein zu flapsiges Referat oder eine zu anekdotenhafte Hausarbeit wird im Wissenschaftssystem so gedeutet werden, dass Sie die Regeln der Wissenschaft nicht beherrschen – und somit nicht als Teil des Wissenschaftsbetriebs akzeptiert werden. Gleiches gilt analog in anderen Bereichen: Im wirtschaftlichen Kontext wird man ebenso erwarten, dass Sie Ihre Handlungen und Kommunikationen auf die Logik und den Rahmen des Wirtschaftssystems – mit Zielsetzungen wie Profit oder Effizienz – einstellen, wohingegen im Freundeskreis das genaue Gegenteil von Ihnen erwartet wird, denn im privaten Bereich sollten andere Werte als pure Geld- oder Leistungsorientierung zählen. Diese großen Unterschiede ebenso wie die Feinheiten der Anpassung von Kommunikationsverhalten an soziale Rahmungen zu beachten, ist ein weiteres entscheidendes Kriterium für angemessene und eine weitere Bedingung für erfolgreiche Kommunikation.

4   Formelle und informelle Kommunikationen

Oft wird im Alltag davon ausgegangen, dass Kommunikation in beruflichen, auch universitären oder schulischen Kontexten besonders ‚förmlich' sei, im privaten Freizeitbereich hingegen ‚frei' und nicht förmlich. Der Begriff ‚förmliche' oder ‚formelle Kommunikation' bezeichnet all jene Kommunikationssituationen, die zum Beispiel im Hinblick auf akzeptable Themen, mögliche Teilnehmer und deren Hierarchisierung, ggf. auch mögliche Orte und Zeitpunkte für die Kommunikation, den Kommunikationsverlauf sehr stark durch soziale Rahmungen und Konventionen bestimmt sind.

Formelle Kommunikation ist durch Rahmung stark bestimmt

Als erste Beispiele dafür fallen zumeist Situationen aus dem beruflichen Bereich ein, zum Beispiel Bewerbungsgespräche, Besprechungen oder Präsentationen. Im Vergleich dazu wirkt ein Abendessen in der Familie sehr viel weniger formalisiert und kann zu Recht als ‚informelle Kommunikation' bezeichnet werden. Es lässt sich allerdings feststellen, dass es in allen sozialen Bereichen Beispiele für beide Typen von Kommunikation gibt: Auch an der Hochschule gibt es das Pausengespräch in der Mensa – und beileibe nicht nur zwischen Studierenden –, auch im Betrieb gibt es das Gespräch im Fahrstuhl oder den kurzen Plausch, wenn man an der offenen Bürotür eines Kollegen vorbeikommt. Und auch im privaten Kontext gibt es hochgradig formalisierte Anlässe – oft im Zusammenhang mit gesellschaftlichen oder auch familiär etablierten Traditionen und Ritualen – sei es das gemeinsame Weihnachtsprogramm, Taufen, Hochzeiten oder Beerdigungen. Und in allen Bereichen haben beide Kommunikationsarten ihren wichtigen Stellenwert: In der Wirtschaft ist unter den Stichworten ‚Unternehmenskultur' (vgl. z.B. SCHMIDT 2004) und ‚Organisationspsychologie' (vgl. z.B. KIRCHLER 2008) verstärkt das Bewusstsein für die (produktive und zentrale) Bedeutung auch informeller Kommunikationen gewachsen. Ebenso ist zur Stabilisierung von meist informell kommunizierenden Gruppen wie Familien ein formeller und sozusagen ritueller Kommunikationsbereich oft sehr wichtig zur sozialen Bindung und zur Identitätsstiftung für die Gruppe.

Soziale Rahmung ist nicht gleich Formalisierung von Kommunikation

Ebenso wie formelle und informelle Kommunikation offenbar nicht mit bestimmten sozialen Rahmungen gleichgesetzt werden, sondern in allen Bereichen vorkommen kann, erscheint auch die rigide Gegenüberstellung der beiden Kommunikationsarten als binäre entweder/oder-Opposition wenig hilfreich. Vielmehr sind formelle und informelle Kommunikation

Formelle und informelle Kommunikation als Pole einer Skala

zwei Extrempunkte, zwei Pole einer kontinuierlichen Skala. Jede konkrete Kommunikationssituation spielt sich im Bereich zwischen diesen Polen ab und kann in Hinsicht auf Dimensionen wie Themen/Inhalte oder formale Aspekte der Kommunikationssituation stärker oder weniger stark formalisiert und geregelt sein. Die Extrempunkte kommen dabei nur selten vor: Selbst für Hochzeitszeremonien sind inzwischen verschiedene soziale Orte, verschiedene Kleidungsvariationen und auch verschiedene Formulierungen des Trauspruchs möglich, so dass auch bei dieser vergleichsweise stark formalisierten Kommunikation Spielräume bestehen. Zugleich ist fast keine Situation vorstellbar, die vollkommen ‚unbestimmt‘ und in keinerlei Hinsicht sozial formalisiert wäre; im übrigen ist es fraglich, ob in solchen gänzlich ungerahmten Situationen so etwas wie ‚Verstehen‘ oder ‚Verständigung‘ überhaupt möglich wäre.

Angemessen kommunizieren im Kontext formalisierter Kommunikation

Für angemessene Kommunikation ist es wichtig, den jeweiligen Grad der Formalisierung der Kommunikationssituationen und zugleich die jeweils formalisierten, das heißt vergleichsweise bindend geregelten, Bereiche (Ort/Zeit, Ablauf, Teilnehmer, Hierarchisierung, Themen und Kommunikationsformen) richtig einzuschätzen. In manchen gesellschaftlichen Kontexten sind die Formalisierungen relativ deutlich, bzw. werden bereits frühzeitig in der Sozialisation erlernt – manche gesellschaftliche Institutionen wie die Kirche haben hierfür gar eigene Sozialisationsprozesse entwickelt, die explizit in die korrekte formelle Kommunikationspraxis wie zum Beispiel den Gottesdienstbesuch einüben – seien es Firmung und Kommunion oder die Konfirmation. In anderen, weniger transparenten und konventionalisierten gesellschaftlichen Bereichen kann erst die Teilnahme selbst die Regeln vermitteln, oder man muss sich vorab bei anderen Teilnehmern oder in Handbüchern über die Gepflogenheiten informieren. Bewerbungsgespräche und gerade auch Berufungskommissionen an Hochschulen sind Beispiele für stark formalisierte, jedoch von außen schwer einzuschätzende, intransparente und von Institution zu Institution oft sehr unterschiedliche Kommunikationssituationen. In solchen stark reglementierten, aber zugleich unbekannten Situationen ist es hilfreich, vorab verschiedene Kommunikationskonstellationen durchzuspielen, um sich vorzubereiten und auf die konkrete Situation angemessen reagieren zu können. Schließlich sollte man auch den naiven Glauben aufgeben, es gebe völlig ‚informelle‘ Kommunikationssituationen, in denen alles möglich und erlaubt sei bzw. auch folgenlose Kommunikation stattfinden könne. Weder der ‚Flurfunk‘ in der Firma noch das vertraute Gespräch mit engen Freunden ist ein Ort absoluter kommunikativer Freiheit, und wer die in diesem Kontext zwar weiter gefassten, aber eben doch bestehenden Grenzen bricht, kann womöglich umso heftigere Konsequenzen auslösen.

5 Kommunikationsstile als Situations- und Beziehungsgestalter und das Modell des Inneren Teams

Bis hierher war bereits viel von angemessener Kommunikation die Rede, und wir haben uns auch bemüht, Ihnen Hinweise zu geben, wie Sie sich auf soziale Rahmungen, Formalisierungen und bestimmte Adressaten einstellen können. Dies betrifft einerseits das Anerkennen bestimmter Rahmenbedingungen, aber es betrifft auch die Art und Weise, wie Sie zu den anderen Kommunikationspartnern sprechen, welchen ‚Stil' der Kommunikation sie wählen. Unterschiedliche Situationen und Kontexte erfordern unterschiedliche Kommunikationsstile: Es ist wenig sinnvoll, in einem Bewerbungsgespräch allzu mitteilungsfreudig und dramatisierend aufzutreten, im privaten Kontext kann dies dagegen durchaus passend und unterhaltsam sein.

Stilvariationen als Mittel angemessener Kommunikation

Stile stehen immer in einem dynamischen Zusammenhang zwischen eigener Persönlichkeit und sozialer Beziehung, das heißt, sie drücken einerseits einen persönlichen Stil aus und stehen damit im Kontext der Selbstoffenbarung, zugleich haben sie immer auch Konsequenzen für die Beziehungsebene: Je nachdem ob Sie eher aggressiv oder bedürftig, eher mitteilungsfreudig oder distanzierend auftreten, sind bestimmte Beziehungskonstellationen wahrscheinlicher als andere. Vom Kommunikationsstil hängt somit auch entscheidend ab, wie eine Beziehung kommunikativ gestaltet werden kann. Indem Stile Beziehungsmöglichkeiten eröffnen oder unwahrscheinlich werden lassen, sind sie zugleich ein Mittel, sich auf Situationen einzustellen und sie aktiv zu gestalten. Sie stehen damit als ein zentraler Aspekt an der Schnittstelle zwischen situationsangemessener und personal angemessener Kommunikation.

Stile als Ausdruck von Persönlichkeit und als Gestalter von Beziehung

Schulz von Thun unterscheidet acht verschiedene Kommunikationsstile (vgl. 1989: 57ff.), denen er jeweils eine Grundbotschaft und eine spezifische Kommunikationsweise zuordnet, die er aber auch als Ausdruck eines ‚seelischen Hintergrunds' sieht und so explizit als Ausdruck von Persönlichkeit betrachtet. Zugleich betont er jedoch, dass kein Mensch nur in einem Stil kommuniziert und dass es nie nur einen Stil gibt, der einer Person entspricht. Vielmehr kommunizieren wir stets in Mischformen der Stile und wechseln auch diese Mischung – nicht zuletzt als Reaktion auf unterschiedliche Situationen bzw. um Situationen aktiv mitzugestalten und zu rahmen. Die Stile seien nur kurz genannt, sie sind auch lediglich als zugespitzte Modelle zu verstehen. Die Zitate in Klammern sind die überspitzen Kernbotschaften der jeweiligen Stile nach Schulz von Thun (ebd.):

Schulz von Thuns Typologie von Kommunikationsstilen

1. Der **bedürftig-abhängige Stil** („Ich schaff es nicht allein!")
2. Der **helfende Stil** („Ich bin stark und belastbar und helfe gern!")
3. Der **selbst-lose Stil** („Ich bin nichts, maßgeblich bist du!")

4. Der **aggressiv-entwertende Stil** („Mir kann keiner was und Du bist erbärmlich!")
5. Der **sich beweisende Stil** („Ich bin ohne Fehl und Tadel, erkenne mich bitte an!")
6. Der **bestimmend-kontrollierende Stil** („Ich weiß, was richtig ist; Dich muss man anleiten!")
7. Der **sich distanzierende Stil** („Was in mir vorgeht, tut nichts zur Sache, komm mir nicht zu nahe!")
8. Der **mitteilungsfreudig-dramatisierende Stil** („Hört, hört, so bin ich! Und Du bist mein austauschbares Publikum.")

Stilrepertoire als Ideal für erfolgreiche Kommunikation

Es ist an dieser Stelle nicht sinnvoll, die unterschiedlichen Charakteristika der von SCHULZ VON THUN identifizierten Stile im Detail auszubreiten. Die Liste ist eine eher illustrative und beispielhafte Systematisierung von Unterschieden in der Kommunikation – andere Schwerpunktsetzungen, Stile und Typologien wären denkbar. Vor allem kann es aber für Sie nicht darum gehen, Stile anhand von Kriterienkatalogen zu ‚lernen', da es sich lediglich um analytische Kategorien zur Einschätzung von Kommunikation handelt und nicht um Ideale oder Vorgaben. Wichtig ist vielmehr, ein Bewusstsein für unterschiedliche Stile im Alltag zu entwickeln und das eigene Repertoire an verschiedenen Stilen zu erkennen und fortzuentwickeln. Wer die Art und Weise seiner Kommunikation intuitiv oder auch bewusst variieren kann, der ist erst in der Lage, variabel und in unterschiedlichen Situationen jeweils angemessen zu agieren. Um dabei nicht in Überanpassung und Schauspielerei abzuleiten, sollte es stets das Ziel sein, dass die verschiedenen Stile jeweils nicht nur auf die Situation abgestimmt sind, sondern auch personal authentisch bleiben: Nicht jeder Stil liegt jedem gleichermaßen, und es gibt wenige Kontexte und Situationen, in denen nur ein Kommunikationsstil akzeptabel ist.

Innere Pluralität und das Modell des ‚inneren Teams'

Um nicht nur situativ, sondern auch personal adäquat zu handeln, muss man nicht nur die Situation, sondern auch sich selbst richtig einschätzen können. Dies klingt leichter als es ist, denn oft fühlen wir uns gerade in komplexen Situationen innerlich zerrissen oder haben zumindest widerstreitende Impulse: zum Beispiel einen besorgten Teil und einen zuversichtlichen, einen konfrontativen und einen versöhnlichen, einen gelangweilten und einen um Höflichkeit bemühten. Diese verschiedenen Impulse können den Eindruck wecken, als hätten wir verschiedene ‚Ichs' in uns, die um die Interpretation der angemessenen Kommunikation konkurrieren: Der konfrontative Teil von uns möchte aggressiv auf Kritik reagieren, während der versöhnliche Teil uns zur Besonnenheit rät, der gelangweilte würde am liebsten unverblümt gähnen und sagen: „Ganz ehrlich, wenn Du noch zwei Sätze sprichst, werde ich auf der Stelle einschlafen!" – aber unsere höfliche Seite plädiert dafür, doch besser auch weiterhin aufmerksam zuzuhören, zu nicken und hin und wieder ein: „Ach, das ist ja interessant" einzuwerfen. Für diese Konstellation der inneren Vielstimmigkeit, der ‚inneren Pluralität' hat SCHULZ VON THUN die Metapher bzw. das Modell des ‚inneren Teams' entwickelt (vgl. 1998). Dieses Modell geht davon aus, dass eine solche innere Vielstimmigkeit der Normalfall unserer Selbst- und Weltwahrnehmung ist. In personal und situativ angemessener Kommunikation geht es dann darum, dieses Team richtig aufzustellen.

In konsequenter Fortführung der Team-Metapher entwickelt SCHULZ VON THUN ein Modell der ‚kooperativen Führung' des inneren Teams. Dabei gehe es darum, ein ‚Oberhaupt' im eigenen Team zu finden; auch ‚Teamkonferenzen' und ‚innere Ratsversammlungen' gehören zum Maßnahmenkatalog der inneren Teamführung. Ob man der Teammetapher in diesem Umfang folgen möchte oder nicht, ist für den wichtigen Kerngedanken nicht entscheidend, denn die Erfahrung der Vielstimmigkeit eigener Einschätzungen ist wohl für jeden intuitiv nachvollziehbar. Diese Pluralität nicht als Problem, sondern als Normalität und Chance zu akzeptieren, ist der wichtigste Beitrag der Team-Metapher. Denn erst die eigene Mehrstimmigkeit bzw. Vielseitigkeit gibt die Möglichkeit, auf unterschiedliche Situationen unterschiedlich und jeweils angemessen zu reagieren und Kommunikationsstörungen und Probleme vermeiden oder lösen zu können. Hätten wir nur eine Seite, etwa die konfrontative, wir würden in fast allen Situationen scheitern. Doch ein konfrontativer Anteil ist in vielen Kontexten hilfreich und kann zum Beispiel davor schützen, bestehende Konflikte aus Harmoniesucht nicht zu bearbeiten. Wenn wir lernen, die eigenen Reaktionen auf Situationen in ihrer Komplexität, Vielstimmigkeit und Widersprüchlichkeit richtig einzuschätzen und die produktiven Seiten für die jeweiligen Kontexte zu stärken, ist ein großer Schritt zu personal *und* situativ angemessener Kommunikation getan.

Das innere Team führen

6 Entsprechung von Situation und Kommunikation

Wie wir oben betont haben, müssen Sie für stimmige Kommunikation sich selbst *und* die Situation gut einschätzen können. Doch was macht eine Situation eigentlich aus? Wir haben bisher einzelne Faktoren hervorgehoben: die soziale Rahmung, die Adressaten und die unterschiedlichen Kommunikationsstile. Diese Faktoren sollen nun noch einmal aufbauend auf Überlegungen von SCHULZ VON THUN (vgl. 1998: 279ff.) zusammengeführt werden. Die Logik einer Situation, also die Frage, wie eine konkrete Gesprächskonstellation funktioniert, hängt von mindestens vier Aspekten ab: Zunächst ist keine Situation voraussetzungslos. Wir gehen nie ohne Erfahrungen Kommunikation ein, sondern haben aus der Vergangenheit Vorannahmen und Erwartungen, die sich aus bisherigen Erlebnissen ähnlicher Situationen, vielleicht sogar gemeinsamen Erfahrungen mit den beteiligten Personen, aus persönlichen Berichten, Medienrezeption und vielen anderen Faktoren ergeben. Dieses Konglomerat an

Vier Aspekte der Bewertung von Situationen

prägenden Voraussetzungen lässt sich als die ‚Vorgeschichte' einer Situation beschreiben, die sich je nach Situation als kausaler Auslöser oder auch nur als lose verbundener Erfahrungs- und Erwartungsschatz beschreiben lässt. Die konkrete Situation selbst wiederum ist des Weiteren geprägt durch die ‚thematische Struktur' und die ‚zwischenmenschliche Struktur' und jeweils ausgerichtet auf (mindestens) ein Ziel. Sie können in dieser Systematisierung des Situationskonzepts von Schulz von Thun die Ebenen von Kommunikation wiedererkennen: Die thematische Struktur entspricht der Sachebene, die zwischenmenschliche Struktur der Beziehungsebene und das Ziel der Appell-Ebene von Kommunikation. Aus den Überlegungen hierzu wird auch deutlich, dass diese Aspekte nicht losgelöst voneinander betrachtet werden können, sondern aufeinander bezogen sind und sich gegenseitig bedingen, wie auch die folgende Grafik (vgl. Abbildung 6.1) darzustellen versucht. Zusätzlich kommen bereits angesprochene Aspekte wie soziale Rahmung und der Grad der Formalisierung von Situationen ins Spiel, die sich wiederum auf alle Aspekte auswirken und zugleich von diesen mitgeprägt werden.

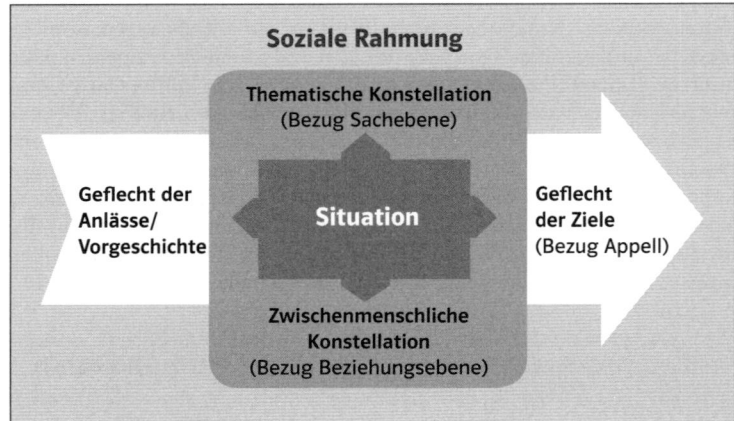

Abb. 6.1: Das Situationskonzept nach Schulz von Thun (eigene Darstellung)

Leitfragen zur Situationseinschätzung

Auf Basis dieser Systematisierung lassen sich mit Schulz von Thun (1998: 285) nun fünf Leitfragen zur Einschätzung von Situationen formulieren. Es hilft nicht nur, sich selbst diese Fragen zu stellen – in bestimmten Kontexten, etwa wenn man zum ersten Mal vor einer Gruppe unbekannter Personen im beruflichen Kontext spricht, zum Beispiel ein Seminar gibt oder eine Präsentation hält, ist es sinnvoll, einige oder alle dieser Fragen einleitend ganz ausdrücklich anzusprechen und zu klären. So kann eine gemeinsame Situationsdefinition gefunden werden; zugleich überrumpelt nicht eine Person als privilegierter Referent eine ganze Gruppe, sondern macht sein Verständnis der Situation transparent. Die Fragen lauten:

1. Wie kommt es (→ Vorgeschichte/Voraussetzungen), und
2. welche Funktion bzw. welches Ziel hat es (→ Zielsetzung), dass
3. ausgerechnet ich (→ eigenes Rollenbewusstsein und eigene Kompetenz)
4. ausgerechnet mit Ihnen (→ fremde Rollen, soziale Konstellation, Beziehung aller Teilnehmer)
5. ausgerechnet dieses Thema (→ Sachebene) besprechen möchte?

Oft sind einige oder alle dieser Aspekte einer Situation nicht hinreichend deutlich. Dabei ist ein stimmiges Agieren und Kommunizieren nur möglich, wenn man die Logik der Situation einschätzen kann. Sie haben bereits das Ideal der Stimmigkeit von Kommunikation kennengelernt (vgl. Kapitel 1.10). Wenn diese Stimmigkeit nicht erreicht wird, weil der Situation nicht angemessen – also ‚daneben' oder ‚verquer' – kommuniziert wird, ist ein möglicher Grund darin zu suchen, dass den entsprechenden Personen die Situation nicht hinreichend deutlich ist bzw. dass ihre Situationseinschätzung oder -definition nicht übereinstimmt mit der von Personen, die die jeweilige Kommunikation als ‚daneben' erleben. Grundsätzlich hilft es also, die Transparenz der Situation zu erhöhen bzw. eine gemeinsame Situationsdefinition in Metakommunikation anzustreben. Wenn man sich auf gemeinsame Ziele verständigt, die Rollen klärt und auch den thematischen Fokus deutlich macht, sind wichtige Voraussetzungen für stimmige und potentiell erfolgreiche Kommunikation gegeben.

Situationstransparenz erleichtert Stimmigkeit

7   Handlungsbereich Ausbildung: Kommunikation an der Schule

Wir haben mehrfach betont, dass die soziale Rahmung bzw. die Einbettung in einen sozialen Kontext Kommunikationssituationen auf allen Ebenen mitbestimmt. Zum Abschluss dieses Kapitels werden wir dies an drei zentralen sozialen Handlungsbereichen verdeutlichen und vertiefen. Als sozialen Handlungsbereich verstehen wir analytisch abgrenzbare gesellschaftliche Bereiche (Soziologen könnten je nach Fokus zum Beispiel auch mit Pierre Bourdieu von ‚Feldern' oder mit Niklas Luhmann von ‚Systemen' sprechen), die eine spezifische gesellschaftliche Funktion übernehmen und nach eigenständigen Regeln bzw. einer jeweiligen Eigenlogik (selbst-)organisiert sind. Als wichtige und typische Handlungsbereiche sind beispielhaft Politik, Wirtschaft, Kunst oder Religion zu nennen. Wir werden drei Handlungsbereiche hervorheben, mit denen die meisten Menschen in akademischer Ausbildung zu tun hatten, haben oder haben werden: den Bereich von Ausbildung und Schule, Wissenschaft und Hochschule sowie Wirtschaft und Unternehmen. Da Handlungsbereiche jeweils spezifische Funktionen übernehmen und hierfür eine jeweils eigenständige Logik verfolgen, ist auch die Kommunikation

Gesellschaftliche Handlungsbereiche und Kommunikation

innerhalb der Handlungsbereiche in einem abstrakten Sinn immer auf das jeweils spezifische Ziel ausgerichtet. Es ist also sinnvoll, sich eingehender mit den verschiedenen Handlungsbereichen zu befassen und zu fragen, wie Kommunikationssituationen durch diese mitbestimmt werden.

Bereich Ausbildung

Mit dem Soziologen NIKLAS LUHMANN lässt sich die gesellschaftliche Kernfunktion des Handlungsbereichs Ausbildung, und institutionell vor allen Dingen der Schule, darin bestimmen, aus ‚Menschen' (die einfach geboren werden) soziale ‚Personen' zu machen, die gesellschaftlich handlungsfähig sind. Diesen Prozess der Personwerdung, der Persönlichkeitsbildung oder der (Aus-)Bildung leistet einerseits sozusagen im Vorbeigehen die Sozialisation, doch vor allen Dingen in komplexen Gesellschaften ist es wichtig, bestimmtes Wissen und Können, bestimmte Kompetenzen sowie Werte und Normen auch ausdrücklich zu vermitteln und so den Bildungsprozess nicht allein der informellen Sozialisation, sondern auch einem formalisierten (Aus-)Bildungssystem zu übertragen. Diesem Ziel sind alle Handlungen und alle Kommunikationen in diesem Handlungsbereich zugeordnet.

Angemessene Kommunikation orientiert sich am Ziel des Handlungsbereichs

Angemessene Kommunikation heißt dann im Kontext des Handlungsbereichs Ausbildung in erster Linie, Kommunikation, die dem Bildungsprozess der Teilnehmer dient. Da eine der Voraussetzungen des gesamten Systems die Annahme ist, dass die Auszubildenden zunächst noch nicht über eine ausgeprägte soziale Handlungsfähigkeit verfügen, ergibt sich schon aus der Logik des Systems eine Hierarchisierung der Ausbildungs- und damit der Kommunikationssituation. Allerdings liegt es ebenfalls in der Logik des Systems, dass die Hierarchisierung im Verlauf der Ausbildung abnehmen muss, denn wenn das Ausbildungsziel soziale Mündigkeit ist, wäre eine konstante maximale Hierarchisierung ein Zeichen für das andauernde Verfehlen des Ziels, aus jungen Menschen verantwortungsbewusste Personen und mündige Bürger zu machen. Sie sehen, dass sich mit Verweis auf die soziale Rahmung von Kommunikation durchaus praxisrelevante Konsequenzen ableiten lassen: Oberstufenschüler, die sich bevormundet fühlen, können unter Verweis auf die Ziele des Ausbildungssystems durchaus eine zunehmend gleichberechtigte Behandlung durch die Lehrer einfordern. Zugleich ist es durchaus angebracht, bei konkreten Lehrinhalten auch die Frage zu stellen, was der jeweilige Beitrag zum Ausbildungsziel ist. Zugleich ist in dieser Kommunikationssituation eingeschrieben, dass der Beitrag der jeweiligen Lehreinheit zum langfristigen Ausbildungsziel für den Auszubildenden, der ja hierarchisch vom Lehrenden deutlich getrennt und von ihm abhängig ist, anfangs oft nicht oder nur in Ansätzen erkannt werden kann.

Alle Beteiligten sind auf das Ziel verpflichtet

Die handlungs- und kommunikationsorientierende Wirkung von Handlungsbereichen gilt dabei für alle Beteiligten. Konkret heißt das, dass Lehrer in der Schule unter Berufung auf die soziale Rahmung eine hierarchische Kommunikationsrolle einnehmen können – und müssen. Denn genau dies ist die gesellschaftliche Erwartung an Lehrer. Selbst wenn sie gezielt diese Position aufgeben und nicht-hierarchische Konstellationen des Lernens anstreben, sind nur sie es, die diese Entscheidung treffen können. Ebenso können Lehrer von Schülern in jeder Hinsicht ein Kommunikationsverhalten einfordern (und dessen Verweigerung sanktionieren), dass für alle Beteiligten das Erreichen der Ziele ermöglicht – etwa die klassische aktive Beteiligung am Unterricht oder das Unterlassen von Störungen. Aber auch die Schüler können sich, wie oben schon kurz angedeutet, auf die Ziele des Handlungsbereichs berufen: Bevormundung in späten Phasen der Ausbildung sollte ebenso tabu sein wie Willkür in der Benotung, unverständliche Unterrichtsgestaltung und nicht-begründbare Lehrinhalte.

8   Handlungsbereich Wissenschaft: Kommunikation an der Universität

Die heftig geführte Diskussion um die ‚Verschulung' der Studiengänge an Universitäten zeigt für den Handlungsbereich Wissenschaft, dass offenbar gesellschaftlich ein wichtiger Unterschied zum Handlungsbereich Ausbildung gesehen wird. Würden Hochschulen und Wissenschaft primär der Ausbildung dienen, dann wären ‚Verschulung' und die damit einhergehenden Kommunikationsformen selbstverständlich. Die Mehrheit der Wissenschaftler sieht in ihrem Selbstverständnis aber genau im Übergang vom Gymnasium zur Hochschule eine wichtige Fokusverschiebung der gesellschaftlichen Funktion des Handlungsbereichs: Während die Schule primär Wissen, Fertigkeiten und Kompetenzen vermitteln soll und so systematisch die ‚Personwerdung' des Menschen befördern soll, steht im Mittelpunkt der Wissenschaft nicht das Ideal der Ausbildung, sondern das Ideal der Produktion von Erkenntnis und von Wahrheit(en): Wissenschaft soll der Gesellschaft als gesichert und verbindlich geltende sowie intersubjektiv, das heißt prinzipiell von allen Personen, nachvollziehbare Wahrheiten zur Verfügung stellen – zunächst einmal unabhängig davon, ob es um die Mechanismen der Kernspaltung, die Geschichte eines Landes oder die Funktionsweise von Literatur geht. Nur am Rande sei bemerkt, dass wohl kaum jemand in der Wissenschaft mehr an die Produktion von ‚ewigen' Wahrheiten glaubt, die alle Zeit überdauern. Aber zugleich erwartet die Gesellschaft nach wie vor und aus gutem Grund von Wissenschaft, dass als ‚wissenschaftlich' gekennzeichnetes Wissen von der Gesellschaft jeweils in der Gegenwart als zuverlässig und in einem pragmatischen Sinn als ‚wahr' angenommen werden kann.

Produktion von Erkenntnis und Wahrheit(en) als gesellschaftliche Funktion der Wissenschaft

Sowohl die Forschung als auch die Lehre dient getreu dem HUMBOLDT'schen Ideal der Einheit von Forschung und Lehre diesem Ziel. Das heißt nicht,

Wissenschaft
vs. Ausbildung
in Zeiten von
Bachelor und
Master

dass Studiengänge nicht auch das Ziel haben, Studierende weiter auszubilden und ihnen Wissen und Können zu vermitteln, das sie gesellschaftlich handlungsfähig macht. Doch der Fokus verschiebt sich: Hoffentlich zu Recht geht man im Wissenschaftsbetrieb davon aus, dass die ‚Personwerdung' der Studierenden schon weit fortgeschritten ist. Es wird also sehr viel mehr Selbständigkeit, Eigenverantwortung und auch Eigenmotivation vorausgesetzt, als dies an der Schule der Fall ist. Die meisten Studiengänge, und insbesondere geistes-, sozial- oder kulturwissenschaftliche, sehen es auch nicht als ihre zentrale Aufgabe an, ‚praxisrelevantes' Wissen im Sinne einer Berufsausbildung zu vermitteln. Vielmehr geht es primär darum, Studierende in Formen wissenschaftlichen Arbeitens und wissenschaftlicher Wissensproduktion einzuüben. Zugleich können die so erworbenen Kompetenzen und das kulturelle Überblicks- und Deutungswissen hochgradig relevant und attraktiv gerade auch für einen außeruniversitären Arbeitsmarkt sein. Durch die Einführung von Bachelor- und Masterstudiengängen anstelle der früheren Magister- oder Diplomstudiengänge hat sich innerhalb der akademischen Qualifikationsphasen im Bachelorbereich eine stärker am Ausbildungsmodell orientierte sozialisierende und vermittelnde Phase, und im Masterbereich eine stärker am Wissenschaftsmodell ausgerichtete Phase, die noch sehr viel stärker auf Selbständigkeit und Eigenverantwortung setzt, etabliert. Diese unterschiedliche Gewichtung heißt aber nicht, dass Bachelorstudiengänge eine verlängerte Schulzeit darstellen sollten. Auch in diesem Kontext sind Studierende bereits fester Bestandteil des Wissenschaftssystems, und als solche einer anderen Logik und anderen Erwartungen vor allen Dingen in Punkto Selbständigkeit, Eigenmotivation und Eigenverantwortung ausgesetzt als an der Schule.

Andere Logik,
andere Kommunikation

Die im Vergleich zur Ausbildung (und zu jedem anderen gesellschaftlichen Handlungsbereich) unterschiedliche Funktion und die eigenständige Logik des Handlungsbereichs Wissenschaft bringen auch andere Formen der Kommunikation mit sich (vgl. auch Göldi 2001). Wir werden im folgenden Kapitel ausführlicher auf Kommunikationsformen im Studium eingehen. Wichtig ist an dieser Stelle, dass Sie den Zusammenhang zwischen den Funktionen und Zielen eines Handlungsbereichs mit den darin dominanten Kommunikationsarten nachvollziehen. Auch wenn Universitäten in Deutschland traditionell stark hierarchisch organisiert sind – eine Struktur, die sich jedoch derzeit in Anlehnung an kooperativer eingestellte angloamerikanische Modelle tendenziell relativiert –, sind doch die Lehr- und Kommunikationsformen vor allem im Seminar oft sehr viel weniger hierarchisch organisiert und stärker auf die Eigeninitiative und persönliche Motivation der Studierenden angewiesen. Auch geht es nicht mehr primär um ‚Erziehung' oder ‚Ausbildung' wie an der Schule, sondern um fokussierte Themengebiete. (Dies bedeutet allerdings nicht, dass nicht auch über die konkreten Themengebiete hinaus wichtiges Wissen und Können erlernt wird, darunter wissenschaftliche Arbeitsweisen, Argumentations- und Theoriekompetenz sowie Methoden wissenschaftlicher Problemlösung.) Aus dem wissenschaftlichen Ideal einer (wie auch immer instabilen und fragilen) intersubjektiven ‚Wahrheitsorientierung' ergibt sich für die Kommunikation auch die Notwendigkeit einer nachvollziehbaren Argumentation, einer Transparenz der eigenen Interessen, Fragestellungen und Arbeitsschritte in der Problembearbeitung, damit die Ergebnisse eben nicht als aus dem Hut gezaubert erscheinen, sondern in ihrer Entstehung nachvollziehbar sind. Auch wenn es Ihnen bei der Lektüre mancher wissenschaftlicher Texte zu Beginn eines Studiums anders vorkommen mag: Wissenschaftlichkeit von Kommunikation sollte zwar einerseits immer nach einer angemessenen Komplexität streben, um irreführende Verallgemeinerungen und Banalisierungen zu vermeiden, zugleich aber ebenso das Ideal der Nachvollziehbarkeit und Verständlichkeit im Blick behalten. Geheimwissenschaften, die nur einem Kreis von Eingeweihten oder Erleuchteten verständlich sind, sind nämlich genau eines nicht: Wissenschaft – denn die sollte nachvollziehbar, lehr- und lernbar sein.

9 Handlungsbereich Wirtschaft: Kommunikation in Unternehmen

Stellen Sie sich vor, Sie setzen sich zunächst in eine Vorlesung an einer Universität über die deutsche Literatur im 20. Jahrhundert. Danach besuchen Sie eine Verkaufsveranstaltung für Staubsauger. In beiden Fällen hören Sie Vorträge mit einem mehr oder weniger großen Medieneinsatz vor einem größeren Publikum, ja rein theoretisch wäre es sogar denkbar, dass beide Vorträge im gleichen Raum stattfinden. Und doch unterscheiden sich ganz offensichtlich beide Kommunikationssituationen sehr grundsätzlich. Der Professor in der Vorlesung wird Ihnen, wenn er gut ist, einen spannenden und systematischen Überblick über die deutsche Literatur geben. Er wird Kriterien der Systematisierung entwickeln, Analysekategorien für Literatur vorstellen und in der Anwendung auf bestimmte Texte verdeutlichen, und er wird auch darlegen, warum er welche Werke ausgewählt hat und andere nicht berücksichtigt – das heißt, er wird auch die Vorannahmen und Vorentscheidungen seines Vortrags transparent machen, damit er möglichst nachvollziehbar – und damit auch kritisierbar! – ist. Dem Staubsaugerverkäufer geht es um etwas grundsätzlich anderes: Ihm ist nicht daran gelegen, dass Sie die Funktionsweise des Staubsaugers verstehen, und er würde auch nicht offen thematisieren, warum er die Vorzüge dieses Staubsaugers und nicht einen anderen anpreist. Sein Argument wäre in jedem Fall: dies ist der beste – und als aufgeklärte Konsumenten würden Sie von vornherein davon ausgehen, dass der Präsentation keine systematischen und nachvollziehbaren, sondern legitimerweise einseitige und voreingenommene

Gesellschaftliche Funktion der Wirtschaft

Kriterien zugrunde liegen. Schließlich geht es in dieser Situation nicht um ‚Wahrheit', sondern um etwas völlig anderes: um Verkaufen. Dies Beispiel ist überspitzt, bringt aber den Grundgedanken der Logik von Handlungsbereichen auf den Punkt – letztlich steht stets eine Funktion im Mittelpunkt: In der Wirtschaft ist dies die Produktion und Distribution von knappen Gütern, die sich an der Logik von Zahlungen, Effizienz und Gewinn orientiert.

Kommunikation im Kontext der Funktion des Handlungs-bereichs

Auch für die Kommunikation hat dieser Funktionsfokus des Handlungsbereichs Wirtschaft massive Konsequenzen, und zwar auf allen Ebenen des Handlungsbereichs: In der Herstellung von (materiellen oder auch immateriellen) Waren ist das Ziel der Handlungen und Kommunikation in erster Linie eine effiziente Warenproduktion; in der Distribution und dem Verkauf geht es zum Beispiel im Kundengespräch in erster Linie um Vertragsabschlüsse und das Herbeiführen von Zahlungen. Es ist auffällig in der wirtschaftlichen Diskussion, dass sich sogenannte ‚weiche' Faktoren – sei es die Zufriedenheit der Mitarbeiter oder auch die Orientierung am Kunden oder das Ideal ausführlicher Beratung – immer genau dann durchsetzen und propagiert werden, wenn sie die Hauptfunktion unterstützen: Mitarbeiter sollen sich in erster Linie in der Logik des Wirtschaftssystems nicht aus moralischen oder humanistischen Gründen wohlfühlen, sondern weil sie dann besser arbeiten, und auch Kunden werden nicht in erster Linie aufgrund von menschlicher Wertschätzung gut behandelt und umsorgt, sondern weil dies die Kundenbindung und langfristige Verkaufsperspektiven erhöht. In der Wissenschaft lauten kommunikative Leitfragen zum Beispiel: „Ist das plausibel?", „Ist das nachvollziehbar?", „Ist das theoretisch und empirisch anschlussfähig?", „Trägt dies zur Lösung unseres Erkenntnisinteresses bei?" In der Wirtschaft lautet die Leitfrage: „Lässt sich das verkaufen?"

Wo bleibt die Moral? – Grenzen der Eigenlogik von Handlungs-bereichen

Diese an soziologischen Theorien orientierte Darstellung gesellschaftlicher Handlungsbereiche mag auf den ersten Blick frustrierend klingen: Wo bleibt in dieser Sichtweise der Mensch? Wo ist Raum für moralische Fragen? In der Soziologie, aber zum Beispiel auch in der Wirtschaftsethik oder im öffentlichen Diskurs über Neoliberalismus und soziale Marktwirtschaft gibt es eine umfangreiche Debatte genau um diese Fragen. Dabei werden unterschiedlichste Positionen vertreten, von optimistischen Hoffnungen in die moralische Selbststeuerung von Handlungsbereichen bis hin zur pessimistisch oder gar zynischen Annahme, dass sich gegen die Logik eines Systems nun einmal nicht ankommen lasse. Immerhin sind jedem Handlungsbereich aber durch politische und juristische Regeln Grenzen gesetzt, und selbstverständlich ist es beispielsweise für einzelne Unternehmer auch immer möglich, aus eigenen moralischen Überzeugungen Entscheidungen zu fällen, die kurz- und/oder langfristig weniger Gewinne bedeuten. Es geht in diesem Kontext und für unser Thema auch nicht um ein Schwarz-/Weiß-Zeichnen von Handlungsbereichen im Sinne eines Kommunikations-Determinismus, sonder lediglich um das Verständnis des Prinzips grundlegender Funktionsorientierungen aller Handlungen und Kommunikationen in unterschiedlichen gesellschaftlichen Bereichen. Jeder, der im Wirtschaftssystem wie in jedem sozialen Handlungsbereich agiert und kommuniziert, sollte sich über die spezifische Logik der jeweiligen Bereiche vorher im Klaren sein, um dann mündig und selbständig mit den jeweiligen Eigenregeln der Bereiche umgehen und in einer Weise kommunizieren zu können, die für den jeweiligen Bereich angemessen ist.

10 Hinweise zur Stärkung situations- und kontextgerechter Kommunikationskompetenzen

In den Ausführungen über adressaten-, situations- und kontextgerechte Kommunikation sollte zumindest eines deutlich geworden sein: Jede Kommunikationssituation ist geprägt durch eine hochgradig komplexe und miteinander verwobene Gemengelage aus sich gegenseitig beeinflussenden Faktoren und Aspekten, die sozusagen in einem oszillierenden Zustand gleichzeitig die Situation und mögliche Handlungen prägen und zugleich durch tatsächliche Handlungen und Kommunikationen beeinflusst und bestimmt werden. Kommunikation ist somit durch eine Situation nie determiniert, also vorbestimmt, zugleich ist keine Situation vollständig undefiniert und ‚frei'. Die Vielzahl der Faktoren, die Sie kennengelernt haben, mag zunächst unüberschaubar und einschüchternd wirken: die konkreten Adressaten mit ihren persönlichen Vorlieben und Vorgeschichten sowie ihren spezifischen situationsbezogenen sozialen Rollen, die soziale Rahmung durch Handlungsbereiche und spezifische soziale Situationen mit ihren unterschiedlichen Graden an Formalisierung, die Bandbreite an möglichen Kommunikationsstilen sowie die vielfältigen und widerstreitenden eigenen Kommunikationsimpulse durch das ‚innere Team'. In ihrer Vielzahl machen es die Faktoren schwer, den Spagat zwischen persönlicher und situativer Angemessenheit in der Kommunikation zu erzielen. Doch das ist nur die eine Perspektive.

Pluralität als Herausforderung

Sie können die Lage auch von einer anderen Seite aus betrachten: Stellen Sie sich vor, Sie wären durch die äußeren Rahmenbedingungen vollständig vorbestimmt. Die Frage nach angemessener Kommunikation würde sich dann nicht mehr stellen – sie müssten nur wie in kirchlicher Liturgie die richtigen Formeln aufsagen und würden korrekt handeln. Eine beängstigende Vision! Wenn Sie dagegen die vielen Faktoren, die eine Situation bestimmen, als Eröffnung von Handlungsmöglichkeiten verstehen, ergibt sich eine Perspektive der Freiheit und Orientierung zugleich: Kontext und soziale Rahmung nehmen Ihnen die Last und die Unsicherheit vollkommen undefinierter Situationen ab, bieten Ihnen aber in der Regel

Pluralität als Handlungsspielraum

immer noch zahlreiche Möglichkeiten zur Gestaltung Ihrer eigenen Rolle in der jeweiligen Situation. Und Sie haben inzwischen einen systematischen Überblick über die verschiedenen Aspekte und Möglichkeitsfelder – zum Beispiel unterschiedliche Kommunikationsstile und die eigene innere Teamaufstellung – kennengelernt, mit denen Sie Ihre Rolle jeweils prägen und personal angemessen gestalten können.

Stärkung der eigenen Kompetenz

Diese Handlungs- und Gestaltungsmöglichkeiten zu erweitern und zu entwickeln, lohnt sich gleich in zweifacher Hinsicht: Sie können sich dann zugleich angemessener in Situationen verhalten und erhöhen Ihre eigenen Variationsmöglichkeiten. Salopp gesagt: Wenn Sie sich schon ‚daneben' verhalten, geschieht dies gezielt und nicht aus Unsicherheit oder Unkenntnis. Die eigene Kompetenz in dieser Hinsicht zu erhöhen, ist wie bei allen Kommunikationskompetenzen keine Frage des Formelwissens oder der Checklisten. Sehen Sie Kommunikation auch in dieser Hinsicht nicht als selbstverständlich und ‚normal' an, sondern schärfen Sie Ihr Beobachtungsvermögen für die Unterschiedlichkeit von Kommunikationskontexten, -situationen und -konstellationen, und versuchen Sie, diese verschiedenen Faktoren und sich selbst mithilfe der in diesem Kapitel entwickelten Kategorien zu analysieren und zu verstehen. Versuchen Sie, eigene Spielräume und Variationsmöglichkeiten zu erkennen; Sie werden dann in einer Mischung aus analytischer, theorieorientierter Beobachtung und praktischer – wo akzeptabel auch durchaus spielerischer – Selbsterprobung Ihre Kompetenzen in der Anpassung an und Mitgestaltung von kommunikativen Situationen erweitern.

1 Mündliche und schriftliche Kommunikationen im Studium

> *„Anders als im Leben gilt im Studium oft die Devise:*
> *‚Schweigen ist Silber, Reden ist Gold.'"*
> (Anon.)

> *„Leider hat das herkömmliche Schulsystem [...] zu der weitverbreiteten*
> *Vorstellung geführt, daß man lernt, um Prüfungen zu bestehen, und*
> *nicht, um intellektuell fähiger und erfolgreicher zu werden."*
> (Ernst von Glasersfeld 1997: 285)

Bisher standen in vielen unserer Beispiele mündliche Kommunikationsformen im Mittelpunkt, weil diese unsere Alltagswelt stark prägen. Es ist aber ganz offensichtlich, dass medial vermittelte Kommunikationsformen ebenso allgegenwärtig sind. Insbesondere im Beruf und eben auch im Studium stellt Kommunikation durch Texte (in verschiedenen medialen Technologien realisiert vom Buchdruck über handschriftliche Anmerkungen und Notizen bis zum online gelesenen PDF oder zur E-Mail) oft sogar die dominante Kommunikationsform dar. Ungeachtet der Vielzahl unterschiedlicher Texttheorien und Forschungstraditionen, die hier nicht im einzelnen dargestellt werden können (vgl. Kammer/ Lüdeke 2005), wird mit dem Begriff ‚Text' zunächst einmal „eine geordnete Menge von Elementen" und die „höchste Sinneinheit von sprachlichen Äußerungen" (ebd.: 11) bezeichnet. Texte sind aber nicht bloß fixierte und zusammenhängende sprachliche Einheiten, sondern sie sind genauso wie jede andere Kommunikation stets in Situationen und Kontexte eingebettet. Ein Text ist somit nicht bloß eine über der Satzebene angesiedelte höhere sprachliche Sinneinheit, sondern auch ein Medium der Kommunikation, das jeweils spezifische Adressaten, situative Kontexte und Rahmungen sowie spezifische Funktionen hat. Da wir bisher noch nicht ausführlich auf die Besonderheiten textlicher und schriftlicher Kommunikation eingegangen sind, wird dieser Aspekt der Kommunikation im Studium am Ende dieses Kapitels einen besonderen Schwerpunkt bilden und sowohl texttheoretisch beleuchtet als auch mit konkreten praktischen Hinweisen vorgestellt werden. Dies erscheint als Schwerpunkt dieses Kapitels sinnvoll, nicht zuletzt, um der besonderen Rolle von Schriftlichkeit im Studium und auch im Berufsleben – das im folgenden Kapitel ausführlicher besprochen wird – gerecht zu werden.

Texte als Medien der Kommunikation

Doch auch wenn Wissenschaft sehr stark durch schriftliche Kommunikationsformen geprägt ist, hat auch die mündliche Kommunikation an Hochschulen und nicht zuletzt im Studium eine zentrale Bedeutung: Das Bild des über Bücher gebeugten Forschers mag noch viele Vorstellungen von Wissenschaft prägen, doch sowohl das wissenschaftliche Lehren

Mündliche Kommunikationen im Studium

und Lernen als auch die Forschung sind heute geprägt durch ein reges kommunikatives Treiben: Es wird in Teams gearbeitet, über Fächergrenzen hinweg auf Tagungen diskutiert und in Vorlesungen und Seminaren gelehrt, in Sprechstunden beraten und in Prüfungen der Studienerfolg bewertet. Sie sehen: Mündliche Kommunikationsformen sind an der Universität nicht minder wichtig und präsent als schriftliche.

Kommunikation im Spannungsfeld vielfältiger Ansprüche

Die ‚Einsamkeit' des Forschers ist heute eine relative, und manch ein Wissenschaftler kommt angesichts von den vielen Kommunikationsansprüchen, die an ihn von Studierenden, Verwaltung oder Fachkollegen herangetragen werden, kaum noch zur eigentlichen Forschung – eine Klage, die landauf, landab durch die Universitätsflure schallt und die auch für Sie in Ihrer Kommunikation relevant ist: Sie konkurrieren mit Ihren Kommunikationswünschen, mit Ihren berechtigten Fragen, Bitten und Anliegen stets mit einer Vielzahl anderer Menschen, die ebenfalls subjektiv wichtige und dringende Bedürfnisse vortragen. Aus eigenem Interesse und auch als Gebot der Fairness ist es deshalb wichtig, jeweils je nach Priorität geeignete Kommunikationsformen zu wählen und die Kommunikationssituationen so zu gestalten, dass die jeweilige Funktion und das Anliegen deutlich werden und nachvollziehbar sind. Im besten Fall stechen Sie dann auch mit Ihren Fragen, Bedürfnissen oder auch Anregungen heraus, weil sie auf eine Art vorgetragen sind, die als besonders reflektiert oder prägnant auffällt. Denn auch im wissenschaftlichen Kontext geht es nicht nur darum, Wissen zu erwerben und neues Wissen zu produzieren, sondern dies auch kommunikativ präsentieren und vermitteln zu können sowie den Prozess des Wissenserwerbs kommunikativ erfolgreich zu gestalten. Wissenschaftler und Studierende müssen heute in besonderem Maße exzellente Kommunikatoren sein – schriftlich wie mündlich.

2 Mündliche Kommunikationsformen im Studium

Formelle und informelle Kommunikationsformen im Studium

Wie Sie in Kapitel 6.4 gesehen haben, gibt es in allen sozialen Kontexten stärker und weniger stark formalisierte Kommunikationsformen. Dies gilt auch im Studium und an der Universität: Das Mensagespräch mit Kommilitonen kann vergleichsweise zwanglos sein, auch wenn je nach Vorgeschichte und individuellen Beziehungen in der Regel gewisse thematische Einschränkungen oder zumindest Fokussierungen gelten. Hingegen sind Situationen wie mündliche Prüfungen sehr stark formalisiert und an bestimmte Orte, Teilnehmer, Abfolgen und Themen gebunden. Im Folgenden werden wir auf drei tendenziell stärker formalisierte Kommunikationssituationen kurz eingehen: Referate, Sprechstunden und Prüfungen. Am Ende dieses Unterkapitels finden Sie Lektürehinweise, anhand derer Sie sich ausführlicher mit den verschiedenen mündlichen Kommunikationsformen im Studium beschäftigen können, die in diesem Buch im Kontext umfassender Kommunikationskompetenzen nur knapp und exemplarisch angesprochen werden können.

Die meisten informellen Kommunikationssituationen – Mensagespräche, Referatsvorbesprechungen usw. – werden für Sie so lange relativ unproblematisch sein, wie sie ,auf Augenhöhe' stattfinden, also zum Beispiel allein unter Studierenden oder unter Doktoranden. Unproblematisch heißt nicht konfliktfrei; aber mit Ihren generellen Kommunikationskompetenzen werden Sie in der Regel in der Lage sein, solche Situationen produktiv zu gestalten und Konflikte oder Missverständnisse zu beheben. Unsicher werden viele Menschen dann, wenn sie in informelle Situationen mit Personen geraten, die sie nur aus formalisierten Kontexten kennen: Was tue ich, wenn mein Professor in der Mensa neben mir sitzt oder hinter mir in der Schlange im Supermarkt oder im Kino steht? Es ist verständlich, dass es irritierend sein kann, wenn sich sozusagen zwei Rollen-Welten auf einmal begegnen – übrigens für beide Seiten, denn auch der Professor ist wahrscheinlich als Privatmann, als Freund oder Ehepartner im Kino und nicht in erster Linie als Professor. Solche Situationen sind zugleich völlig normal, und wichtig ist es dabei lediglich, ein Gespür für die gegenseitige Einschätzung der Situation zu entwickeln: Ein älterer Professor, der viel Wert auf Förmlichkeit legt, wird wahrscheinlich einen ähnlich respektvoll-distanzierten Ton erwarten, wie er es in seiner Sprechstunde täte. Mit anderen Personen, die man womöglich auch schon besser kennengelernt hat, mag ein kurzer Smalltalk angenehm sein und sogar einen hilfreichen Anknüpfungspunkt für spätere formellere Gespräche bieten. Wichtig ist vor allem, die Balance zwischen privater Rahmung und wissenschaftlichem Kontext zu bewahren und nicht in einer Art zu kommunizieren, die spätere formelle Kommunikationen erschwert oder beschädigen kann. Außerdem ist es wichtig zu berücksichtigen, dass ggf. auch die andere Seite gerade in einer anderen Rolle und womöglich eben nicht beruflich agieren möchte, und diesen privaten Rahmen gilt es zu respektieren.

Der Umgang mit informellen Situationen in einem formellen Kontext

Häufiger als mit diesem Sonderfall, in dem informelle und formelle Kontexte aufeinanderstoßen, werden Sie es im Studium mit eindeutig formalisierten Kommunikationsformen zu tun haben. Eine wichtige Form ist das Referat, bei dem Sie im Rahmen eines Seminars zu einem Thema präsentieren sollen. Dabei wird meist der rein logistische formelle Rahmen, das heißt vor allen Dingen der zeitliche Umfang, ausdrücklich festgelegt, ebenso wie das Thema und die Fragestellung. Über diese Angaben hinaus wird das Format ,Referat' mit seinen Konventionen jedoch an der Universität oft sträflich wenig thematisiert, geschweige denn gelehrt, obwohl es meist klare Erwartungen und formale Vorgaben gibt. Die Herausforderung eines jeden Referats ist es, einerseits auf interessante und spannende Weise Wissen zu präsentieren und zu vermitteln, dabei andererseits aber stets wissenschaftlichen Standards Rechnung zu tragen

Kommunikationsform Referat

und nicht in anekdotenhafte oder stark subjektiv gefärbte ‚Ich find das ja gut/schlecht'-Äußerungen abzuleiten. Sie werden aber feststellen, dass die Ihnen bereits bekannte Systematisierung von Kommunikation und die Hinweise zu angemessener Kommunikation Ihnen auch bei der Gestaltung von Referaten sehr viel weiter helfen kann. Stellen Sie sich in der Vorbereitung die Standardfragen für jede Kommunikationssituation:

▶ Was ist die Vorgeschichte, was können Sie voraussetzen?
▶ Wer ist Ihre Zielgruppe, in welcher Rolle sprechen Sie zu ihr?
▶ Was ist das Ziel Ihres Referats, was möchten Sie vermitteln?
▶ Welche Medien können Sie für dieses Ziel sinnvoll einsetzen?

Außerdem können Sie aus Ihren eigenen Erfahrungen schöpfen:

▶ Welche Referate haben Sie in der Vergangenheit beeindruckt und warum?
▶ Wie waren Referate gestaltet, denen Sie gut folgen konnten und deren Inhalt Sie längere Zeit beschäftigt hat?
▶ Wann finden Sie Referate langweilig oder unverständlich? Wie können Sie selbst dies vermeiden?

Wissenschaftliche Kommunikation beginnt mit Fragen

Das spezifische an der Referatssituation ist somit, dass es eine präsentierende und lehrende Situation, das heißt, Sie müssen didaktische Kompetenzen und Präsentationskompetenzen beherrschen – für beides finden Sie zwei sehr nützliche Literaturhinweise zur Vertiefung am Ende dieses Unterkapitels. Zugleich reicht es aber nicht, eine fesselnde Präsentation zu liefern – dies könnten Sie auch bei einer Produktpräsentation in der Wirtschaft leisten müssen. Sie müssen auch Ihre Art der Kommunikation an das Handlungsfeld Wissenschaft anpassen und den darin allgemein gültigen Regeln und Erwartungen entsprechen. Ziel von wissenschaftlicher Praxis ist es, wie Sie gelernt haben, auf der Basis von Theorien und in der Anwendung von Methoden wissenschaftliches Wissen, das heißt intersubjektiv gültiges und als ‚wahr' geltendes Wissen, zu produzieren. Wissenschaftliche Praxis beginnt somit immer mit einem Nicht-Wissen, also einer Frage und einem spezifischen Erkenntnisinteresse, das durch eine Antwort und damit durch neues Wissen gestillt werden soll. Dies ist einer der wichtigsten Orientierungspunkte für Referate, aber auch mündliche Prüfungen und alle wissenschaftlichen Formen der Kommunikation: Stellen Sie nicht ein Thema in allen Facetten vor – solche Vorträge, die auditiv nebeneinandergestellt Punkt an Punkt reihen und meinen, sie könnten so Vollständigkeit erzielen, sind zum Scheitern verurteilt und zumeist auch sterbenslangweilig. Entwickeln Sie daher ein eigenes Interesse an Ihrem Thema, versuchen Sie eine Frage zu finden, die Sie mit Ihrem Thema beantworten können, und nutzen Sie dieses Interesse als Leitmotiv und roten Fragen für den ganzen Vortrag. Sie werden sehen: Aus Ihrer Frage entwickeln sich Schwerpunkte, Gewichtungen und in diesem Prozess auch eine Struktur für den Vortrag, die im besten Fall wie eine Geschichte aufgebaut ist: Zum Beispiel Problem – Zuspitzung – Lösung. Wenn Sie Ihre Frage schließlich auch noch begründen können und auch

Ihren Weg der Beantwortung transparent machen und systematisch beschreiten, haben Sie einen großen Schritt hin nicht nur zu einem interessanten Vortrag, dem man folgen kann, gemacht, sondern auch zu einem, der wissenschaftlichen Standards entspricht.

Vor Ihrem ersten Referat werden Sie wahrscheinlich aufgeregt sein; vor Ihrer ersten mündlichen Prüfung sind Sie es mit Sicherheit. Mündliche Prüfungen gehören zu den seltenen, dafür aber besonders entscheidenden Kommunikationsformen im Studium. Gerade weil man sie in der Regel nicht üben kann – nur wenige Studiengänge und Dozenten bieten zur Vorbereitung gestellte Probe-Prüfungen bzw. ,mock exams' an –, ist man nicht nur dem Leistungsdruck der Prüfungssituation, sondern auch einer kommunikativen Unsicherheit im Hinblick auf die Gestaltung der Prüfung ausgeliefert. Der vielleicht wichtigste Hinweis vorweg: Praktisch kein Professor prüft Sie, um Ihre Wissenslücken oder Schwachstellen zu finden. Eine erfolgreiche Prüfung ist auch für Prüfer sehr viel erfreulicher als eine schlechte oder zähe, unergiebige und im Ergebnis unbefriedigende. Im Idealfall – wenn Sie gut vorbereitet sind und ein echtes Interesse an Ihrem Thema entwickeln konnten – können Prüfungen sogar richtig Spaß machen, denn dann werden sie zu einem wissenschaftlichen Gespräch auf Augenhöhe, bei dem Sie Ihr Wissen präsentieren, systematisieren, Kritik üben und nicht ,abgefragt' werden, sondern gemeinsam mit den Prüfern wissenschaftliche Fragen diskutieren. Die Prüfer werden sich jedenfalls in der Regel alle Mühe geben, die Situation für Sie so angenehm wie möglich zu gestalten und Ihnen einen Raum zu geben, in dem Sie Ihr Wissen zeigen können. Dafür sollten Sie sich ähnlich vorbereiten, wie auf ein Referat, denn auch Prüfungen beginnen oft mit einer knappen, zeitlich begrenzten Themenpräsentation. Wenn Sie in Ihrem Vortrag ein Erkenntnisinteresse, eine leitende Fragestellung präsentieren können, diese in einer klaren und transparenten Gliederung schrittweise bearbeiten und am Ende Fragen zur weiteren Diskussion im Gespräch vorstellen, ist der Grundstein für eine erfolgreiche Prüfung gelegt.

Kommunikationsform mündliche Prüfung

Und dies ist das Paradox der Prüfung: Die vielleicht formal am strengsten geregelte Kommunikationsform im Studium bietet letztlich sehr viele Freiheiten. Kommunikativ gilt es dabei für Sie all die Faktoren zu beachten und aktiv zu gestalten, die Sie für Kommunikationssituationen insgesamt als relevant kennengelernt haben: Sprechen Sie adressatenorientiert, das heißt gehen Sie gezielt auf Ihre Prüfer ein. Wählen Sie einen Kommunikationsstil und gestalten Sie Ihre Selbstdarstellung so, dass Sie zugleich authentisch sind und nicht das Gefühl haben, sich verstellen zu müssen, aber auch dem wissenschaftlichen Kontext angemessen kommunizieren. Versuchen Sie vor allen Dingen nicht zu bluffen, wenn Sie einmal etwas nicht wissen: Seien Sie lieber offen und geben Sie ehrlich Wissenslücken zu, als im Dunkeln zu stochern. Es ist nicht schlimm, einmal etwas nicht zu wissen, aber es ist dreist zu meinen, dies vor Ex-

Prüfung als Kommunikationsform

perten kaschieren zu können. Zu einer guten Vorbereitung gehört in besonderem Maße auch eine klare vorherige Abstimmung mit Ihrem Prüfer in der Sprechstunde – der Kommunikationsform, auf die wir abschließend für mündliche Kommunikationsformen im Studium noch eingehen möchten.

Kommunikations-form Sprech-stunde als heterogene Kommunikations-situation

Sprechstunden von Dozenten gehören zu den schwierigsten Kommunikationssituationen und zählen häufig – für alle Beteiligten – zu den besonders anstrengenden und biweilen frustrierenden Erfahrungen: Lange Schlangen und Wartezeiten stehen sehr eingeschränkten Gesprächsmöglichkeiten gegenüber, und allzu oft verlassen Studierende Sprechstunden mit dem Gefühl, nicht klüger als zuvor zu sein – oder gar noch zusätzlich verwirrt oder irritiert. Die Herausforderung von Sprechstundensituationen ist vor allen Dingen, dass sie einerseits durchaus formalisiert sind, zum Beispiel im Hinblick auf den Ort, den Zeitpunkt und die Zeitdauer, die begrenzten Teilnehmer, eine Hierarchisierung der Kommunikationssituation und die Einschränkung auf ein oder zumindest sehr wenige Themen pro Gespräch. Zugleich aber ist die Sprechstunde andererseits eine vergleichsweise offene Kommunikationsform, bei der sehr unterschiedliche Ziele verfolgt werden: Eine Prüfung will immer benotbares Wissen und Können überprüfen. In einer Sprechstunde aber kann es um die Absprache eines Hausarbeits- oder Prüfungsthemas gehen, um Rückmeldungen zu einer geleisteten Arbeit, es kann um ein Gutachten für ein Stipendium gebeten werden, um einen inhaltlichen Ratschlag bei einer Forschungsarbeit oder auch um Beratung und Unterstützung bei Fragen zu Perspektiven nach dem Studium (z.B. eine Promotion) oder bei Konflikten im Studium. Für den Dozenten ist die gesamte Sprechstunde daher eine sehr heterogene Kommunikationssituation, bei der er in kurzen Abständen jeweils zwischen sehr unterschiedlichen Anliegen und Bedürfnissen umschalten muss.

Die Notwendig-keit einer klaren Situations-definition in Sprechstunden

Es ist daher wichtig, dass Sie Ihr Bedürfnis vorher für sich selbst klar definieren und dann ebenso klar und nachvollziehbar vortragen. Durch den fast immer bestehenden Zeitdruck sollten Sie sich nicht dazu verleiten lassen, hektisch zu werden, sich aber besonders um Präzision bemühen und sich nur auf wirklich notwendige Aspekte beschränken. Je klarer Sie Ihre Frage, Ihr Anliegen oder Ihren Wunsch vortragen – und ggf. auch bereits Lösungsvorschläge oder alternative Handlungsoptionen aufzeigen –, desto wahrscheinlicher ist es, dass der Dozent auf Ihr Anliegen angemessen reagieren und Ihnen eine hilfreiche Antwort geben kann. Auch in diesem Kontext gilt also: Beantworten Sie sich selbst vorher die entscheidenden Fragen zur Kommunikationssituation (Vorgeschichte, eigene Rolle, Beziehung zu anderem Teilnehmer, Thema, Funktion/Ziel der Kommunikation), und machen Sie dann im Gespräch Anlass und Funktion/Ziel des Gesprächs transparent. So setzen Sie den Rahmen der Kommunikationssituation nachvollziehbar und geben dem Dozenten die

Gelegenheit, nun selbst angemessen zu reagieren, da er weiß, worum es Ihnen geht.

In Sprechstunden ist es darüber hinaus besonders wichtig, die oben beschriebene zweifache Perspektive der Adressatenorientierung ernst zu nehmen: Sie sprechen zu einem Professor bzw. einem Hochschuldozenten, der eine relativ stabile soziale Rolle innehat. Zugleich führt die Unabhängigkeit des Professorenstatus wie auch die Verschiedenheit von Fachkulturen dazu, dass viele Professoren diese Rolle sehr unterschiedlich ausfüllen. Wie viel Förmlichkeit und Distanzierung in der Kommunikation angebracht ist, hängt beispielsweise sehr stark von der individuellen Einstellung des Dozenten ab und lässt sich nicht allein aus der Rolle ‚Professor' und nicht einmal aus anderen Faktoren wie Fachzugehörigkeit oder Alter sicher ableiten. Da Sie jedoch im Zweifel mit einer förmlicheren Kommunikation bei einem eher ‚lockeren' Dozenten weniger Schaden anrichten als mit einer undistanzierten bei einem auf Distanz und Form bedachten Professor, ist es immer sinnvoll, im Zweifel förmlichere Register und Kommunikationsstile zu wählen. Schließlich sollten Sie in Sprechstunden auch bedenken, dass nicht alle Dozenten gleich kompetent bei unterschiedlichen Anliegen sind, und auch hierauf Ihre Fragen und Erwartungen in Sprechstunden abstimmen. Manch ein Professor kann zum Beispiel hervorragend mit noch vagen und suchenden Ideen oder Fragen zu einem Hausarbeits- oder Examensarbeitsthema umgehen und kann diese systematisieren und zuspitzen, so dass schnell ein konkretes Thema gefunden ist. Andere erwarten dagegen präzise Fragen oder Ideen von Ihnen und können besser mit bereits sehr genau formulierten Bedürfnissen oder Problembeschreibungen umgehen und hierzu Anregungen oder Hilfestellungen geben. Wie im Umgang mit allen Menschen werden Sie die kommunikativen und auch intellektuellen Stärken und Schwächen Ihrer Dozenten im Lauf der Zeit kennenlernen. Auch in Sprechstunden ist es sehr sinnvoll und wichtig, sich adressatenorientiert auf das jeweilige Profil der Personen einzustellen.

Adressatenorientierung in Sprechstunden

LEKTÜRE-TIPPS

Ausführlichere Hinweise zu mündlichen Kommunikationsformen im Studium finden Sie in folgenden empfehlenswerten Büchern:

Präsentationen, Referate, Sprechstunden

- BLOD, GABRIELE: *Präsentationskompetenzen: Überzeugend präsentieren in Studium und Beruf.* Stuttgart: Klett 2007.
- HALLET, WOLFGANG: *Didaktische Kompetenzen: Lehr- und Lernprozesse erfolgreich gestalten.* Stuttgart: Klett 2006.
- HÄNDEL, DANIEL, ANDREA KRESIMON & JOST SCHNEIDER: *Schlüsselkompetenzen: Reden – Argumentieren – Überzeugen.* Stuttgart: Metzler 2007.

Prüfungen und Prüfungsvorbereitung

- HEINEN, SANDRA: „Die Vorbereitung auf die mündliche Prüfung". In: *Handbuch Promotion. Forschung – Förderung – Finanzierung.* Hgg. ANSGAR NÜNNING & ROY SOMMER. Stuttgart/Weimar: Metzler 2007. S. 298–302.

3 Textualität, Textsorten und Textsortenbewusstsein im Studium

Ebenso wie es in der mündlichen Kommunikation sehr unterschiedliche Konstellationen und Situationen – vom Abendessen in der Familie über das Referat bis zum Bewerbungsgespräch – gibt, so gibt es auch ganz unterschiedliche Konstellationen von Kommunikation durch bzw. mit Texten. Eine wichtige Voraussetzung dafür, um schriftlich möglichst effektiv und erfolgreich kommunizieren zu können, besteht darin, sich die Unterschiede zwischen verschiedenen Arten von Texten und deren jeweilige Konventionen bewusst zu machen. Diese verschiedenen Arten von Texten lassen sich als ‚Textsorten' bezeichnen, und unterschiedliche Textsorten stellen unterschiedliche Anforderungen sowohl an die Autoren wie auch an die Leser. Ganz analog zur mündlichen Kommunikation rücken in dieser kommunikationsorientierten Perspektive vor allem die jeweiligen Adressaten und der Kontext von Texten in den Blick.

Zur Beschreibung von Texten und Textsorten werden daher in der Textlinguistik neben der grammatischen Beschaffenheit von sprachlichen Äußerungen kommunikative Aspekte einbezogen. So unterscheiden die Sprachwissenschaftler DE BEUGRANDE und DRESSLER (1981) sieben Kriterien der Textualität, die bei jeder Textproduktion eine – variabel große – Rolle spielen und die deshalb auch alle für eine Verbesserung der eigenen Textsortenkompetenz von Interesse sind. Während die ersten beiden Kriterien textzentrierte Begriffe sind, handelt es sich bei den anderen fünf um benutzerzentrierte Kriterien (vgl. zum Folgenden DE BEUGRANDE/ DRESSLER 1981: 3ff.). Gleichgültig, um welche Textsorte es sich im Einzelfall handelt, sollten diese sieben Kriterien der Textualität beachtet werden, wenn man einen Text schreibt. Vor allem ist es wichtig, sich den jeweiligen kommunikativen Kontext von Textsorten bewusst zu machen und den zu schreibenden Text entsprechend zu gestalten.

1. **Kohäsion:** Dieses Kriterium „betrifft die Art, wie die Komponenten des Oberflächentextes, d.h. die Worte, (…) miteinander verbunden sind" (ebd.: 3f.);
2. **Kohärenz:** Hingegen ist Kohärenz das Ergebnis der Relationen bzw. Beziehungen zwischen den Begriffen und anderen Komponenten eines Textes, die diesen als eine zusammenhängende und sinnvolle Einheit erscheinen lassen; Kohärenz ist nicht allein auf rein sprachliche Kohäsion zurückzuführen, sondern auch auf das Weltwissen der Sprachbenutzer, die „so viele Relationen beisteuern, als nötig sind, um den vorliegenden Text sinnvoll zu machen" (ebd.: 5).
3. **Intentionalität:** Dieses Kriterium bezieht sich auf die Einstellung bzw. Absicht des Textproduzenten, der einen grammatisch korrekten, zusammenhängenden und sinnvollen Text bilden will, um jeweils ein bestimmtes Ziel zu erreichen.

4. **Akzeptabilität:** Umgekehrt bezieht sich das Kriterium der Akzeptabilität auf die Einstellung des Rezipienten, der bestimmte Erwartungen an eine Textsorte (z.b. einen Brief, eine E-Mail oder einen Essay) hat und Verstöße gegen die Konventionen der jeweiligen Textsorte inakzeptabel findet. Für alle Texte und Textsorten gilt folgender Grundsatz: „Damit ein Text seine kommunikative Funktion erfüllt, ist es nötig, beim Schreiben an die Adressaten zu denken, die ihn lesen werden" (FRANK et al. 2007: 3).

5. **Informativität:** Dieses Kriterium bezeichnet „das Ausmaß der Erwartetheit bzw. Unerwartetheit oder Bekanntheit bzw. Unbekanntheit/Ungewißheit der dargebotenen Textelemente" (DE BEUGRANDE/DRESSLER 1981: 10f.).

6. **Situationalität:** Dieses Kriterium bezieht sich auf die jeweilige Kommunikationssituation bzw. auf die Faktoren, die einen Text für die jeweilige Kommunikationssituation relevant machen (vgl. ebd.: 12).

7. **Intertextualität:** Dieses Kriterium bezeichnet die Eigenschaften von Texten, stets auf andere Texte bezogen zu sein. Erst durch Intertextualität entstehen letztlich Textsorten: Intertextualität ist „für die Entwicklung von Textsorten als Klassen von Texten mit typischen Mustern von Eigenschaften verantwortlich" (ebd.: 13).

Diese sieben Kriterien der Textualität lassen bereits erkennen, dass sich verschiedene Textsorten nicht bloß durch sprachliche Aspekte unterscheiden, sondern auch durch jene kommunikationsbezogenen Faktoren, die wir in den vorausgegangenen Kapitel vorgestellt haben. Der Begriff ‚Textsorte' geht von der Einsicht aus, dass es bestimmte Arten, Klassen oder Typen (bzw. ‚Sorten') von Texten gibt, die sich durch gemeinsame Merkmale bzw. typische Muster von Eigenschaften auszeichnen. Textsorten sind mehr oder weniger stark konventionalisiert bzw. schematisiert und lassen sich von anderen Formen von Texten unterscheiden: „Eine Textsorte kann allgemein als eine Klasse von Texten beschrieben werden, die einem komplexen Muster sprachlicher Handlungen zuzuordnen sind." (ERMERT 1979: 66) Mit dem Begriff werden also verschiedene Arten von Texten bezeichnet, die aufgrund bestimmter formaler oder inhaltlicher Merkmale bzw. Konventionen eigenständige Gruppen bilden. Während man im Falle von Romanen, Gedichten, Dramen und anderen literarischen Texten in der Literaturwissenschaft von ‚Gattungen' spricht, hat sich der in der Linguistik entstandene Begriff der Textsorten bzw. *text types* für nicht-literarische bzw. nicht-fiktionale Arten von Texten eingebürgert. „Wie der Begriff bereits impliziert, geht es darum, Texte nach bestimmten Kategorien zu ‚sortieren' oder einzuordnen." (SOMMER 2006: 24)

‚Textsorten' als Ordnungsbegriff für nicht-literarische Texte

Für erfolgreiche schriftliche Kommunikation ist die Kenntnis der Konventionen von Textsorten deshalb wichtig, weil letztere die Produktion und Rezeption entsprechender Texte erleichtert, denn Textsorten fungie-

Jede Textsorte hat Konventionen

ren als Schemata, die die Erwartungen prägen: Sie sind „globale Rahmengebilde, die das Repertoire der möglicherweise verwendbaren Optionen kontrollieren" (DE BEAUGRANDE/DRESSLER 1981: 156). Sprecher einer Sprache haben in der Regel ein implizites Wissen über verschiedene Textsorten und „sind in der Lage, verschiedene Textsorten zu identifizieren und texttypologische Regeln zu entdecken und anzuwenden" (VATER 1992: 159). So weiß wohl jeder, was eine E-Mail, ein Kochrezept, ein Horoskop oder ein Wetterbericht ist, auch wenn nicht alle sofort in der Lage wären, jede dieser Textsorten selbst zu produzieren. Im Gegensatz zu stark schematisierten Textsorten wie den zuletzt genannten Beispielen sind andere Gebrauchstextsorten wie Briefe, Reportagen oder Zeitungsberichte weniger stark festgelegt und lassen dem Einzelnen entsprechend mehr Gestaltungsspielraum.

4 Textsortenkompetenzen im Studium

Textsortenkompetenz als Bündel von Fähigkeiten

Im Falle von schriftlicher Kommunikation im Studium haben Sie es mit einer ganzen Reihe von unterschiedlichen Textsorten zu tun, auf die wir später noch näher konkret eingehen werden. Für alle diese Arten von Texten benötigen Sie ‚Textsortenkompetenz', die sich ebenso wie allgemeiner Kommunikationskompetenzen als die Kombination eines Bündels von Kenntnissen und Fähigkeiten verstehen lässt, über die eine Person im Umgang mit Texten verfügt. Textsortenkompetenzen ermöglichen es Menschen, Texte intuitiv bestimmten Textsorten zuzuordnen und umgekehrt Texte gemäß der formalen, inhaltlichen und stilistischen Konventionen bestimmter Textsorten zu verfassen: Textsortenkompetenzen umfassen die Kenntnisse und Fähigkeiten bzw. die Beherrschung der Regeln, die für eine erfolgreiche Rezeption und Produktion eines möglichst breiten Spektrums verschiedener Arten von Texten erforderlich sind. Textsortenkompetenz ist somit zum einen eine zentrale Teilkompetenz jener kognitiven, sprachlichen, stilistischen und rhetorischen Fähigkeiten, die als ‚Schreibkompetenz' (vgl. SOMMER 2007b: 269) und auch als Teile des Oberbegriffs der ‚Kommunikationskompetenzen' (vgl. dazu Kapitel 5) zusammengefasst werden können. Zum anderen beinhalten Textsortenkompetenzen aber auch ein Wissen über die Funktion von bestimmten Arten von Texten in menschlicher Interaktion (vgl. DE BEAUGRANDE/DRESSLER 1981: 3 und 189f.). Bei Textsortenkompetenzen geht es daher nicht bloß um die Kenntnis der formalen, inhaltlichen und sprachlichen Merkmale bestimmter Textsorten, die Kohäsion und Kohärenz (d.h. den ‚roten Faden') erzeugen, sondern auch um die Kenntnis der kommunikativen Verwendungszusammenhänge und Situationen, in denen spezifische Textsorten zur Geltung kommen.

Fundierte Textsortenkompetenzen sind nicht bloß ein zentraler Aspekt von Kommunikationskompetenzen, der für ein erfolgreiches Studium hilfreich und nützlich ist, sondern sie sind zugleich berufsqualifizierende Schlüsselkompetenzen. Ebenso wie andere Schlüsselqualifikationen sind Textsortenkompetenzen insofern relativ lange verwertbare Kenntnisse, Fähigkeiten und Fertigkeiten, als mit ihrer Hilfe in unterschiedlichen Situationen im Studium und im Berufsleben Probleme gelöst werden können. Textsortenkompetenzen sind insofern allgemeine berufsqualifizierende Kommunikationskompetenzen, als es sich um funktions- und berufsübergreifende Qualifikationen zur Bewältigung ganz unterschiedlicher beruflicher Anforderungs- bzw. Schreibsituationen handelt.

Zur Verbesserung Ihrer Kommunikationskompetenzen ist für Sie als Studierende vor allem wichtig, sich bewusst zu machen, dass Textsorten wiederkehrende Merkmale bzw. Konventionen haben, dass sie oftmals aus einer bestimmten Abfolge von Teiltexten bestehen und dass sie bestimmte kommunikative Funktionen erfüllen. Während sicherlich noch jeder weiß, dass ein Brief mit einer Anrede beginnt und in der Regel mit ‚freundlichen, herzlichen oder lieben Grüßen' endet, ist die Kenntnis vieler anderer Textsorten weit weniger verbreitet. Das gilt insbesondere für viele Textsorten, die im Studium eine große Rolle spielen. Während Textlinguisten im Kontext von Textsorten vor allem nach Möglichkeiten der Klassifizierung von Textsorten fragen, sind daher für Sie als Studierende in der akademischen Praxis die Kenntnis der wichtigsten Textsorten, denen sie im Studium begegnen sehr viel wichtiger, und damit verbunden die Kenntnis der Konventionen dieser Textsorten, deren Beherrschung meist stillschweigend vorausgesetzt wird.

Selbst wenn Sie sich bis zum Beginn des Studiums noch keine bewussten Gedanken über das Phänomen ‚Textsorten' gemacht haben, werden Sie bis zu dem Zeitpunkt bereits mehr oder weniger erfolgreich Erfahrungen im Umgang mit zahlreichen Textsorten gesammelt haben. Dazu zählen zunächst einmal Briefe, E-Mails, SMS, Tagebuch und andere Gebrauchstextsorten (z.B. Bedienungsanleitungen, Kochrezepte), die aus dem Alltag nicht mehr wegzudenken sind. Hinzu kommen weitere Textsorten, die schon in der Schule eine zentrale Rolle spielen, wie etwa Klausuren, Protokolle und schriftliche Hausarbeiten. Darüber hinaus begegnen nicht nur Schüler und Studierende fast täglich einem breiten Spektrum von Textsorten, das sich in jeder Tageszeitung findet (vom Leitartikel, Bericht und Kommentar bis zu Glosse, Cartoon, Tageshoroskop, Wettervorhersage und Stellenanzeigen), sowie von Fernsehformaten bzw. Mediengattungen (von der Tagesschau, anderen Nachrichtensendungen und Sportsendungen über Krimis und Spielfilme bis zur Flut der Daily Soaps, Sitcoms und Talkshows). Solche Textsorten können wohl die meisten Menschen ebenfalls intuitiv identifizieren und problemlos rezipieren, auch wenn sie sie wahrscheinlich nicht ohne weiteres selbst schreiben bzw. produzieren könnten.

Textsorten-kompetenzen als berufs-qualifizierende Schlüssel-kompetenzen

Textsorten-kompetenz wird im Studium oft vorausgesetzt

Jeder Mensch hat Erfahrung mit Textsorten

Wer seine schriftlichen Kommunikationskompetenzen gezielt weiterentwickeln möchte, wird jedoch feststellen, dass spätestens im Studium ein solcher Fundus von unreflektiertem bzw. ein bloß implizites und intuitives Wissen über diese und andere Gebrauchstextsorten, Formate und Mediengattungen nicht mehr ausreicht. Während es letztlich jedem Einzelnen überlassen bleibt, wie er oder sie die eigenen Notizen im Seminar, Mitschriften in der Vorlesung, Exzerpte oder Manuskripte für Referate gestaltet, sind fast alle anderen Textsorten, die im Studium verlangt werden, mehr oder weniger stark konventionell festgelegt bzw. schematisiert. Je bewusster Sie sich Kenntnisse und Fähigkeiten, d.h. explizites Wissen, in Bezug auf die Textsorten aneignen, die für das Studium und für spätere Berufsfelder besonders wichtig sind, desto größer ist die Wahrscheinlichkeit, dass sie im Studium und beim späteren Berufseinstieg erfolgreich sein werden. Denn die von Ihnen produzierten Texte zählen nicht nur zu den wichtigsten Leistungsanforderungen, die im Studium von Ihnen verlangt werden und die auch die Grundlage für Ihre Benotung bilden, sondern sie können auch der Schlüssel sein, der Ihnen die Tür zu potentiellen Arbeitgebern öffnet.

5 Schriftliche Kommunikation im Studium – Essays vs. Hausarbeiten

Wir können an dieser Stelle nicht auf alle Textsorten, die im Studium verlangt werden, ausführlich eingehen, da in diesem Buch allgemeine Kommunikationskompetenzen in ihrem Zusammenhang im Mittelpunkt stehen. Wenn Sie ausführlichere Hinweise zu bestimmten Textsorten im Studium suchen, finden Sie im unten stehenden Kasten zwei wertvolle Lektürehinweise sowie eine detaillierte Übersicht über Textsorten im Studium mit Angaben zu weiterführender Literatur für die jeweiligen Formate. Im Rahmen dieses Buchs konzentrieren wir uns auf die kurze Nennung der wichtigsten Merkmale bzw. Konventionen von zwei ausgewählten, besonders wichtigen Textsorten im Studium, nämlich Hausarbeiten und Essays. Gerade die Unkenntnis in Bezug auf die Arten von Texten, die im Studium geschrieben werden müssen, stellt oft ein großes Hindernis dar: Ist ein ‚Essay' das gleiche wie ein deutscher ‚Aufsatz' oder wie eine ‚wissenschaftliche Hausarbeit'? „Ist ein ‚Exposé' das gleiche wie ein ‚Outline' wie ein ‚Entwurf' wie ein ‚Summary'?" (FRANK et al.: 112)

Exemplarisch kann man die Besonderheiten von Textsorten etwa an den unterschiedlichen Konventionen erläutern, die für einen englischen Essay und eine deutsche wissenschaftliche Hausarbeit kennzeichnend sind. Ein Essay ist zunächst einmal eine Form von persönlicher, gleichwohl argumentativ begründeter Meinungsäußerung. Er zeichnet sich durch seine offene Form aus. Der experimentierende Charakter des Essays ist verschiedentlich mit der perspektivischen und fragmentarischen Wirklichkeitserfahrung der Moderne verglichen worden. Dieser fragmentarische Charakter moderner Wirklichkeitserfahrung wird in der Form des Essays dadurch reflektiert, dass der Essayist sein Thema nicht erschöpfend behandelt. Vielmehr arbeitet er prägnante Einzelzüge heraus, die er für bedeutsam hält. Mit dem bewussten Verzicht auf Vollständigkeit und der Aufwertung der Subjektivität trägt der Essay der Tatsache Rechnung, dass jeder Gegenstand unendlich viele Aspekte in sich vereinigt, über deren Auswahl allein der Autor entscheidet.

Darüber hinaus zeichnet sich ein Essay durch einige formale Merkmale aus. Die wichtigsten dieser Merkmale, die RICHARD ACZEL in seinem sehr empfehlenswerten Büchlein *How to write an essay* (vgl. ACZEL 2000) prägnant und anschaulich dargestellt hat, lassen sich stichwortartig wie folgt charakterisieren:

Formale Merkmale des Essay

▶ klare, nachvollziehbare und meist dreiteilige Struktur mit einer Einleitung, einem aus mehreren Absätzen bestehenden ‚Hauptteil' und einem Schluss,
▶ ein klarer Fokus, ein zentrales Thema und eine These,
▶ eine klare Absatzstruktur mit einem Hauptgedanken pro Absatz,
▶ ein so genannter ‚topic sentence' am Anfang eines jeden Absatzes, der den Kerngedanken bzw. die These des Absatzes prägnant zum Ausdruck bringt,
▶ eine klare Argumentationsstruktur und nachvollziehbare Gedankenführung,
▶ einen variationsreichen, durchaus persönlichen und nicht-wissenschaftlichen Stil.

Mit den bereits angesprochenen Punkten, insbesondere dem Hinweis auf den nicht-wissenschaftlichen Stil des Essays, dürfte deutlich geworden sein, dass die Textsorten Essay und wissenschaftliche Hausarbeit nicht verwechselt werden sollten. Doch was genau ist eigentlich ein wissenschaftlicher Stil, welche Grundsätze kennzeichnen wissenschaftliches Schreiben und wissenschaftliche Kommunikation? Sie haben bereits im Kapitel über den Handlungsbereich Wissenschaft (vgl. Kapitel 6.8) die abstrakte Funktion des Wissenschaftsbereichs kennengelernt, an der sich auch wissenschaftliche Kommunikation ausrichtet. Da sich wissenschaftlicher Wissenserwerb dadurch auszeichnet, dass er methodisch geregelt verläuft und sich einer möglichst eindeutigen Fachsprache bedient, müssen alle Texte, die zu den wissenschaftlichen Textsorten gehören, folgende Bedingungen erfüllen:

Wissenschaftliches Schreiben

▶ den theoretischen Bezugsrahmen klarmachen,
▶ die Methode klären bzw. nachvollziehbar die Vorgehensweise darstellen,
▶ Fachbegriffe definieren bzw. explizieren und angemessen verwenden;
▶ logisch nachvollziehbar argumentieren,
▶ Aussagen argumentativ begründen und wissenschaftlich belegen,

> ▶ klar strukturiert sein,
> ▶ die verwendeten Quellen und Texte bibliographisch vollständig dokumentieren.

Kenntnis von Konventionen als Voraussetzung erfolgreicher Textproduktion

Wer also einen Essay mit einer wissenschaftlichen Hausarbeit verwechselt, wird bei der Benotung wahrscheinlich eine Enttäuschung erleben, auch wenn der jeweilige Text an sich durchaus ansprechend sein mag. Beide Textsorten unterscheiden sich nicht nur in formaler und sprachlicher Hinsicht, sondern sie erfüllen auch verschiedene Funktionen und Ziele. Eine Kenntnis der konventionalisierten Merkmale der Textsorten ist somit eine Voraussetzung für eine erfolgreiche Textproduktion. Weitere nützliche Hinweise über die Gattungskonventionen, Argumentationsstrategien und die Dramaturgie wissenschaftlicher Text gibt der Anglist und Drehbuchautor ROY SOMMER (2006 und 2007b).

‚Echtwelt'-Textsorten

Nicht minder wichtig als die im Studium geforderten wissenschaftlichen Textsorten sind freilich jene Textsorten, die auch im Leben außerhalb der Universität eine Rolle spielen und mit denen Studierende später im Beruf ihren Lebensunterhalt verdienen können. Daher seien zumindest noch kurz exemplarisch einige ‚Echtwelt'-Textsorten genannt, die gerade für Geistes-, Kultur- und Sozialwissenschaftler den Weg in den Beruf ebnen können und mit denen man durchaus bereits im Studium oder im Kontext von Praktika erste Erfahrungen sammeln kann.

> ▶ Rezension (vgl. FRANK et al. 2007: 183ff.; HAUTHAL 2007)
> ▶ Lexikonartikel
> ▶ Exposé für ein Buch
> ▶ Klappentext
> ▶ Bericht, Erzählung, Reportage

LEKTÜRE-TIPPS

Wenn Sie ausführlichere Hinweise zu Textsorten im Studium suchen, empfehlen wir Ihnen die folgenden Bücher zur Lektüre:
- SOMMER, ROY: *Schreibkompetenzen: Erfolgreich wissenschaftlich schreiben.* Stuttgart: Klett 2006.
- FRANK, ANDREA, STEFANIE HAACKE & SWANTJE LAHN: *Schlüsselkompetenzen: Schreiben in Studium und Beruf.* Stuttgart: Metzler 2007.

Die folgenden Textsorten zählen dabei zu den wichtigsten Textsorten, die im Studium von Ihnen verlangt werden:
- Exzerpte (vgl. FRANK et al. 2007: 39ff.)
- Protokolle (vgl. FRANK et al. 2007: 156ff.)
- Manuskripte für Referate (vgl. FRANK et al. 2007: 164ff.)
- Thesenpapiere (vgl. FRANK et al. 2007: 170ff.)
- Essays (vgl. ACZEL 2000; FRANK et al. 2007: 174ff.))
- Klausuren (vgl. FRANK et al. 2007: 180ff.)
- Praktikumsberichte/Portfolio (vgl. FRANK et al. 2007: 188ff.)
- Exposés (vgl. SOMMER 2007a sowie die „Checkliste für ein Blitzexposé" bei FRANK et al. 2007: 29 und 145ff.)

LEKTÜRE-TIPPS

- wissenschaftliche Hausarbeiten bzw. Seminararbeiten
  (vgl. SOMMER 2006 und 2007b; FRANK et al. 2007: 134ff.)
- längere wissenschaftliche Abhandlungen wie Bachelor- und
  Masterarbeiten sowie Dissertationen (vgl. NÜNNING/SOMMER 2007)

6   Hinweise zur Stärkung von Textsortenkompetenzen für das Studium

Um die eigenen schriftlichen Kommunikationskompetenzen gezielt zu entwickeln und zu verbessern, ist für Studierende die entscheidende Frage, wie man Textsortenkompetenzen erwerben und ausbilden kann. Bereits indem man im Studium dauernd Texte schreibt, eignet man sich ständig Schreib- und Textsortenkompetenzen an. Ebenso wie man seine Kompetenzen im wissenschaftlichen und journalistischen Schreiben gezielt schulen und trainieren kann (vgl. SOMMER 2006; FRANK et al. 2007), lassen sich auch Textsortenkompetenzen systematisch fördern und ausbilden. Obgleich es auch dafür kein Patentrezept gibt, sollen die folgenden Hinweise zumindest einige Tipps dafür geben, wie effiziente und funktionierende Strategien zur Schulung von Textsortenkompetenzen beitragen können. Ein erster Schritt beim Erwerb von Textsortenkompetenzen besteht darin, bei der Lektüre von Texten bewusst auf deren Eigenschaften, Merkmale und Konventionen, d.h. auf deren ‚Machart', zu achten. Anstatt Texte bloß informationsentnehmend auf ihre Inhalte hin zu lesen, empfiehlt es sich, sich auch deren Aufbau und Struktur sowie deren argumentative, formale und stilistische Merkmale bewusst zu machen. Eine erste Voraussetzung für den Erwerb von Textsortenkompetenzen ist somit die Aneignung von Textsortenbewusstsein.

Textsortenkompetenz erfordert Textsortenbewusstsein

In einem zweiten Schritt gilt es dann, sich systematisch explizites Wissen über die Anforderungen, Eigenschaften, Konventionen und Merkmale anzueignen, durch die sich bestimmte Textsorten jeweils auszeichnen. Dabei sollte das Augenmerk zunächst einmal jeweils jenen Textsorten gelten, die im Studium bzw. in der konkreten Situation zum Beispiel während eines Praktikums jeweils gefordert sind. Die oben genannten Textsorten unterscheiden sich nicht bloß hinsichtlich ihrer Länge, Struktur und Form, sondern sie zeichnen sich auch durch unterschiedliche Darstellungsformen, Stile und Ziele aus. Anstatt also einfach ‚draufloszuschreiben', empfiehlt es sich, sich vorab mit der jeweiligen Textsorte als Textsorte zu beschäftigen und die wichtigsten textsortenspezifischen Konventionen bzw. Merkmale zu ermitteln. Dabei gilt es, durch einen Vergleich verschiedener Beispieltexte die wiederkehrenden Eigenschaften bzw. Merkmale einer Textsorte zu fokussieren. Durch die Auseinandersetzung mit und Analyse von Beispiel- und Modelltexten (vgl. FRANK et

Explizites Wissen statt ‚Drauflosschreiben'

al. 2007: 129) kann man sich die jeweiligen Anforderungen, die bestimmte Textsorten erfüllen müssen, vergegenwärtigen. Als Anhaltspunkte können dabei zum einen die oben genannten text-zentrierten Kriterien für Textualität hilfreich sein: Mit welchen Mitteln wird in der jeweiligen Textsorte Kohäsion und Kohärenz erzeugt? Zum anderen können auch die weiteren, benutzer-zentrierten Kriterien dazu beitragen, eine Art Merkmalmatrix für die jeweilige Textsorte zu erstellen. Auf diese Weise erwirbt man rezeptionsorientierte Textsortenkompetenzen, die ihrerseits eine wichtige Voraussetzung dafür sind, selbst kompetent und sicher Texte in verschiedenen Textsorten schreiben zu können.

Reflektierte Praxis stärkt die Kompetenzen

Der dritte Schritt besteht darin, das so erworbene explizite Wissen über Textsorten generell und über bestimmte Textsorten auch in der eigenen Schreibpraxis anzuwenden und umzusetzen, also aktive bzw. produktionsorientierte Textsortenkompetenz zu erwerben. Erst Übung macht bekanntlich den Meister. Dazu bietet es sich zunächst an, sich konkrete Schreibaufgaben zu stellen, d.h. sich vorzunehmen, Texte gemäß den Konventionen bestimmter Textsorten zu verfassen. Ebenso wie für die Entwicklung von Schreibkompetenz allgemein kommt es auch bei dem Aufbau von Textsortenkompetenz zunächst einmal darauf an, „einen bewussten, kritischen und den eigenen Schreibprozess reflektierenden Umgang mit Regeln und Anforderungen einzuüben" (FRANK et al. 2007: 7). Texte müssen nämlich nicht bloß den Anforderungen im jeweiligen kommunikativen Kontext angemessen sein, sondern sie müssen auch den formalen und inhaltlichen Konventionen entsprechen, durch den sich die jeweilige Textsorte auszeichnet: „Es ist notwendig, Texte bewusst entsprechend ihrer Funktion, dem Kontext und den Adressat/innen inhaltlich, formal und sprachlich zu gestalten." (FRANK et al. 2007: 116) Neben der Orientierung an guten Vorbildern ist vor allem die eigene Praxis entscheidend dafür, wie breit und fundiert die Textsortenkompetenzen des Einzelnen sind. Während des Studiums die eigenen Kompetenzen auch in diesem Bereich zu schärfen, ist dabei nicht nur eine Voraussetzung für einen erfolgreichen Studienabschluss, sondern vermittelt Ihnen zugleich eine der auch für fast alle akademische Berufe zentralen Kompetenzen.

ÜBUNG

Eine gute Übung bietet etwa eine besonders kurze, aber dennoch anspruchsvolle Textsorte, nämlich das Verfassen eines Klappentextes für ein Buch: „Stellen Sie sich vor, Ihre Arbeit wird als Buch erscheinen. Schreiben Sie den Klappentext, der in ca. 20 Zeilen zum Kauf des Buches motivieren soll." (Frank et al. 2007: 52; vgl. Kruse 2007: 223) Durch die Lektüre und den Vergleich einer Auswahl von Klappentexten können Sie relativ schnell die wichtigsten textuellen und kommunikativen Merkmale dieser Textsorte ermitteln. Dabei werden Sie auch feststellen, dass sich die Klappentexte wissenschaftlicher Bücher relativ deutlich von denen von belletristischen Titeln unterscheiden. Eine weitere sinnvolle Übung zur Verbesserung der eigenen Textsortenkompetenzen ist das ‚Schreiben in Variationen' (vgl. Kruse 2007: 72f.), d.h. die Darstellung eines Ereignisses oder Sachverhalts in unterschiedlichen Textsorten, zum Beispiel im Stil einer persönlichen Tagebuchzeichnung, einer E-Mail-Mitteilung oder SMS an eine Freundin, eines Zeitungsartikels oder eines kurzen wissenschaftlichen Textes (vgl. Frank et al. 2007: 115).
Darüber hinaus ist es wichtig, sein Repertoire an Textsorten und Textsortenkompetenzen gezielt zu erweitern. Dabei gilt es, systematisch alle der oben genannten Textsorten durch entsprechende Schreibaufgaben auszuprobieren. Wie man sein Repertoire von Textsorten und literarischen Genres durch Stil-Parodien erweitern und dabei gleichzeitig Kenntnisse in der Analyse literarischer Gattungen erwerben kann, zeigen auf ebenso lehrreiche wie unterhaltsame Weise Rüdiger Zymner und Harald Fricke (2007). Gerade im Hinblick auf Textsorten, oft aber auch generell für Kommunikation gilt deren Grundsatz: „Parodieren geht über Studieren."

1 Berufliche Rollenanforderungen an Kommunikationspartner

> *„Gute Kommunikation ist der Lebensquell*
> *jeder Organisation, jeder Firma, jeder Gemeinschaft."*
> (ELISABETH MEHRMANN 2002: 13)

> *„Sinnvoller ist es mithin, sich auf die Zusammenarbeit des ganzen*
> *Teams zu konzentrieren. Und die schließt vor allem die Beziehungs-*
> *ebene und die Qualität der Kommunikation mit ein."*
> (REINHARD K. SPRENGER 2008: 151)

Vielfalt von Berufsrollen

Sie wissen bereits, dass Kommunikationssituationen stark durch die soziale Rahmung und insbesondere die gesellschaftlichen Rollen der Teilnehmer geprägt sind. Selbst dieselben Personen, etwa zwei befreundete Außendienstmitarbeiter in einer Firma, können innerhalb weniger Minuten sehr unterschiedlich miteinander kommunizieren – zum Beispiel wenn sie zunächst bei einer Schulung zusammentreffen und sich wenig später bei einem privaten Abendessen wiedersehen. Solche Unterschiede haben nichts mit Schauspielerei zu tun, sondern ergeben sich aus den unterschiedlichen sozialen Rahmungen und Rollen. Gerade im beruflichen Leben wird Kommunikation sehr stark durch die unterschiedlichen Rollen bestimmt, die Personen jeweils einnehmen bzw. ‚spielen'. Dabei gibt es eine kaum überschaubare Vielzahl von Berufsrollen vom Arzt bis zum Zugbegleiter, vom Astronauten bis zum Zahntechniker.

Systematisierung

Eine Systematisierung dieser Vielzahl ist zunächst möglich, wenn man die gesellschaftlichen Handlungsbereiche unterscheidet. Unterschiedliche Handlungsbereiche wie Wirtschaft, Ausbildung, Wissenschaft, Politik, Justiz, Kirche oder Kunst erfüllen, wie Sie wissen, unterschiedliche Funktionen für die Gesellschaft (vgl. Kapitel 6.7 bis 6.9) und bilden hierfür professionalisierte Berufe mit jeweiligen Berufsrollen heraus. Innerhalb der Handlungsbereiche differenzieren sich wiederum verschiedene Strukturen aus (z.B. spezialisierte Branchen innerhalb der Wirtschaft, Schulformen innerhalb des Ausbildungsbereichs oder Kunstsparten innerhalb des Kunstbereichs), die in sich wieder spezialisiert und professionalisiert sind und so eigene und ausdifferenzierte Berufsrollen entwickeln. Schließlich gibt es innerhalb der differenzierten Bereiche meist noch weitere Differenzierungen zum Beispiel innerhalb von Institutionen oder Organisationen – etwa die verschiedenen Rollen in einem Unternehmen vom Hausmeister oder Pförtner bis zum Vorstandsvorsitzenden. Diese Vielfalt zeigt auch, dass sich das ‚Berufsleben' nicht nur im Handlungsbereich ‚Wirtschaft' abspielen kann, und sich daher auch durch unterschiedliche Zuordnungen unterschiedliche Kommunikationsanforderungen ergeben: Ein Pfarrer agiert nach einer anderen Logik als ein Lehrer, und dieser wiederum ist durch den Handlungsbereich ‚Ausbildung' und die Institution ‚Schule' einer anderen Logik unterworfen als ein Verkäufer oder Personalmanager in der Wirtschaft.

Es liegt somit auf der Hand, dass in unterschiedlichen Handlungsbereichen und Rollen unterschiedlich kommuniziert wird, wobei auch die wenigsten Rollen eine stets einheitliche Kommunikation bedingen, sondern wiederum Variationen in verschiedenen Situationen erfordern. Trotz dieser Spielräume und wechselnden Anforderungen auch innerhalb einer Rolle lassen sich für unterschiedliche Berufsrollen spezifische Kommunikationsprofile angeben: Von einem Pressesprecher in einem Unternehmen wird ein anderes (Kommunikations-)Kompetenzspektrum erwartet als von einem Programmierer oder auch einem Controller. Unterschiedliche berufliche Rollen bringen also unterschiedliche Anforderungen und Erwartungen auch im Hinblick auf Kommunikationskompetenzen mit sich. Angesichts der Allgegenwart von Kommunikation auch und gerade im Berufsleben ist dieser Aspekt ein wichtiger Gesichtspunkt für die eigene Berufswahl: Je nachdem, ob Sie gerne mit Menschen kommunizieren oder lieber für sich arbeiten, ob Sie schriftliche oder mündliche Kommunikation bevorzugen, ob Sie lieber in eingespielten Konstellationen kommunizieren oder schnell und gern auch auf unbekannte Menschen zugehen, kommen für Sie unterschiedliche Berufe mehr oder weniger gut in Frage. Schon bei der Berufswahl sollten Sie daher auch das Kommunikationsprofil der angestrebten Rolle mit einbeziehen. Es hilft nichts, wenn Sie Literatur lieben – falls Sie sich nicht vorstellen können, vor einer Klasse zu stehen und dort selbstbewusst aufzutreten, sollten Sie entweder an Ihren Kommunikationskompetenzen arbeiten oder den Lehrerberuf nicht in die engere Wahl ziehen.

Rollenprofil erfordert spezifische Kommunikationskompetenzen

Doch soziale Rollen erfordern nicht nur von denen, die sie ausfüllen, spezifische Kommunikationskompetenzen. Sie prägen auch Kommunikation zwischen (gleichen und unterschiedlichen) Rollen. Schließlich gibt es klare Erwartungen, wie zum Beispiel Ärzte untereinander oder mit ihren Patienten kommunizieren sollten. Und so reicht es nie aus, sich nur mit der eigenen Rolle auseinanderzusetzen. Vielmehr sollte man alle Kommunikationsprofile der wichtigsten Rollen des eigenen beruflichen Umfelds kennen, um nicht nur gemäß der eigenen Rolle agieren zu können, sondern auch gemäß der (Rollen-)Beziehungen zu anderen Menschen im jeweiligen Berufskontext. Gerade im Beruf, wo meist eher Funktionen als Personen im Mittelpunkt stehen und stehen müssen (denn wenn ein Mitarbeiter die Firma verlässt, muss die Firma ja überlebensfähig bleiben), werden oft sehr viele Aspekte von Kommunikation über Rollenerwartungen geregelt. Es ist also gerade auch in diesem Bereich wichtig, sich mit der Rahmung von Kommunikation durch ihre Kontexte und Funktionen zu befassen.

Rollen binden alle Kommunikationspartner

2 Berufstypische Kommunikationskulturen und Kommunikationsprofile

Berufstypische Kommunikationskulturen

Die Feststellung, dass in unterschiedlichen Berufen unterschiedlich kommuniziert wird, ist zunächst trivial und muss kaum eigens betont werden. Ein Pfarrer kommuniziert anders als ein Unternehmensberater, der wiederum anders kommuniziert als der Empfangschef eines Hotels – und wir erwarten auch von jedem dieser Berufe, dass sie unterschiedlich mit uns als Kommunikationspartnern umgehen. Die Unterschiede spielen sich dabei auf allen Ebenen der Kommunikation und sehr stark auch im nonverbalen Bereich ab – wozu auch Kleidung und andere kommunikativ interpretierbare Symbole wie Dienstwagen, Büroausstattung bzw. Arbeitsumgebung gezählt werden können. In einem solch umfassenden Verständnis von Kommunikation lässt sich für unterschiedliche Berufsbilder bzw. -rollen von ganz unterschiedlichen Kommunikationskulturen sprechen, die im engen Zusammenhang mit den jeweiligen Organisations- bzw. Unternehmenskulturen stehen. Wir verstehen in diesem Zusammenhang Kultur anknüpfend an Siegfried J. Schmidt als eine Art ,Programm', das orientierend für alle Formen von Beobachtungen, Entscheidungen und Kommunikationen innerhalb eines Bereichs wirkt, also in Unternehmen in allen relevanten Dimensionen die Beobachtungen, Entscheidungen und Kommunikationen der Mitglieder prägt und zugleich durch diese geprägt wird (vgl. Schmidt 2004).

Fünf Orientierungsdimensionen der Organisationskultur

In diesem Verständnis hat Kultur vor allen Dingen in fünf zentralen Dimensionen eine Orientierungs- und Systematisierungsfunktion für die Beobachtungs-, Entscheidungs- und Kommunikationsmöglichkeiten aller Mitglieder und der Organisation oder des Unternehmens insgesamt (vgl. Schmidt 2004: 75):

1. **,Umwelt'**: Organisationskultur liefert eine Orientierung, wie mit all dem umgegangen werden sollte, was nicht zur Organisation gehört, und liefert zugleich eine Definition der Grenze der Organisation: Wer und was zählt dazu – aber auch: Was ist außerhalb der Organisation relevant und was ist irrelevant, welche Ereignisse außerhalb der Organisation (politische Entscheidungen, Kundenentscheidungen, wirtschaftliche Entwicklungen o.ä.) könnten für die Organisation folgenreich sein, auf welche externen Entwicklungen kann und sollte in welcher Form Einfluss genommen werden? ,Umwelt' bezieht sich in diesem Zusammenhang also nicht auf ökologische Fragen, sonder auf die Grenze Organisation vs. ,Außenwelt'.

2. **Menschen**: Organisationskultur orientiert den Umgang mit Menschen innerhalb und außerhalb der Organisation, zum Beispiel hinsichtlich der Frage, ob eher kooperativ oder kompetetiv agiert wird, vertrauensvoll oder misstrauisch, förmlich oder informell.

3. **Vergesellschaftung/Organisationsform:** Organisationskultur regelt, welche Organisationsformen innerhalb einer Organisation bevorzugt werden, also zum Beispiel hierarchische oder flache Strukturen, vernetzte Strukturen oder eher isolierte Organisationsformen.

4. **Moralische Orientierungen:** Durch die Sozialisation in einer Organisationskultur werden auch die organisationseigenen Bewertungssysteme vermittelt, so dass alle Mitglieder eine Orientierung haben, was innerhalb der Organisation als ‚gut' oder ‚schlecht' bzw. als ‚moralisch' oder ‚unmoralisch' gilt.

5. **Emotionen der Mitglieder:** Wir haben oben bereits angesprochen (vgl. Kapitel 5.5), dass Emotionen und Affekte eine entscheidende und nicht zu vernachlässigende Dimension menschlichen Erlebens und Handelns bilden. Auch hierzu bieten Organisationskulturen eine Orientierung insofern, als sie regeln, welche Formen von Emotionalisierung in welchen Kontexten innerhalb einer Organisation akzeptabel (oder gar: erwünscht oder gefordert wie die ‚Begeisterung' für die ‚Marke') sind, und welche ausgeblendet bleiben sollen.

Wenn Sie die einzelnen Dimensionen von Organisationskultur betrachten (die wiederum nur analytisch getrennt werden können und eng miteinander verknüpft wirken), stellen Sie fest, dass in verschiedenen gesellschaftlichen Handlungsbereichen, in unterschiedlichen ausdifferenzierten Unterbereichen (Branchen usw.) und in wieder ausdifferenzierten Organisationsformen (z.B. Unternehmen) die angesprochenen Aspekte sehr unterschiedlich geregelt werden: Für ein global operierendes Unternehmen sind sehr viel mehr ‚Umwelt'-Aspekte potentiell relevant als für einen Arzt, der eine gut gehende lokale Praxis führt. Der Umgang mit Menschen wird von einer kirchlichen Organisation (hoffentlich) anders organisiert werden, als in einem primär profitorientierten Aktienunternehmen; die Organisationsform unterscheidet sich oft schon massiv zwischen zwei Unternehmen derselben Branche. Auch moralische Wertungen können selbst innerhalb einer Branche oder einem Teilbereich sehr unterschiedlich ausfallen, wie in jüngerer Vergangenheit zum Beispiel Bestechungs-, Schmiergeld- oder auch Bespitzelungsskandale illustriert haben. Schließlich ist auch die Rolle, die Emotionen in Organisationen eingeräumt wird, sehr variabel – denken Sie nur an hochgradig emotionalisierte Marken aus der Unterhaltungs- und Lifestyle-Industrie (Apple, Nike u.a.) und im Gegensatz dazu an Firmen, die auf den Eindruck von Nüchternheit und Rationalität sehr viel mehr angewiesen sind wie Versicherungen oder Banken, die gleichwohl ebenfalls an Emotionen appellieren, wie beispielsweise der Slogan „Leistung aus Leidenschaft" zeigt.

Organisationskulturen variieren stark

Alle diese Dimensionen von Organisationskulturen sind entscheidend auf Kommunikation angewiesen, sie werden erst durch Entscheidungen und Kommunikationen sichtbar bzw. drücken sich in diesen aus und werden zugleich durch sie geprägt. Zugleich verläuft die Sozialisation

Organisationskultur und Kommunikationskultur im Beruf

neuer Mitglieder sehr stark über Kommunikation. Insofern lässt sich sagen, dass Organisationskulturen zugleich Kommunikationskulturen sind bzw. diese bestimmen und so zugleich die Möglichkeiten von Kommunikation innerhalb einer Organisation prägen. Wie Sie gesehen haben, gibt es zum Teil schon große Spielräume zwischen Unternehmen einer Branche, zugleich lassen sich durchaus auch jeweils spezifische Gemeinsamkeiten von Organisationen aus dem gleichen gesellschaftlichen Bereich feststellen. Werbeagenturen ähneln sich untereinander ebenso wie Zeitungsredaktionen, Top-Managementberatungen oder auch Universitätsverwaltungen. Einzelne Berufsrollen innerhalb von Organisationen sind zumeist noch durch ein spezifisch eigenes Profil, sozusagen eine eigene ‚Subkultur‘, geprägt: Der Leiter einer Werbeagentur hat andere Kommunikationsoptionen als der Kundenberater, der Art Director oder der Pförtner. In jedem Beruf gilt es also, sich auf die besonderen Berufs- und Kommunikationsprofile im Zusammenspiel von Berufsrolle und Organisationskultur einzulassen und gerade bei einem Wechsel zwischen Organisationen einerseits oder in einen anderen Beruf oder eine andere Position innerhalb des gleichen Unternehmens andererseits zunächst wieder ein Gespür für das veränderte bzw. neue Kommunikationsprofil zu entwickeln.

3 Kommunikation in Bewerbungssituationen

Bewerbungs-verfahren als vielfältige kommunikative Herausforderung

Bevor Sie sich in eine neue Berufsrolle ganz einfinden können, müssen Sie in der Regel zunächst eine andere kommunikative Herausforderung meistern – ein Bewerbungsverfahren. Solche Verfahren stellen sehr vielfältige kommunikative Anforderungen und erfordern kommunikative Kompetenzen in ganz unterschiedlichen Situationen, angefangen von der zumeist schriftlichen Bewerbung über telefonische Vorgespräche bis hin zu persönlichen Bewerbungsgesprächen oder gar Assessment-Centern mit einem Kommunikationsmix aus schriftlichen Tests, Diskussionsrunden, Interviews und Rollenspielen. Oft wissen Sie als Bewerber vorher nicht genau, was Sie erwartet; ähnlich wie bei mündlichen Prüfungssituationen im Studium sind Sie mit der doppelten Herausforderung aus hoher Unsicherheit einerseits und großer Bedeutung der Kommunikationssituation andererseits konfrontiert.

Die Gefahr der guten Ratgeber

Immerhin gibt es eine vergleichsweise große Literatur mit Hilfen in Bewerbungsverfahren, die jedoch zum Teil mit Vorsicht zu genießen sind: Selbst die guten Ratgeber haben den Nachteil, dass Sie bisweilen so breit rezitiert werden, dass am Ende eine große Zahl von Bewerbern sich sklavisch an die Empfehlungen eines Buches hält. Das Ergebnis – Tausende von Bewerbungen, die alle nach dem gleichen Muster gestrickt sind und ununterscheidbar werden. Genau das, was Bewerbungen leisten sollen, nämlich die Persönlichkeit des Bewerbers herauszustellen, kehrt sich dann ins Gegenteil, weil nur noch die Orientierung an einem Bewerbungsführer deutlich wird. Da auch die Erwartungen an Bewerber und Bewerbungsunterlagen von Branche zu Branche und von Firma zu Firma teils sehr unterschiedlich ist, raten wir dazu, sich nur mit den wirklichen Standards von Bewerbungsverfahren zu befassen: Welche Unterlagen sind verlangt, wie muss ein Lebenslauf gestaltet sein, was sind Standards für Anschreiben, wie geht man in dieser Branche mit Fotos um? Für diese Standards finden Sie einige Literaturhinweise am Ende dieses Unterkapitels. Darüber hinaus sollten Sie, aufbauend auf Ihre nun geschulten allgemeinen Kommunikationskompetenzen, genug Selbstvertrauen haben oder entwickeln, um Ihre eigene Bewerbung selbst zu gestalten – und zwar nicht als reine Selbstdarstellung, sondern als zugeschnittenen Dialog für die spezielle Stelle, auf die Sie sich bewerben. An dieser Stelle können wir hierzu nur einige erste knappe Hinweise geben.

Der erste Schritt in einem Bewerbungsverfahren ist in der Regel die schriftliche Bewerbung – sei es per Post mit vollständiger Bewerbungsmappe oder zunehmend häufiger auch online. Bei der Gestaltung der schriftlichen Unterlagen sind die meisten Bewerber zwischen widerstreitenden Ansprüchen hin- und hergerissen: Möglichst informativ und vollständig sollen die Unterlagen und der Lebenslauf sein, aber auch präzise und übersichtlich. Auffallend und individuell sollen die Unterlagen gestaltet sein, und dabei doch seriös und nicht marktschreierisch wirken. Was tun? Am besten machen Sie sich, wie immer, zunächst die spezifische Kommunikationssituation klar, und denken Sie zunächst vor allen Dingen an Ihren Adressaten: Wenn Sie sich auf eine Anzeige bewerben, wird der Personalchef wahrscheinlich einen großen Stapel an Bewerbungsunterlagen auf seinen Schreibtisch bekommen. Jede einzelne Bewerbung hat da meist nur wenige Sekunden, bis ein erstes Urteil gefällt ist – dies unterstreicht die Bedeutung des Anschreibens, das meist als Erstes aufgeschlagen wird. Dann noch kurz den Lebenslauf durchgeblättert, und die erste Entscheidung ist oft schon vollzogen: in die engere Auswahl – oder weg damit. Wie Sie in dieser Situation herausstechen können, hängt sehr von der Branche ab. In einer Werbeagentur wird man möglichst originell und kreativ gestaltete Bewerbungen schätzen – in einer Bank gilt dies womöglich als aufdringlich und unseriös und in einem Theater als zu bemüht und evtl. sogar peinlich. Was angemessene Kommunikation ist, hängt eben auch in diesem Zusammenhang vom Kontext ab, den Sie selbst am besten einschätzen können.

Die schriftliche Bewerbung: Wie herausstechen?

In jedem Fall gilt für Ihre gesamte schriftliche Bewerbung ohnehin, dass sie – wie alle Kommunikation – nicht nur situativ, sondern auch personal angemessen sein muss. Wenn Sie sich schriftlich noch so sehr ‚passend machen‘, im Bewerbungsgespräch würden Sie spätestens auffliegen. Und möchten Sie überhaupt einen Job antreten, für den Sie sich schon im Vorfeld verbiegen müssen? Bei aller persönlichen Authentizität heißt dies

Adressatenorientierung in Anschreiben und Lebenslauf

aber auch nicht, dass Sie sich mit Ihren Unterlagen nur selbst vorstellen sollten. In einer Bewerbung geht es zwar darum, ein Bild von sich zu präsentieren – aber weder ‚irgendwie' noch allumfassend, sondern in Bezug auf eine spezifische Stelle in einem bestimmten Unternehmen oder Kontext. Adressatenorientierung heißt in diesem Zusammenhang, ausdrücklich Bezug auf die zu besetzende Position zu nehmen und nicht nur zu erläutern, warum Sie für die Stelle geeignet sind (welche Kompetenzen und Erfahrungen Sie mitbringen), sondern auch, was Sie persönlich an dem Unternehmen und an der Stelle reizt (welche Motivation Sie haben). Wie in einem guten Referat ist das Stellenprofil sozusagen die Frage bzw. das Erkenntnisinteresse, nach der sich Ihre gesamte Bewerbung ausrichtet. Ihre schriftlichen Unterlagen sollten die Antwort auf die Ausschreibung, oder bei einer Initiativbewerbung auf die antizipierte Tätigkeit in dem Unternehmen, bilden: Sie sollten für jede Bewerbung aufs Neue prüfen, was die zentralen Aspekte und Argumente für das Anschreiben im Hinblick auf die konkrete Stelle sind, welche Punkte im Lebenslauf hervorgehoben oder weggelassen werden können, um die Passgenauigkeit Ihrer Bewerbung zu unterstreichen. Nichts landet so schnell im Papierkorb wie eine Bewerbung, die ganz offensichtlich zigfach auch an andere Unternehmen verschickt worden ist oder mit der Sie sich ebenso gut als Pressesprecher wie als Taxifahrer bewerben könnten, nach dem Motto „ich bin kommunikativ, mobil und in jeder Hinsicht sehr flexibel".

Das Bewerbungs-gespräch

Wenn Sie die erste Hürde genommen haben und zu einem Bewerbungsgespräch eingeladen sind, sind Sie erneut mit großer Unsicherheit konfrontiert, womöglich mit noch größerer Unsicherheit als bei der schriftlichen Bewerbung, bei der zumindest einige Standards zur Orientierung dienen können. Denn den Ablauf eines Bewerbungsgesprächs gestaltet jede Firma anders, angefangen von der Besetzung der Gesprächspartner bis zur Dauer des Gesprächs, den Themen, den Fragen und dem Gesprächsablauf. Je größer die Firma, desto höher ist die Wahrscheinlichkeit, dass es eine eigene Personalabteilung gibt; in diesem Kontext orientieren sich die Mitarbeiter oft an den Standards, die auch in vielen Bewerbungsratgebern beschrieben werden. Ebenso ist es aber möglich, dass Sie bei einem mittelständischen Betrieb dem Inhaber gegenüber sitzen, der sich wenig darum schert, wie Bewerbungsgespräche nach dem aktuellsten Stand des Personalmarketings auszusehen haben. Wieder einmal hilft es nur, möglichst viele Informationen im Vorfeld zu sammeln (jedoch ohne dabei aufdringlich zu werden – schon mancher Bewerber ist auf einer roten Liste gelandet, weil er bei der Sekretärin im Personalbüro telefonisch einen schlechten Eindruck gemacht hat), um sich bestmöglich auf die individuelle Situation und die zu besetzende Position einstellen zu können: Wer wird das Gespräch führen, welche Verantwortung haben die Personen in der Firma, welche anderen Berufserfahrungen haben diese Personen evtl. bereits gesammelt? Zu einer professionellen Vorbereitung gehört auch die Ermittlung aller verfügbaren Informationen über die Organisation und die konkrete Stelle, für die Sie sich bewerben. Nichts ist peinlicher, als im Bewerbungsgespräch ahnungslos dazustehen – was freilich auch nicht heißt, dass Sie gleich die ganze Website auswendig können müssen. Abgesehen davon können und müssen Sie sich auf Ihre generelle Kommunikationskompetenz verlassen – und sollten dies auch gelassen tun, denn wiederum gilt: Wenn Sie sich im Bewerbungsgespräch erfolgreich verstellen, bekommen Sie womöglich eine Stelle, zu der Sie gar nicht passen würden.

So sehr sich Bewerbungssituationen auch unterscheiden, es geht im Kern für jede Organisation doch immer um nur eine Frage: Welcher Kandidat passt am besten auf diese Stelle und zu uns insgesamt? Im gesamten Bewerbungsprozess sollten Sie diese Frage im Blick behalten und immer wieder versuchen, Ihre gesamte schriftliche und mündliche Kommunikation – angefangen von der schriftlichen Bewerbung bis zum Bewerbungsgespräch – auf die Beantwortung dieser Frage zuzuschneiden, die drei Schwerpunkte hat:

Die Kernfrage jeder Bewerbung

1. Warum bewerben *genau Sie* sich (Kompetenzen, Erfahrungen, Interessen, Motivation)
2. um eine Tätigkeit in *genau dieser* Organisation (Attraktivität und Besonderheit des Arbeitgebers)
3. auf *genau diese* Stelle (Profil der Stelle, Passgenauigkeit zu Ihrem Profil)?

Auch wenn die Frage nahelegt, dass Sie so auftreten sollten, als gäbe es nur diese eine Stelle für Sie, erwartet selbstverständlich niemand von Ihnen, dass Sie sich nur auf eine einzige Stelle beworben haben. Aber jeder Arbeitgeber erwartet durchaus, dass Sie sich nicht wahllos bewerben, sondern gute Gründe nennen können, warum Sie bei ihm und auf dieser Stelle arbeiten möchten. Eine klare Antwort auf diese Frage schulden Sie im Übrigen auch sich selbst, denn auch Sie sollen ja eine passende Tätigkeit für sich finden, und nicht *irgendeinen* Job.

LEKTÜRE-TIPPS

Wie wir oben erläutert haben, sind selbst hervorragende Bewerbungsratgeber mit Vorsicht zu genießen und keinesfalls als selig machendes Heilmittel zu sehen – auch wenn sie gerne als ‚Bewerbungs-Bibel' vermarktet werden. Einen ersten Überblick können Sie sich mit diesen drei beliebten Standardwerken verschaffen:

- ENGST, JUDITH: *Duden. Professionelles Bewerben – leicht gemacht.* Mannheim et al.: Dudenverlag 2007.
- HESSE, JÜRGEN & HANS CHRISTIAN SCHRADER: *Neue Wege der Bewerbung.* Frankfurt a.M.: Eichborn 2007.
- PÜTTJER, CHRISTIAN & UWE SCHNIERDA: 20 perfekte Bewerbungen mit Profil. Von den besten profitieren. Frankfurt a.M. et al.: Campus-Verlag 2006.

Für Bewerbungen im Universitätsbereich liefert der Aufsatz von Vera und Ansgar Nünning *„Erfolgreich bewerben: Anforderungen an Bewerbungen auf Stipendien und Stellen"* wertvolle Hinweise (vgl. A. NÜNNING/V. NÜNNING 2007).

4 Kommunikation mit Vorgesetzten, Kollegen, Mitarbeitern und Kunden

Die Notwendigkeit der Sozialisation

Wenn Sie einen Bewerbungsprozess erfolgreich durchlaufen haben und eine neue Stelle antreten, enden die kommunikativen Herausforderungen natürlich nicht. Es ist ganz normal, in den ersten Wochen gerade in Kommunikationsfragen unsicher zu sein, denn Sie kennen die Kontexte in der neuen Umgebung zunächst noch nicht, wissen für viele Fragen nicht, wer der richtige Ansprechpartner ist, und müssen erst noch die vielen ungeschriebenen (und zum Teil auch geschriebenen) Regeln lernen, die die Kommunikation und das Handeln in der Organisation insgesamt leiten – mit anderen Worten: Sie müssen zunächst in die Organisations- und insbesondere die Kommunikationskultur Ihrer neuen Umgebung und Ihrer spezifischen Rolle sozialisiert werden. Oft geschieht dies durch eine Mischung aus ausdrücklicher Begrüßung und Einweisung (vom Begrüßungsgespräch oder -workshop über die Übergabe mit Ihrem Vorgänger bis zu Informationsmappen oder Unternehmenshandbüchern zu ‚Prozessmanagement' und ‚Leitbildern') und unausgesprochener Sozialisation durch die Teilnahme am Organisationsalltag. Wenn Sie die erste Unsicherheit abgelegt haben, kann dies aus vielen Gründen eine sehr spannende Phase sein: Sie öffnet den Blick für die Unterschiedlichkeit von Organisations- und Kommunikationsformen – für neue Mitarbeiter ist noch nichts selbstverständlich oder ‚normal', und in solchen Phasen können Sie viel über Kommunikation lernen, weil Sie sie bewusst wahrnehmen. Zugleich haben Sie noch einen ‚frischen' Blick und können womöglich auch wichtige Impulse und Ideen geben. Selbstverständlich sollten Sie nicht gleich besserwisserisch auftreten und den neuen Kollegen erklären, was sie alles falsch machen – aber die Fragen, die man in den ersten Wochen und Monaten stellt, sind oft sehr kluge Fragen, die auf Dinge verweisen, die eben nicht von sich aus verständlich und nachvollziehbar sind und evtl. besser organisiert werden könnten. Insofern sind Sie gerade auch in Ihrer Unsicherheit und mit Ihrem unroutinierten Blick ein wertvoller Mitarbeiter. Mit fortschreitender Zeit werden Sie immer sicherer in Ihrer Kommunikation werden und sich fast automatisch und von selbst in die spezifische Kommunikationsstruktur Ihrer neuen Umgebung einfügen. Es ist dabei eine durchaus lohnende Aufgabe, immer wieder zu versuchen, den neugierigen und unvorbelasteten Blick des Neulings zu bewahren und einzuüben, um die eigene Wahrnehmung zu schärfen.

Vielfalt der kommunikativen Settings und Stile

Generell werden Sie es auch im Berufsalltag mit sehr unterschiedlichen Kommunikationssituationen zu tun haben, sowohl in Hinblick auf konkrete Situationen (Besprechungen, Präsentationen, Arbeitssitzungen, Telefonate usw.) als auch in Hinblick auf die Gesprächspartner. Selbst in den flachsten Hierarchien haben Sie meist doch hierarchisch höher stehende Vorgesetzte, Kollegen auf der gleichen Hierarchiestufe und ggf. auch Mitarbeiter, für die Sie als Vorgesetzter fungieren und die Ihnen zuarbeiten. Je nach Kommunikationskultur der Organisation können dabei sehr unterschiedliche Kommunikationsstile vorherrschen – hierarchiebewusste oder -nivellierende, konfrontative oder partnerschaftliche, distanzierte oder nahezu freundschaftliche. Welche Stile Sie bevorzugen, sollte wie immer eine Mischung aus situativer Anpassung bei Erhaltung der eigenen Authentizität sein.

In Hierarchien bewährt sich dabei das Prinzip, Unterschiede zu respektieren, sie aber nicht primär kommunikativ auszutragen. Ein kompetenter und guter Chef wird von Ihnen nicht erwarten, dass Sie ihm die Füße küssen, sondern Sie im besten Fall als eigenständigen Kopf schätzen, der eigene Ideen und auch Kritik und Verbesserungsvorschläge einbringen kann. Vor allen Dingen aber tun Sie sich keinen Gefallen, wenn Sie vor Ihren eigenen Mitarbeitern kommunikativ stets die Chefrolle betonen oder sie gar von oben herab behandeln. Wer nicht durch sein Handeln und seine Kompetenz Autorität erlangt, der wird dies nicht kommunikativ beheben können. Ein schlechter Vorgesetzter kann womöglich kommunikativ ‚Gehorsam‘ einfordern und auch herstellen, aber er wird mittelfristig sowohl die Motivation seiner Mitarbeiter zerstören als auch jedes kreative und eigenständige Potential, auf das jede Organisation, Firma oder Universität entscheidend angewiesen ist. Das bedeutet konkret, dass Sie Ihre eigene Position in der Organisation sich erarbeiten und gut einzuschätzen lernen sollten und dann auch lernen, wie Sie produktiv mit den bestehenden Hierarchien umgehen können. Im Idealfall können Sie in alle Richtungen so verantwortungsvoll auftreten, dass von Vorgesetzten Ihre Meinung geschätzt und geachtet ist, weil auf Ihre Loyalität Verlass ist, und dass auch Ihre Mitarbeiter Ihre Kompetenz und Führung respektieren, weil sie sich nicht bevormundet oder gegängelt fühlen, sondern sich ebenfalls Ihrer Loyalität sicher sind.

Kommunikation in Hierarchien: Vorgesetzte, Kollegen, Mitarbeiter

Neben hierarchischen Unterschieden gibt es eine noch wichtigere Grenze in der beruflichen Kommunikation: die Unterscheidung zwischen interner und externer Kommunikation, zwischen anderen Firmen- bzw. Organisationsmitgliedern und Außenstehenden, seien es Kunden, Lieferanten, Nachbarn, Journalisten oder andere mit der Organisation in Kontakt stehende Personen. Auch in dieser Hinsicht ist in der beruflichen Kommunikation Rollenbewusstsein wichtig. Sobald Sie mit Außenstehenden kommunizieren und dies auch nur vage im Kontext mit Ihrer beruflichen Tätigkeit steht, werden Sie immer auch als Vertreter der Organisation wahrgenommen werden und haben sozusagen eine Botschafter-Rolle; dies wird im Alltag vielfach unterschätzt. Selbstverständlich sollten Sie nicht allenthalben ungefragt PR-Reden auf die Brillanz Ihres Arbeitgebers halten. Doch viele Menschen sind sich der repräsentativen Funktion, die Sie als Mitglieder einer Organisation, eines Unter-

Interne und Externe Kommunikation: die Botschafter-rolle

nehmens oder einer Universität haben, nicht hinreichend bewusst – und beschädigen damit oft nicht nur die Firma, wenn sie über die Qualität der eigenen Produkte lästern, den hohen Druck im Job oder die zu großen Erwartungen des Chef beklagen. Ein solches Verhalten wirkt von Außen nämlich zumeist vor allen Dingen unprofessionell und fällt mindestens so sehr auf die Person wie auf die Organisation zurück. Als Metapher taugt in diesem Zusammenhang das Bild des Ideals einer Familie, die nach innen offen, dynamisch, kritisch und kontrovers kommunizieren kann und sollte, nach außen aber geschlossen und einig auftritt. Dies sollte auch das Leitmotiv für interne und externe Kommunikation sein. Und wenn Sie tatsächlich an Ihrer Stelle so sehr leiden, dass Sie nur noch klagen können, dann seien Sie, wenn keine Besserung möglich erscheint, konsequent und tun Sie sich selbst den Gefallen, statt zu jammern und zu nörgeln eine andere Stelle zu suchen.

**Kunden-
kommunikation**

Ein besonderer (und besonders wichtiger) Fall der externen Kommunikation, ist die Kommunikation zum Kunden, sei es im betreuungsintensiven Außendienst, im Firmengeschäft oder über Hotlines und andere Kommunikationswege. Während jeder Mitarbeiter – und sei es in anderen, privaten Rollen – Kontakte ,nach außen' hat, ist die offizielle Kommunikation zu Kunden in Organisationen fast immer professionalisiert und nur einigen Berufsrollen vorbehalten – dem Verkäufer im Geschäft, dem Kontakter in der Werbeagentur oder dem Berater in der Bank. Für diese Professionalisierung gibt es in der Regel auch eigene Schulungen oder andere Maßnahmen zur Einarbeitung, die die spezielle Kommunikationskultur der jeweiligen Berufsrolle vermitteln. Daher ist es an dieser Stelle kaum sinnvoll möglich, konkrete Hinweise zur Verkaufs- oder Beratungskommunikation im beruflichen Kontext zu geben. Es liegt auf der Hand, dass in diesem Bereich strategische und instrumentelle Kommunikationsformen dominieren, schließlich geht es um Vertragsabschlüsse, nicht primär um menschliches Verstehen oder Verständigung. Ein fairer Umgang, eine gute und offene Beratung widerspricht dem aber keinesfalls, sondern bewährt sich zumeist auch langfristig durch eine höhere Kundenbindung.

5 Kooperative Kommunikation in Teams und bei Projektarbeiten

**Arbeit in Teams
und in Projekten**

Fast keine Stellenausschreibung kommt heute mehr ohne den Hinweis aus, die gesuchte Person solle besonders ,teamfähig' sein. Und tatsächlich sind die wenigsten Berufe heute Positionen für Einzelkämpfer. Als Tennis- oder Golfprofi mag der einsame Wolf zumindest als gut vermarktbares Klischee noch gefragt sein, doch der womöglich geniale Kopf, der jedoch ein sozialer Analphabet ist, ist nur noch in sehr wenigen Berufskontexten gefragt, weil fast alle Berufe durch die Ausdifferenzierung und Professionalisierung der Tätigkeiten in komplexe Arbeitszusammenhänge eingebunden sind, die eine kontinuierliche Kommunikation und enge Zusammenarbeit in Teams erforderlich machen. Dies gilt häufig besonders für akademische Berufe, weil dies meist Positionen sind, an denen komplexe Zusammenhänge geplant und gesteuert werden, wo Kommunikationsstrukturen zusammenlaufen bzw. zusammengeführt und vernetzt werden. Die Arbeit in Teams gehört somit meist schon zum Kommunikationsprofil der Berufe als ‚Standard' hinzu, oft noch ergänzt durch die Arbeit in Projektgruppen, die zeitlich begrenzt spezifische Aufgaben in einer Organisation übernehmen und danach in anderen Konstellationen in der Organisation weiterarbeiten.

Im Studium gibt es bei der Vergabe von Referaten oft die Option, ein Referat alleine zu halten oder es ‚im Team', also gemeinsam mit anderen, vorzubereiten und zu präsentieren. Es ist eine überspitzte, aber sicher nicht ganz falsche Beobachtung, das oft besonders gute und motivierte Studierende es vorziehen, alleine oder nur mit ausgewählten anderen Personen Referate zu halten als in einer sich zufällig formierenden Referatsgruppe. Dies mag ein Signal für ein kommunikatives Defizit sein, kann aber auch auf die Erfahrung deuten, dass Teamarbeit zuweilen ein frustrierendes Erlebnis sein kann, in dem wenige (besonders motivierte oder verantwortungsvolle Personen) besonders viel arbeiten und viele besonders wenig tun. Im besten Fall aber ist Teamarbeit sehr viel produktiver als die Arbeit in einer vermeintlichen ‚splendid isolation', nämlich dann, wenn sich Talente und Perspektiven ergänzen, wenn jeder Einzelne sich auf den Einsatz und die Kompetenz der anderen verlassen kann, und man sich bei Problemen oder in Druckphasen gegenseitig aushilft. Aber wie kann man kommunikativ dazu beitragen, dass Teams produktiv statt kontraproduktiv sind?

Herausforderung Teamarbeit

Das A und O erfolgreicher Teamarbeit liegt bereits in der Zusammenstellung einer Gruppe. Je komplexer und wichtiger ein Projekt ist, desto sorgfältiger muss das Team zusammengestellt sein, das es bearbeitet. Dazu sollten schon im Vorfeld die Kernaufgaben des Teams und die dafür notwendigen Kompetenzen definiert werden. Danach gilt es, eine Gruppe von geeigneten, sich ergänzenden und auch persönlich – und das heißt vor allen Dingen: kommunikativ – harmonierenden Personen mit dem Projekt zu betrauen. Harmonie heißt dabei nicht Freundschaft: Teams können durchaus Spannungen vertragen, und wer ein Team nur mit engen Freunden oder in bester Vetternwirtschaftmanier besetzt, erzeugt oft widerspruchsfreie Strukturen, die vielleicht spannungsfrei, aber wenig kreativ arbeiten. Ein kommunikatives Grundverständnis ist aber notwendig, das durchaus auch zu Beginn der Projektarbeit geschaffen werden kann. Hierzu hilft es, eine gemeinsame und transparente Situationsdefinition vorzunehmen, wie sie in Kapitel 6.6 beschrie-

Gezielte Team-Zusammenstellung und klare Rollendefinition

ben worden ist. Dies muss nicht immer explizit erfolgen, es ist aber dennoch wichtig, dass jedes Teammitglied seine Rolle und die aller anderen Mitglieder kennt. Wenig ist kontraproduktiver, als wenn erst im Prozess der Zusammenarbeit Hierarchien und Aufgaben ausgehandelt (und oft genug: in Eifersüchteleien hart umkämpft) werden.

Kooperative Kommunikation

Im Teamalltag gilt dann, was auch bereits für die Kommunikation in beruflichen Hierarchien im vorangegangenen Unterkapitel gesagt worden ist: In den seltensten Fällen kommen Teams ganz ohne Hierarchien aus, aber diese sollten nicht primär kommunikativ durchgesetzt und betont werden. Vielmehr geht es auf Basis einer klaren Rollen- und Aufgabendefinition um eine kooperative Zusammenarbeit und um eine ebenso kooperative Kommunikation, die an dem gemeinsamen Projekt ausgerichtet ist. Wenn alle Teammitglieder sich auf das Projektziel verpflichten und einen für jeden erkennbaren eigenen Beitrag leisten können, ist dies oft die beste Motivation. Auch deshalb ist es wichtig, von Beginn an eine transparente Team- und Aufgabendefinition zu schaffen, in der der Beitrag jedes einzelnen zum gemeinsamen Projekt deutlich wird. Dann ist es auch fast egal, ob Sie selbst ‚nur' einfaches Teammitglied oder ‚Teamleiter' sind, weil in solchen kooperativen und sich gegenseitig ergänzenden und helfenden Strukturen Hierarchien nicht den Alltag bestimmen.

6 Kommunikation unter Stress und Konfliktmanagement

Eustress und Dysstress

Stellen Sie sich vor, Sie heiraten und organisieren eine große Hochzeitsfeier – es ist unendlich viel zu tun und zu koordinieren, Sie arbeiten unter Zeitdruck und bis an die Grenzen der Leistungsfähigkeit, sind aber hochmotiviert und fiebern dem ‚großen Tag' voll Vorfreude entgegen. Im besten Fall haben Sie gute Unterstützung, und gemeinsam kommt Ihnen dieses Projekt nicht wie ‚Arbeit' vor, sondern nur als die notwendigen, spannenden und vielleicht sogar immer wieder beglückenden Schritte auf dem Weg zu einem herbeigesehnten Ziel. Sie sind in dieser Zeit im Stress, keine Frage, aber Sie erfahren diesen Stress als positiv, als bereichernd, anregend und motivierend. Stellen Sie sich nun eine andere Situation vor: Sie müssen ein Firmenjubiläum organisieren, es kommen viele wichtige Gäste, Ihr Chef hat Ihnen inhaltliche und organisatorische Vorgaben gemacht, die Sie für langweilig und uninspiriert halten, das Budget ist zu knapp bemessen, und Ihre Identifikation mit der Firma hat ohnehin seit Jahren stetig nachgelassen und ist fast am Nullpunkt angelangt. Ihre Tätigkeiten werden bei diesem Projekt ganz ähnliche sein wie bei der Vorbereitung der Hochzeitsfeier, sie werden ebenfalls unter Stress geraten, aber diesen als Druck, als unangenehm, belastend oder gar als Überforderung empfinden. Die Beispiele zeigen zweierlei: Es gibt positiven und negativen Stress, Stress der motivierend und befriedigend sein kann (anknüpfend an den kanadischen Mediziner HANS SELYE spricht man in diesem Kontext von ‚Eustress') oder bedrückend und gesundheitsgefährdend (in der Fachbezeichnung ‚Dysstress'). Ob Stress positiv oder negativ empfunden wird, hängt dabei nicht nur von äußeren Faktoren ab, sondern auch von unseren Bewertungen und Einstellungen, ist also in Teilen von uns selbst mitbestimmt.

Unter als positiv erlebtem Stress stellt Kommunikation meist kein besonderes Problem dar, denn wir sind ohnehin motiviert und gut gelaunt. Wer aber unter Druck steht, sich dauerhaft überfordert fühlt und demotiviert ist, für den kann gerade auch Kommunikation problematisch werden. Fragen werden als zusätzliche Belastung erlebt, zugleich erhalten die eigenen Probleme subjektiv ein übergroßes Gewicht und wir erwarten von allen Menschen um uns, dass sie unsere Bedürfnisse zu ihrer größten Priorität machen. Oft werden dann auch Frustrationen gerade bei den Personen abgeladen, die besonders nahestehend und wohlwollend sind – seien es Kollegen aus dem eigenen engeren Umfeld oder Freunde und Partner. Unabhängig davon, ob der Stress aus dem privaten oder beruflichen Kontext rührt, er wirkt sich immer ganzheitlich auf das Erleben aus und gefährdet Kommunikation zumeist in allen Bereichen. In solchen Phasen ist es wichtig, ein Bewusstsein für die eigene Situation zu erhalten und die eigene Belastung nicht zusätzlich kommunikativ auf andere zu übertragen, denn dies führt schnell zu spannungsreichen Situationen, die den Stress nur erhöhen.

Kommunikation unter Stress

Wer das Gefühl akuten, schlimmen Stresses hat, kann dies jedoch oft auch kommunikativ nicht mehr kompensieren oder kaschieren. Er ist gereizt, herrisch, fahrig, überdreht oder isoliert sich – die Reaktionen auf Stress können individuell sehr variieren und haben fast immer auch kommunikative Auswirkungen. Wichtig ist es, persönliche Methoden der Stressbewältigung zu entwickeln – ob das nun Sport oder Meditation, ein gutes Essen mit einem Glas Wein oder eine asketische Lebensweise sei. Manchmal ist es auch möglich, zunächst bedrückende Stressphasen für sich selbst in motivierende Eustress-Erlebnisse zu verwandeln, wenn es gelingt, die eigene Einstellung zum Stressauslöser zu verändern. Zugleich sollte Entspannung aber auch nicht selbst zum Stress werden: Phasen der Belastung sind normal und nicht *per se* besorgniserregend. Wer allerdings dauerhaft in Stress lebt und keine Phasen der Entspannung hat, ist nicht nur kommunikativ für seine Umgebung eine Zumutung, sondern auch für sich selbst eine Gefahr, weil kein Körper mit andauernder Anspannung umgehen kann – ein Burn-out-Syndrom oder gefährliche körperliche Reaktionen wie Herzinfarkte drohen dann, und zwar zunehmend auch jungen Menschen.

Stress-bewältigung

**Konflikt-
management**

Stress kann jedoch nicht nur Kommunikationsprobleme auslösen, Kommunikationsstörungen können umgekehrt auch zu negativem Stress führen. Extremfälle wie Mobbing sind dabei nur die offensichtlichsten Beispiele, doch es reicht schon aus, wenn im beruflichen Kontext die Kommunikation zu Vorgesetzten, Kollegen oder Mitarbeitern dauerhaft problematisch ist und als Belastung empfunden wird. Wann immer Missverständnisse, Meinungsverschiedenheiten, Kompetenzstreitigkeiten oder persönliche Aversionen zu Kommunikationsschwierigkeiten führen, ist frühzeitiges Konfliktmanagement wichtig. Denn je tiefer ein kommunikativer Graben erst geworden ist, desto schwieriger ist es auch im beruflichen Kontext, eine Zusammenarbeit wieder zu ermöglichen. Oft sind dann hierzu externe Coaches, Supervisionen oder moderierte Krisengespräche notwendig. Statt einen Konflikt eskalieren zu lassen und zunächst die Faust in der Tasche zu ballen, ist es fast immer besser, die Konflikte offen und direkt oder mit geeigneten Vertrauenspersonen anzusprechen und auszutragen. Sie haben in Kapitel 4 bereits einige Beispiele für kommunikative Störungen kennengelernt, deren Kenntnis Ihnen im besten Fall dabei helfen kann, selbst produktives Konfliktmanagement zu betreiben.

7 Berufe für Kommunikationstalente

,Was mit Kommunikation' –
Vielfältige Berufsperspektiven

Wie Sie bereits gesehen haben, gibt es nur noch sehr wenige Berufe, für die Kommunikationskompetenzen nicht zentrale Bedeutung hätten und die nicht stark durch kommunikative Aufgaben geprägt sind. Über diese generelle Bedeutung von Kommunikationskompetenzen hinaus gibt es auch eine ganze Reihe von Berufen, in denen Kommunikation im Zentrum des Tätigkeitsprofils steht (vgl. GLAUBITZ 2001). Solche Berufe sind oft eine gute Wahl für kommunikative Köpfe, die Spaß an Kommunikation, am Umgang mit Menschen haben. Sie können aber enttäuschend sein, denn schon mancher Literaturliebhaber, der auch selbst immer gerne geschrieben hat, ist als frustrierter Journalist geendet, der seine Kreativität im Verfassen von Nachrichtentexten und kurzen Meldungen nur sehr eingeschränkt ausleben kann. Gerade bei Kommunikationsberufen gibt es darüber hinaus eine Vielzahl von unterschiedlichen Tätigkeiten in verschiedensten gesellschaftlichen Kontexten, die sehr unterschiedliche Anforderungen stellen und auch ganz unterschiedliche Lebensentwürfe zur Konsequenz haben können. Statt dem vagen Wunsch, ,Was mit Medien' oder ,Was Kommunikatives' machen zu wollen, ist es daher entscheidend, sich vor einer Berufswahl intensiv mit dem Profil der verschiedenen zur Wahl stehenden Tätigkeiten zu beschäftigen. Um das breite Spektrum und die Vielfalt und Unterschiedlichkeit von Berufen mit einem großen kommunikativen Anteil zu verdeutlichen, stellen wir im Folgenden knapp vier Tätigkeiten beispielhaft vor – die Liste ließe sich problemlos über viele Seiten verlängern.

Animateur ist ein klassischer Beruf für Kommunikationstalente. Animateure organisieren vor allem in der Tourismusbranche, aber auch im Eventbereich bei Großveranstaltungen oder in Einkaufszentren Freizeitprogramme mit oft sportlichen oder künstlerisch-kreativen Aktivitäten. Der Beruf gilt nicht zuletzt wegen der attraktiven Einsatzgebiete in Ferienregionen oder auf Kreuzfahrtschiffen gerade unter vielen jungen Menschen als sehr reizvoll. Er ist zugleich oft mit kurzfristigen Arbeitsverträgen auf Honorarbasis verbunden und bietet wenig soziale Absicherungen. Nur wenige Menschen arbeiten dauerhaft als Animateur, weil der Beruf mit hohen Belastungen verbunden ist und zudem die meisten Arbeitgeber Animateure im Alter zwischen 18 und 30 Jahren vorziehen. Der regelmäßige Kontakt zu großen und oft sehr unterschiedlichen Menschengruppen und die Aufgabe, gute Laune und eine gelöste, entspannte Stimmung zu verbreiten, machen die Tätigkeit als Animateur zu einer großen kommunikativen Herausforderung. Verschiedene private Bildungsträger bieten Ausbildungen zum ‚Animateur' an, es gibt jedoch keine verbindlichen Ausbildungswege.

Animateur

Während für die Entscheidung, Animateur zu werden, fast immer der kommunikative Aspekt der Tätigkeit eine zentrale Rolle spielt, ist für den Lehrerberuf vielfach ein fachliches Interesse ausschlaggebend für die Studienentscheidung, die den Weg zum Lehrerberuf bereitet. Im Alltag jedoch stehen die kommunikativen (und metakommunikativen) Aufgaben mindestens so sehr im Mittelpunkt wie die fachliche Seite des Lehrerberufs: Unabhängig von Schulform und Fach stellt die Aufgabe, eine Gruppe von jungen Menschen zum gemeinsamen Lernen zu motivieren, eine große Herausforderung dar, die exzellente kommunikative und didaktische Fähigkeiten und bisweilen eine ebenso hohe Belastbarkeit wie die Animateurstätigkeit erfordert. Dafür sind Lehrer sozial deutlich besser abgesichert und in Deutschland in der Regel verbeamtet. Die Ausbildung mit Studium und Referendariat dauert mindestens 5–6 Jahre und oft länger.

Lehrer

Verkäufer oder auch Fachverkäufer (spezialisiert für bestimmte Branchen) ist ein Ausbildungsberuf, der ebenfalls zentral durch kommunikative Tätigkeiten bestimmt ist. Als Verkäufer ist man beratend und verkaufend tätig, aber auch regelmäßig mit Reklamationen und Kritik konfrontiert und oft für weitere Tätigkeiten wie Qualitätskontrollen oder Warenauszeichnung zuständig, was eine zusätzliche Belastung sein und zu Interessenskonflikten gegenüber Kundenanliegen führen kann. Die Ausbildung zum Verkäufer ist durch das Berufsbildungsgesetz geregelt und dauert 2 Jahre.

Verkäufer

Eine Tätigkeit in der PR-Branche, also der Öffentlichkeitsarbeit von Unternehmen, Verbänden und anderen Organisationen, ist in verschiedenen Kontexten möglich, sei es in einer PR-Agentur, die als externer

PR-Berater

Dienstleister für Organisationen arbeitet, oder als Mitarbeiter einer PR-Abteilung, der direkt in der Organisation angestellt ist. In der Öffentlichkeitsarbeit ist man in der Regel als kommunikativer Vermittler zwischen den Kommunikationsinteressen des Auftraggebers und Journalisten als Hauptzielgruppe der Öffentlichkeitsarbeit tätig. In dieser Funktion ist der Beruf des PR-Beraters auch der eines Übersetzers zwischen den ‚Sprachen' der Wirtschaft und den ‚Sprachen' und Kommunikationsroutinen im Journalismus. Es gibt keine vorgeschriebene Ausbildung für PR-Berufe. In der Regel wird ein abgeschlossenes Studium erwartet, oft aus den Bereichen der Kommunikationswissenschaft, Medienwissenschaften, Journalistik oder Marketing. Quereinstiege, gerade auch aus der journalistischen Praxis, sind häufig. Zahlreiche private Institutionen wie auch öffentliche Hochschulen bieten berufsbegleitende Fortbildungen und Professionalisierungsprogramme an.

TIPP

Wenn Sie sich ausführlicher über diese und andere kommunikative Berufe informieren möchten, ist ein guter Ausgangspunkt das von der Bundesagentur für Arbeit betriebene BERUFEnet, das Informationen zu über 3.100 aktuellen Berufen bereithält:
• www.berufenet.de

---

8 Interkulturelle Kommunikation als Schlüsselqualifikation und Karrierefaktor

Herausforderung interkulturelle Kommunikation

Unsere bisherigen Beispiele haben sich überwiegend auf Kommunikationssituationen innerhalb einer Kultur bzw. innerhalb eines Sprachraums beschränkt. In vielen beruflichen Kontexten ist diese Einschränkung jedoch angesichts von globalisierten Märkten und Unternehmen nicht mehr realistisch, und auch im wissenschaftlichen Bereich sind internationale Vernetzungen auf institutioneller Ebene und Auslandsaufenthalte auf individuell biographischer Ebene eher die Regel als die Ausnahme. Kommunikativ ergeben sich durch die Internationalisierung von Wirtschafts- wie Wissenschaftspraxis einige Herausforderungen, die sich als doppeltes Übersetzungsproblem beschreiben lassen. Einerseits kommunizieren in sogenannten ‚interkulturellen' Konstellationen, das heißt in Situationen, in denen Menschen unterschiedlicher kultureller Herkunft miteinander kommunizieren, in der Regel in einer Sprache, die zumindest für eine Person – und zum Beispiel bei der Weltsprache Englisch oft für alle Beteiligten – nicht die Muttersprache ist. Dabei ist ein erster Übersetzungsvorgang notwendig, bei dem die Teilnehmer aus ihrer Muttersprache in die jeweilige Konversationssprache übersetzen müssen. Darüber hinaus ist aber auch eine Art ‚kulturelle' Übersetzung notwendig. Schon innerhalb von Europa herrschen gerade in Bezug auf Kommunikation zwischen Kulturen sehr unterschiedliche Konventionen und Erwartungen vor, die sich im Vergleich zum Beispiel zwischen Europa und Asien noch sehr viel deutlicher zeigen. Wer interkulturell einfach auf Basis heimischer Maßstäbe und Regeln agiert, für den sind Missverständnisse und Konflikte nahezu vorprogrammiert.

Kommunikation ist auf nahezu allen Ebenen kulturabhängig und kulturell geprägt. Die Ebene der Sprache zeigt dies überdeutlich, doch auch auf allen anderen kommunikativen Ebenen herrschen in unterschiedlichen Kulturen unterschiedliche Erwartungen, wie akzeptable Kommunikation aussehen sollte. Ein klassisches Beispiel ist für die Ebene der nonverbalen Kommunikation der interkulturell sehr variable Einsatz von Gestik und Mimik oder auch vorherrschende Unterschiede hinsichtlich des für Face-to-Face-Kommunikation als angenehm und akzeptabel empfundenen Körperabstands. Bestimmte Kommunikationssituationen sind aufgrund stark unterschiedlicher kultureller Erwartungen und Regeln dabei besonders anfällig für Kommunikationsprobleme – in der Forschung zu interkultureller Kommunikation spricht man in diesem Zusammenhang von ‚Critical Incidents‘ (vgl. ERLL/GYMNICH 2007: 120ff.). Hierzu gehören zum Beispiel Formen der Gesprächsorganisation und -abläufe, Begrüßungen, Anreden sowie Einladungen und Aufforderungen.

Die Kulturabhängigkeit von Kommunikation

Angesichts der nach wie vor wachsenden Bedeutung von interkulturellen Kommunikationssituationen wird interkulturelle Kompetenz zunehmend zur unverzichtbaren Schlüsselqualifikation und zum Karrierefaktor in zahlreichen Berufsfeldern von der Wissenschaft über den Kunstbereich bis zur Wirtschaft. Neben eigenen Auslandsaufenthalten, die die nachhaltigste Möglichkeit bieten, die eigene interkulturelle Kompetenz zu stärken und die vermeintliche Selbstverständlichkeit der eigenen kulturellen Annahmen und Erwartungen in Frage zu stellen, lohnt es sich deswegen auch, sich mit dem umfangreichen Thema der interkulturellen Kommunikation vertiefend zu befassen.

Interkulturelle Kompetenz als Karrierefaktor

LEKTÜRE-TIPPS

Wenn Sie mehr über die vielfältigen Herausforderungen interkultureller Kommunikationssituationen erfahren möchten und insbesondere Ihre eigenen interkulturellen Kompetenzen stärken wollen, empfehlen wir Ihnen diese Bücher:

- ERLL, ASTRID, MARION GYMNICH: *Interkulturelle Kompetenzen: Erfolgreich kommunizieren zwischen den Kulturen.* Stuttgart: Klett 2007.
- LÜSEBRINK, HANS-JÜRGEN: *Interkulturelle Kommunikation. Interaktion, Fremdwahrnehmung, Kulturtransfer.* Stuttgart/Weimar: Metzler 2005.

9 Ausblick: Wege zur erfolgreichen Kommunikation und fairen Gesprächskultur

Erfolgreiche Kommunikation als ganzheitliches Konzept

Sie sind nun am Ende unserer theoretischen Überlegungen und praktischen Anstöße zum Thema Kommunikation und Kommunikationskompetenzen angelangt, und wir hoffen, dass Sie auf dem Weg einige für Sie persönlich hilfreiche Anregungen und Hinweise zur Stärkung und Entwicklung der eigenen Kommunikationskompetenzen erhalten haben. Spätestens jetzt liegt es an Ihnen, individuell zu prüfen und auszuprobieren, welche Aspekte sich für Sie als produktiv erweisen. Wir können (und wollten) Ihnen keine trivialisierenden Handreichungen oder Tipps für rhetorische Kniffe geben, sondern lieber Ansätze zu einem umfassenderen Verständnis des faszinierenden und komplexen Geschehens erläutern, das wir ‚Kommunikation' nennen. Wir würden uns freuen, wenn Sie dabei auch unserer Überzeugung zustimmen konnten, dass ‚erfolgreiche' Kommunikation mehr bedeutet als kurzfristiger Erfolg nach spezifischen funktionalen Kriterien wie guten Schul- oder Referatsnoten oder erzielten Vertragsabschlüssen. Kommunikation gestaltet unsere soziale Wirklichkeit in allen Dimensionen, und dies kann nur dann wirklich ‚erfolgreich' genannt werden, wenn jeder, der kommuniziert – und Sie wissen ja: Sie können nicht *nicht* kommunizieren! – mit seiner Kommunikation dazu beiträgt, das gesellschaftliche Miteinander für alle Beteiligten möglichst lebenswert zu gestalten. Dabei geht es nicht um eine naive Harmoniesucht und auch nicht um einen konfliktscheuen Verständigungszwang. Aber an dem Ziel einer fairen Gesprächskultur verbunden mit dem Ideal stimmiger Kommunikation, das personale *und* situative Angemessenheit von Kommunikationen zu verbinden sucht, lohnt es sich nach unserer Überzeugung gegenüber allen reinen Funktionalisierungen, Instrumentalisierungen und strategischen Kommunikationskonzepten festzuhalten.

Theorie und Praxis zur Stärkung kommunikativer Kompetenz

Sie haben zu Beginn dieses Buches das Zitat von LUHMANN kennengelernt, Kommunikation sei unwahrscheinlich (vgl. Kapitel 1.2). Angesichts der zahlreichen Faktoren, die am Kommunikationsprozess beteiligt sind, hat diese Aussage eine hohe Plausibilität, auch wenn Kommunikation allgegenwärtig ist. Sie haben im Verlauf dieses Buches einiges theoretisches Wissen über die wichtigsten Faktoren erwerben können und sich sozusagen einen Werkzeugkasten erarbeitet, der Ihnen Orientierung in den vielfältigen Zusammenhängen bietet, die Kommunikation prägen, und der Ihnen die Analyse von Kommunikation erleichtern kann. Zur Stärkung Ihrer eigenen Kommunikationskompetenzen ist dies ein erster wichtiger Schritt, den Sie nun durch reflektierte praktische Erfahrungen ergänzen müssen. Versuchen Sie immer wieder, mit den hier vorgestellten Begriffen und Modellen alltägliche Kommunikationssituationen zu analysieren, und üben Sie sozusagen Metakommunikation im

Kopf, indem Sie Kommunikation nicht mehr als selbstverständlich ansehen. Denn Sie wissen jetzt: Glückende Kommunikation ist immer wieder eine ganz alltägliche Unwahrscheinlichkeit, die Sie mit aufmerksamen, einfühlsamen und reflektierten Kommunizieren ein wenig wahrscheinlicher machen können.

„Die Menschen verstehen einander nicht dadurch, dass [...] sie sich gegenseitig bestimmen, genau und vollständig denselben Begriff hervorzubringen, sondern dadurch, dass sie gegenseitig in einander dasselbe Glied der Kette ihrer sinnlichen Vorstellungen und inneren Begriffserzeugungen berühren, dieselbe Taste ihres geistigen Instruments anschlagen, worauf alsdann in jedem entsprechende, nicht aber dieselben Begriffe hervorspringen."

(WILHELM VON HUMBOLDT 1980b: 559)

Literaturverzeichnis

1 Standardwerke und Lektüreempfehlungen

ACZEL, RICHARD: *How to write an essay.* Stuttgart: Klett 2000.

BERGER, ELISABETH & HILDEGARD FUCHS: *Kommunizieren, Lernen lehren, präsentieren. Basiswissen für die Schulgemeinschaft.* Linz: Veritas 2007.

BLOD, GABRIELE: *Präsentationskompetenzen. Überzeugend präsentieren in Studium und Beruf.* Stuttgart: Klett 2007.

BURKART, ROLAND & WALTER HÖMBERG: *Kommunikationstheorien. Ein Textbuch zur Einführung.* 4. erw. und aktualisierte Aufl., Wien: Braumüller 2004.

ENGST, JUDITH: *Duden. Professionelles Bewerben – leicht gemacht.* Mannheim et al.: Dudenverlag 2007.

ERLL, ASTRID & MARION GYMNICH: *Interkulturelle Kompetenzen. Erfolgreich kommunizieren zwischen den Kulturen.* Stuttgart: Klett 2007.

FASSLER, MANFRED: *Was ist Kommunikation?* München: Fink 1997.

FRANCK, NORBERT: *Fit fürs Studium. Erfolgreich lesen, reden, schreiben.* München: dtv 1998.

FRANK, ANDREA, STEFANIE HAACKE & SWANTJE LAHN: *Schlüsselkompetenzen. Schreiben in Studium und Beruf.* Stuttgart/Weimar: Metzler 2007.

FRINDTE, WOLFGANG: *Einführung in die Kommunikationspsychologie.* Weinheim/Basel: Beltz 2001.

GOFFMAN, ERVING: *Wir alle spielen Theater. Die Selbstdarstellung im Alltag.* 6. Aufl., München: Piper 2008.

GOLEMAN, DANIEL: *Soziale Intelligenz. Wer auf andere zugehen kann, hat mehr vom Leben.* München: Droemer/Knaur 2006.

GROEBEN, NORBERT, MARIT SCHREIER & URSULA CHRISTMANN: „Fairness beim Argumentieren. Argumentationsintegrität als Wertkonzept einer Ethik der Kommunikation". In: *Linguistische Berichte* 147 (1993). S. 355–382.

GUDYKUNST, WILLIAM B. (Hg.): *International Communication Theory. Current Perspectives.* Beverly Hills, CA: Sage 1983.

HABERMAS, JÜRGEN: *Theorie des kommunikativen Handelns.* Bd.1: *Handlungsrationalität und gesellschaftliche Rationalisierung.* Bd. 2: *Zur Kritik der funktionalistischen Vernunft.* Frankfurt a. M.: Suhrkamp 1981.

HÄNDEL, DANIEL, ANDREA KRESIMON & JOST SCHNEIDER: *Schlüsselkompetenzen. Reden – Argumentieren – Überzeugen.* Stuttgart/Weimar: Metzler 2007.

HALLET, WOLFGANG: *Didaktische Kompetenzen: Lehr- und Lernprozesse erfolgreich gestalten.* Stuttgart: Klett 2006.

KNOBLAUCH, HUBERT: *Kommunikationskultur. Die kommunikative Konstruktion kultureller Kontexte.* Berlin/New York: de Gruyter 1995.

KRIPPENDORFF, KLAUS: „Der verschwundene Bote". In: *Die Wirklichkeit der Medien.* Hgg.: KLAUS MERTEN, SIEGFRIED J. SCHMIDT & SIEGFRIED WEISCHENBERG. Opladen: Westdeutscher Verlag 1994. S. 79–113.

LÜSEBRINK, HANS-JÜRGEN: *Interkulturelle Kommunikation. Interaktion, Fremdwahrnehmung, Kulturtransfer.* Stuttgart/Weimar: Metzler 2005.

MANUSOV, VALERIE & MILES L. PATTERSON (Hgg.): *The Sage Handbook of Nonverbal Communication.* Thousand Oaks, CA et al.: Sage 2006.

NÜNNING, ANSGAR & ROY SOMMER (Hgg.): *Handbuch Promotion. Forschung – Förderung – Finanzierung.* Stuttgart/Weimar: Metzler 2007.

NÜNNING, VERA (Hg.): *Schlüsselkompetenzen. Qualifikationen für Studium und Beruf.* Stuttgart/Weimar: Metzler 2008.

OWEN, HARGIE (Hg.): *The Handbook of Communication Skills.* 3. Aufl., London: Routledge 2006.

PIAS, CLAUS, JOSEPH VOGEL, LORENZ ENGELL, OLIVER FAHLE & BRITTA NEITZEL (Hgg.): *Kursbuch Medienkultur. Die maßgeblichen Theorien von Brecht bis Baudrillard.* Stuttgart: DVA 1999.

RICHTER, HELMUT & WALTER SCHMITZ (Hgg.): *Kommunikation – ein Schlüsselbegriff der Humanwissenschaften?* Münster: Nodus 2003.

RICKHEIT, GERT & HANS STROHNER: *Handbook of Communication Competence.* Berlin: de Gruyter 2008.

RUSCH, GEBHARD: „Verstehen Verstehen. Ein Versuch aus konstruktivistischer Sicht." In: *Zwischen Intransparenz und Verstehen.* Hgg.: NIKLAS LUHMANN & KARL EBERHARD SCHORR. Frankfurt a. M.: Suhrkamp 1998. S. 40–71.

SCHILLER, DAN: *Theorizing Communication. A History.* New York et al.: Oxford Univ. Press 1996.

SCHMIDT, SIEGFRIED J.: *Unternehmenskultur. Die Grundlage für den wirtschaftlichen Erfolg von Unternehmen.* Weilerswist: Velbrück 2004.

SCHMIDT, SIEGFRIED J. & GUIDO ZURSTIEGE: *Orientierung Kommunikationswissenschaft. Was sie kann, was sie will.* Reinbek: Rowohlt 2000.

SCHMIDT, SIEGFRIED J. & GUIDO ZURSTIEGE: *Kommunikationswissenschaft. Systematik und Ziele.* Reinbek: Rowohlt 2007.

SCHULZ VON THUN, FRIEDEMANN: *Miteinander Reden 1: Störungen und Klärungen. Allgemeine Psychologie der Kommunikation.* Reinbek: Rowohlt 1981.

SCHULZ VON THUN, FRIEDEMANN: *Miteinander Reden 2: Stile, Werte und Persönlichkeitsentwicklung. Differentielle Psychologie der Kommunikation.* Reinbek: Rowohlt 1989.

SCHULZ VON THUN, FRIEDEMANN: *Miteinander Reden 3: Das innere Team und Situationsgerechte Kommunikation. Kommunikation, Person, Situation.* Reinbek: Rowohlt 1998.

SCHULZ VON THUN, FRIEDEMANN: *Klarkommen mit sich selbst und anderen: Kommunikation und soziale Kompetenz.* 3. Aufl., Reinbek: Rowohlt 2007.

SCHÜTZEICHEL, RAINER: *Soziologische Kommunikationstheorien.* Konstanz: UVK-Verlag 2004.

SOMMER, ROY: *Schreibkompetenzen. Erfolgreich wissenschaftlich schreiben.* Stuttgart: Klett 2006.

WATZLAWICK, PAUL, JANET H. BEAVIN & DON D. JACKSON: *Menschliche Kommunikation. Formen, Störungen, Paradoxien.* Bern et al.: Hans Huber 1969.

WIENAND, EDITH, JOACHIM WESTERBARKEY & ARMIN SCHOLL (Hgg.): *Kommunikation über Kommunikation. Theorien, Methoden und Praxis. Festschrift für Klaus Merten.* Wiesbaden: VS Verlag 2005.

WINTER, CARSTEN (Hg.): *Theorien der Kommunikations- und Medienwissenschaft.* Wiesbaden: VS Verl. für Sozialwiss. 2008.

2 Weitere zitierte Literatur

AUSTIN, JOHN L.: *How to do things with words.* Cambridge, Mass.: Harvard University Press 1962.

BATESON, GREGORY: *Naven. A survey of the problems suggested by a composite picture of the culture of a New Guinea tribe drawn from three points of view.* Stanford, CA: Stanford University Press 1958.

BATESON, GREGORY: *Ökologie des Geistes.* Frankfurt/M.: Suhrkamp 1985.

Literaturverzeichnis

BATESON, GREGORY: *Geist und Natur.*
Eine notwendige Einheit.
Frankfurt/M.: Suhrkamp 1987.

BLUMER, HERBERT: *Symbolic Interactionism.*
Perspective and Method. Berkeley, CA:
University of California Press 1969.

COLE, KRIS: *Kommunikation klipp und klar.*
Besser verstehen und verstanden werden.
4. Auflage. Weinheim, Basel: Beltz 2003.

DE BEAUGRANDE, ROBERT-ALAIN &
WOLFGANG ULRICH DRESSLER:
Einführung in die Textlinguistik.
Tübingen: Niemeyer 1981.

DRAAISMA, DOUWE: *Die Metaphern-*
maschine. Eine Geschichte des Gedächt-
nisses. Darmstadt: Primus 1999.

ECHTERHOFF, GERALD & BIRGIT NEUMANN:
Projekt- und Zeitmanagement.
Strategien für ein erfolgreiches Studium.
Stuttgart: Klett 2006.

EHLERT, UWE: *„Das ist wohl mehr 'ne*
Kommunikationsstörung". Die Dar-
stellung von Missverständnissen im
Werk Loriots. Nottuln: ALDA!
Der Verlag 2004.

ERMERT, KARL: *Briefsorten. Untersuchungen*
zu Theorie und Empirie der Textklassi-
fikation. Tübingen: Niemeyer 1979.

GLASERFELD, ERNST VON: *Konstruktivistische*
Diskurse. Lumis Schriften 2.
Siegen: Universität Siegen 1984.

GLASERSFELD, ERNST VON: *Radikaler Kons-*
truktivismus. Ideen, Ergebnisse, Prob-
leme. Frankfurt/M.: Suhrkamp 1998.

GLAUBITZ, UTA: *Jobs für Kommunikations-*
talente und Quasselstrippen. Machen
Sie Ihre Stärke zum Beruf.
FfM./New York: Campus-Verlag 2001.

GÖLDI, SUSAN: *Kommunikation.*
Handbuch für Studierende.
Bern: h.e.p. -Verlag 2001.

GOLEMAN, DANIEL: *Emotionale Intelligenz.*
München: dtv 1997.

GRICE, PAUL: „Logik und Konversation".
In: *Handlung, Kommunikation,*
Bedeutung. Hg.: GEORG MEGGLE.
Frankfurt a. M.: Suhrkamp 1993.
S. 243-265.

HANH, THICH NHAT: *Ich pflanze ein*
Lächeln. München: Goldmann 1992.

HAUPTMEIER, HELMUT & SIEGFRIED J.
SCHMIDT: *Einführung in die empirische*
Literaturwissenschaft. Braunschweig/
Wiesbaden: Vieweg 1985.

HAUTHAL, JANINE: „Die Rezension als
Einstieg ins wissenschaftliche Schreiben
und Publizieren." In: *Handbuch*
Promotion. Forschung – Förderung –
Finanzierung. Hgg.: ANSGAR NÜNNING
& ROY SOMMER. Stuttgart/Weimar:
Metzler 2007. S. 205-210.

HEINEN, SANDRA: „Die Vorbereitung auf
die mündliche Prüfung". In: *Handbuch*
Promotion. Forschung – Förderung –
Finanzierung. Hgg.: ANSGAR NÜNNING
& ROY SOMMER. Stuttgart/Weimar:
Metzler 2007. S. 298–302.

HESSE, JÜRGEN & HANS CHRISTIAN
SCHRADER: *Neue Wege der Bewerbung.*
Frankfurt a. M.: Eichborn 2007.

HUMBOLDT, WILHELM VON: *Werke in fünf*
Bänden. Hgg. ANDREAS FLITNER & KLAUS
GIEL. Darmstadt: WBG 1980a [Band 1].

HUMBOLDT, WILHELM VON: *Werke in fünf*
Bänden. Hgg. ANDREAS FLITNER & KLAUS
GIEL. Darmstadt: WBG 1980b [Band 3].

KAMMER, STEPHAN, ROGER LÜDEKE (Hgg.):
Texte zur Theorie des Textes.
Stuttgart: Reclam 2005.

KHEMA, AYYA: *Being Nobody, Going*
Nowhere. Meditations on the
Buddhist Path. Boston: Wisdom
Publications 1987.

KIRCHLER, ERICH: *Arbeits- und Organisa-*
tionspsychologie. 2. korr. Aufl.,
Stuttgart: UTB 2008.

KRUSE, OTTO: *Keine Angst vor dem leeren Blatt. Ohne Schreibblockaden durchs Studium.* 11. Aufl., Frankfurt a. M.: Campus 2007.

LASSWELL, HAROLD D.: "The Structure and Function of Communication in Society." In: *The Communication of Ideas. A Series of Adresses.* Hg.: LYMAN BRYSON. New York/London: Harper 1948. S. 37–51.

LUHMANN, NIKLAS: *Aufsätze und Reden.* Hg.: OLIVER JAHRHAUS. Stuttgart: Reclam 2001.

MALETZKE, GERHARD: *Psychologie der Massenkommunikation. Theorie und Systematik.* Hamburg: Verlag Hans Bredow-Institut 1978.

MEHRMANN, ELISABETH: *Schneller zum Ziel durch klare Kommunikation. Profitipps für den beruflichen Alltag.* Nürnberg: Bildung und Wissen Verlag 2002.

MERTEN, KLAUS: „Vom Nutzen der Lasswell-Formel - oder Ideologie in der Kommunikationswissenschaft." In: *Rundfunk und Fernsehen* 22.2 (1974). S. 143–165.

MERTEN, KLAUS: *Kommunikation. Eine Begriffs- und Prozeßanalyse.* Opladen: Westdeutscher Verlag 1977.

MERTEN, KLAUS: *Einführung in die Kommunikationswissenschaft.* Bd.1: *Grundlagen der Kommunikationswissenschaft.* Münster et al.: LIT Verlag 1999.

MOLCHO, SAMY: *Alles über Körpersprache. Sich selbst und andere besser verstehen.* München: Mosaik 2001.

NÜNNING, ANSGAR: „Informationsübertragung oder Informationskonstruktion? Grundzüge und Konsequenzen eines konstruktivistischen Modells der Kommunikation." In: *Grundlagenstudien aus Kybernetik und Geisteswissenschaft/Humankybernetik* 30,4 (1989). S. 127–140.

NÜNNING, ANSGAR & VERA NÜNNING: „Erfolgreich bewerben: Anforderungen an Bewerbungen auf Stipendien und Stellen." In: *Handbuch Promotion. Forschung – Förderung – Finanzierung.* Hgg.: ANSGAR NÜNNING & ROY SOMMER. Stuttgart/Weimar: Metzler 2007. S. 142–154.

PÜTTJER, CHRISTIAN & UWE SCHNIERDA: *20 perfekte Bewerbungen mit Profil. Von den besten profitieren.* Frankfurt a. M. et al.: Campus-Verlag 2006.

RUSCH, GEBHARD: „Die Entkopplung von Kommunikation und Rezeption." In: *Kommunikation – ein Schlüsselbegriff der Humanwissenschaften?* Hgg.: HELMUT RICHTER & WALTER SCHMITZ. Münster: Nodus. 2003. S. 149–165.

SCHMIDT, SIEGFRIED J.: „Texte Verstehen-Texte Interpretieren." In: *Perspektiven des Verstehens.* Hg.: Achim Eschbach. Bochum: Brockmeyer 1986. S. 75–103.

SCHMIDT, SIEGFRIED J.: *Kognitive Autonomie und soziale Orientierung. Konstruktivistische Bemerkungen zum Zusammenhang von Kognition, Kommunikation, Medien und Kultur.* 2. Aufl., Frankfurt a. M.: Suhrkamp 1996.

SHANNON, CLAUDE E. & WARREN WEAVER: „Mathematische Grundlagen der Informationstheorie." In: *Kursbuch Medienkultur. Die maßgeblichen Theorien von Brecht bis Baudrillard.* Hgg.: CLAUS PIAS, JOSEPH VOGEL, LORENZ ENGELL, OLIVER FAHLE & BRITTA NEITZEL. Stuttgart: DVA 1999. S. 446–450.

SOMMER, ROY: „Das Exposé: Projektskizze, Arbeits- und Zeitplan." In: *Handbuch Promotion. Forschung – Förderung – Finanzierung.* Hgg.: ANSGAR NÜNNING & ROY SOMMER. Stuttgart/Weimar: Metzler 2007a. S. 246–253.

Literaturverzeichnis

SOMMER, ROY: „Textproduktion: Gattungs-
konventionen, Argumentationsstrategien
und die Dramaturgie wissenschaftlicher
Texte." In: *Handbuch Promotion.*
Forschung – Förderung – Finanzierung.
Hgg.: ANSGAR NÜNNING & ROY SOMMER.
Stuttgart/Weimar: Metzler 2007b.
S. 268–285.

SPRENGER, REINHARD K.: *Gut aufgestellt.*
Fußballstrategien für Manager.
FfM./New York: Campus 2008.

VATER, HEINZ: „Textsorten." In: *Einführung*
in die Textlinguistik. Hg.: Ders.
München: Fink 1992. S. 159–173.

WILK, NICOLE M.: *Verstehen und Gefühle*
Entwurf einer leiborientierten Kommuni-
kationstheorie. Frankfurt a. M.: Campus
2004.

ZYMNER, RÜDIGER & HARALD FRICKE:
Einübung in die Literaturwissenschaft.
Parodieren geht über Studieren.
5. überarb. und erw. Aufl., Stuttgart:
UTB 2007.